40 dias para mudar o mundo

40 dias para mudar o mundo

Descubra a atitude que pode revolucionar sua vida e transformar a humanidade

David Jeremiah

Tradução de
Lena Aranha

Thomas Nelson Brasil

Rio de Janeiro
2008

Título original: *Signs of life*

Supervisão Editorial
Nataniel dos Santos Gomes
Assistente Editorial
Clarisse de Athayde Costa Cintra
Tradução
Lena Aranha
Capa
Valter Botosso Jr.
Copidesque
Magda de Oliveira Carlos Cascardo
Revisão
Margarida Seltmann
Cristina Loureiro de Sá
Joanna Barrão Ferreira
Projeto gráfico e diagramação
Julio Fado

CIP-BRASIL. CATALOGAÇÃO-NA-FONTE
SINDICATO NACIONAL DOS EDITORES DE LIVROS, RJ

J54s

Jeremiah, David, 1941-
40 dias para mudar o mundo: descubra a atitude que pode revolucionar sua vida e transformar a humanidade/David Jeremiah; [tradução Lena Aranha]. - Rio de Janeiro: Thomas Nelson Brasil, 2008.

Tradução de: Signs of life
Inclui bibliografia
ISBN 978-85-6030-387-8

1. Devoções diárias. 2. Vida espiritual. I. Título.

08-0764. CDD: 242.2
CDU: 242

Rua Nova Jerusalém, 345 — Bonsucesso
Rio de Janeiro — RJ — CEP 21402-325
Tel.: (21) 3882-8200 — Fax: (21) 3882-8212 / 3882-8313
www.thomasnelson.com.br

Sumário

Joelhos gastos: a vida de entrega

Mangas arregaçadas: a vida autêntica

Mãos abertas: a vida generosa

Braços estendidos: a vida compassiva

Agradecimentos

O projeto *Sinais de vida* começou como um esboço para uma campanha para o crescimento da igreja e continua, agora, neste formato, um maravilhoso livro ao qual todos poderão ter acesso. Cada capítulo reflete uma lição que aprendemos à medida que tentávamos pôr em prática a mensagem do Maior Mandamento.

No âmago dessa iniciativa, encontramos meu grande amigo Paul Joiner. Todos nós que trabalhamos com ele nos ministérios *Turning Point* [Momento decisivo] somos abençoados diariamente pela criatividade que transborda de sua vida e inunda a nossa. Já disse muitas vezes o seguinte:

— Ele é a pessoa mais criativa que já conheci.

Paul, primeiro, viu as imagens de *Sinais de vida* em sua mente e, depois, as traduziu para o papel, possibilitando que todos nós as víssemos também. Obrigado, Paul, por compartilhar a visão para este livro.

Todos os membros do pessoal criativo do *Turning Point* [Momento decisivo] desempenharam uma parte no desenvolvimento desse projeto, contanto gostaria de agradecer especialmente a Mary Cayot por seu zelo.

Cathy Lord foi parceira de gerenciamento na reunião de todas as peças deste quebra-cabeça. Obrigado, Cathy, pelas muitas horas que você se dedicou à verificação de todas as citações, a interagir com o departamento editorial da Thomas Nelson e a dar sugestões que fizeram com que este se tornasse um livro melhor.

A atividade em meu escritório, às vezes, assemelha-se a um furacão. Mas, quando entro em minha sala e digo a minha assistente administrativa, Diane Sutherland, que preciso estudar e escrever, ela, de modo gracioso, protege-me de todas as interrupções. Diane, você é a guarda-mor das portas de minha sala que Deus poderia me enviar!

Meu relacionamento com Rob Morgan e William Kruidenier já passou a marca dos cinco anos, e não conseguiria fazer este livro sem as valiosas contribuições editoriais deles.

Sealy Yates sempre foi o camarada a quem recorria para resolver meus problemas no mundo editorial. Ele é meu agente literário, meu advogado e, acima de tudo, meu amigo. Joey Paul é meu editor na Thomas Nelson. Seu compromisso com a excelência motiva todos nós que trabalhamos com ele.

Quando olho em retrospectiva para os últimos anos do ministério *Turning Point* [Momento decisivo], fico surpreso ao ver o que o Senhor fez para estender nossa influência ao mundo todo. Sem a liderança administrativa de meu filho mais velho, David Michael, jamais teria tempo para trabalhar nos projetos literários. David, você é um jovem rapaz notável, e sinto-me orgulhoso de você!

Fico especialmente agradecido a minha esposa, Donna. Ela é minha amiga mais íntima e minha conselheira. Compartilhamos juntos o nascimento de quatro filhos, nove netos e vinte e sete livros. Sem o apoio de Donna, este livro jamais teria visto a luz do dia, e fico feliz em anunciar ao mundo todo que não trabalhei neste livro durante nossas férias!

Por fim, quando penso no privilégio que me foi dado de escrever palavras que honrem e glorifiquem a Deus, encho-me de gratidão e alegria. Minha mais sincera oração é que se aproxime do Senhor à medida que você lê — e vive — *Quarenta dias para mudar o mundo!*

Introdução

Em 27 de outubro de 2003, enviei o *e-mail* abaixo para nossa família da igreja em Shadow Mountain Community Church, a congregação que pastoreio em El Cajon, Califórnia:

> Estes tempos, certamente, são os mais difíceis na história de nossa igreja. Ontem fiquei no *campus* de nossa igreja e orei para que Deus poupasse nossas instalações. Nas horas seguintes, o vento mudou de direção e — pelo menos por enquanto — o *campus* está fora de perigo. Ainda estamos enfrentando a evacuação da área, pois os bombeiros disseram que nós — se os ventos voltassem a mudar de direção — poderíamos, de novo, correr perigo de sermos atingidos.

O incêndio no sul da Califórnia foi o maior em um século. Ele foi o resultado da confluência de quinze focos de fogo, do calor e dos ventos secos de Santa Ana. Mais de 2.300 casas foram destruídas; 15 vidas foram perdidas; e mais de 280.000 acres foram incendiados. Muitas pessoas preciosas de nossa congregação perderam suas casas nesse incêndio voraz...

Nas montanhas, logo acima do *campus* de nossa igreja, há uma pequena comunidade, Crest. Quase todas as famílias dessa comunidade foram severamente impactadas pelo fogo. Essas pessoas eram nossas vizinhas e precisavam de nossa ajuda.

Assim, nas seis semanas seguintes, adotamos a comunidade Crest. Recolhemos cobertores, roupas e brinquedos, como também ofertas para os necessitados em todos os cultos. Preparamos mais de mil refeições, entregamos dois caminhões de água, doamos quase 200.000 dólares, providenciamos casas temporárias para muitos deles e também aconselhamos as pessoas e as famílias, além de orar com elas. Agora, esse incêndio faz parte da história de San Diego, mas uma baforada de fumaça em um dia quente e seco acende nossa memória daquele episódio.

A compaixão através dos campos e bosques

Agora, acelere o passo e chegue a 15 de março de 2007: Eu estava em Greensboro, na Carolina do Norte, onde *Turning Point* [Momento decisivo], nosso ministério no rádio e na televisão, oferecia um café-da-manhã para os pastores. Estava ensinando uma série de mensagens que inspiraram este livro, e juntos reunimos nossos esforços com a organização *Feed the Children* [Alimente as crianças], a fim de prover uma tonelada e meia de alimentos para que esses pastores distribuíssem às famílias necessitadas de suas comunidades.

Um pastor veio de outro estado, a Virginia. Sua comunidade fora muito afetada pelo fechamento de uma fábrica, e mais de dez mil empregos foram perdidos. Quando saiu daquele café-da-manhã, ele sabia exatamente onde entregaria uma das cestas básicas. Mas a pessoa que receberia a outra cesta básica era ainda desconhecida, um mistério. Quando chegou a seu escritório, ele viu um formulário, sobre a mesa de sua secretária, preenchido por uma família que buscava ajuda para pagar uma conta. Mistério resolvido!

O endereço no formulário o levou a um *trailer* localizado na estrada de cascalho. Uma família de seis pessoas vivia com a pequena aposentadoria por invalidez do marido e com o baixo salário que a esposa ganhava em uma loja de conveniência. O coração desse pastor encheu-se de compaixão quando viu as crianças pequenas dessa família afetada pela pobreza.

No dia seguinte, um parente dessa jovem mãe procurou o pastor para agradecer pela gentileza que demonstrou por sua família. Ela compartilhou esse comentário feito pela mãe que recebera a cesta básica e os suprimentos para higiene pessoal: "Como ele sabia que precisávamos dessas coisas, especialmente o sabonete e o papel higiênico?"

A compaixão é contagiosa

Após escutar essa história, compartilhei-a com minha congregação quando ensinava sobre o viver com as mãos abertas. Naquele dia, no auditório, havia uma senhora de Nova York que nos visitava. Ela fez uma oferta de 25 dólares em dinheiro, colocando-o em um dos envelopes que estava no banco. Ela escreveu as seguintes palavras: "Estou apenas visitando esta igreja neste domingo. Sou de Nova York. Se possível, por favor, faça com que a família que o pastor Jeremiah mencionou esta manhã em seu sermão receba esta quantia."

Enviamos a quantia para o pastor na Virginia que, por sua vez, descreveu o incidente para sua congregação no domingo seguinte, à noite. Ele desafiou as 98 pessoas presentes ali a ter compaixão por aqueles à sua volta que passavam necessidades. No fim do culto, um homem acrescentou mais 20 dólares à oferta. Quando o pastor chegou a sua casa, encontrou outro envelope preso à porta e, na manhã seguinte, havia outro envelope sobre a mesa da secretária. Na segunda-feira à tarde, o pastor entregou à família que passava necessidades um cheque de 250 dólares. A compaixão é contagiosa!

Os tesouros da igreja

De acordo com a legenda, São Lourenço, o tesoureiro dos recursos da igreja, do século III, foi apresentado diante das autoridades que ordenaram que ele entregasse os tesouros da igreja para o imperador.

Lourenço, de forma dócil, pediu três dias para juntar todos os tesouros da igreja. Ele prometeu que, depois desse período, mostraria ao magistrado as grandes riquezas da igreja. No terceiro dia, ele apareceu e trouxe consigo os órfãos, os pobres, os mancos e as viúvas em desespero. Apontando para eles, disse:

— Esses são os tesouros da igreja.

E, por causa dessa resposta, ele foi sentenciado à morte.[1]

A Bíblia menciona os pobres mais de 150 vezes. Se acrescentarmos a isso o número de vezes que a Palavra de Deus fala sobre cuidar das viúvas, dos órfãos e dos necessitados, teremos mais de 300 referências para nos lembrar de nossa responsabilidade para ajudar as pessoas necessitadas. Esses trechos da Bíblia causaram tamanho impacto em meu coração e em minha vida que os incluí no fim deste livro.

O maior de todos os mandamentos

Certo dia, um perito em lei, alguém que exerce a função similar a do advogado, pediu para que Jesus identificasse o maior de todos os mandamentos na Lei. A resposta de nosso Senhor a essa pergunta foi uma das razões pela qual escrevi este livro:

> Respondeu Jesus: "'Ame o Senhor, o seu Deus de todo o seu coração, de toda a sua alma e de todo o seu entendimento'. Este é o primeiro e maior mandamento. E o segundo é semelhante a ele: 'Ame o seu próximo como a si mesmo'. Destes dois mandamentos dependem toda a Lei e os Profetas" (Mateus 22:37-40).

Todos nós sabemos que devemos amar a Deus, mas como exatamente devemos fazer isso? Jesus respondeu a essa pergunta da seguinte maneira: amamos a Deus ao amar as pessoas que ele criou. Jesus ensinou que amar os "menores irmãos" dele era o mesmo que amá-lo (Mateus 25:40). Ele, de fato, chega a dizer que a Bíblia toda pode ser resumida nestes dois mandamentos: "Amar a Deus e amar o próximo." Não é de admirar que a Palavra de Deus tenha tanto a dizer sobre o cuidar do pobre e do necessitado!

Responda aos mandamentos de Deus

Neste livro, você descobrirá quarenta leituras destinadas a ajudá-lo a expressar seu amor por Deus à medida que, de forma compassiva, busca alcançar os outros. O livro está organizado em torno dos sinais de vida: sapatos empoeirados, joelhos gastos, mangas arregaçadas, mãos abertas e braços estendidos. Cada um dos capítulos termina com aquilo que rotulamos de "Sinais de vida". Essas sugestões práticas o ajudarão a pôr em ação a devocional daquele dia.

No final do livro, incluímos algumas sugestões detalhadas para você usar *Quarenta dias para mudar o mundo* como um chamado à ação em sua vida e na vida de sua igreja. Também desenvolvemos uma campanha de quarenta dias para a igreja, e essa campanha o capacitará a envolver todos de sua congregação para que vivam o Maior Mandamento de Jesus.

Subir aos céus

Esta história cativante foi apresentada por Isaac Leib Peretz, escritor judeu:

> Em uma pequena cidade judaica, na Rússia, morava um rabino que desaparecia todas as sextas-feiras. Seus discípulos devotados se vangloriavam ao dizer que seu rabino, durante aquelas horas, ia até o céu conversar com Deus.
>
> Um estranho, ao se mudar para a cidade, não acreditou nessa história. Por isso, ele decidiu verificar tudo o que acontecia. Ele se escondeu a fim de seguir e observar os passos do rabino. Este se levantou de manhã, fez suas orações e, depois, vestiu roupas de camponês. Ele pegou um machado e foi para a floresta. Ali, ele cortou um pouco de lenha que, depois, arrastou até um casebre nos arrabaldes da vila. Ele deixou ali a madeira, o suficiente para uma semana, e depois voltou para casa.
>
> Após observar as ações do rabino, o recém-chegado resolveu ficar no vilarejo e tornar-se seu discípulo. E sempre que ouvia

> alguém do vilarejo dizer: "Às sextas-feiras, nosso rabino sobe até o céu"; o recém-chegado acrescentava: "Se é que não sobe ainda mais alto."[2]

À medida que iniciamos juntos nossa jornada de *Quarenta dias para mudar o mundo*, nosso objetivo é — como o desse rabino — subir ainda mais alto para nos aproximarmos de Deus por intermédio do serviço a seu povo — e fazer isso não só às sextas-feiras, mas todos os dias da semana.

David Jeremiah
San Diego, Califórnia
Junho de 2007

Sinais de vida

Dia 1

Sinais de vida

Este livro é o espelho por meio do qual
você pode se ver como os outros o vêem.

O iate *Cruise Queen*, como um pelicano, estava à deriva no mar. Uma mansão flutuante, tão comprida quanto um ginásio de esportes, e tão deslumbrantemente branca nas águas azuis do mar Egeu. Mas algo estava errado: o iate parecia vazio. O detetive, tão silencioso como a morte, subiu no navio, pistola na mão, em busca de sinais de vida...

Quantas vezes você já viu uma cena como essa no cinema ou na televisão?

Uma das razões de o programa *Whodunit* [Quem é o culpado?] ser tão popular é que todos nós temos um pouco de detetive em nós. Todos nós buscamos por sinais de vida, dicas sobre nossa identidade e segredos escondidos. Lembra-se de Sherlock Holmes? Ele conseguia desvendar a vida toda de uma pessoa ao observar a lama nos sapatos, os calos nas mãos e o tecido do casaco. Muitos de nós já brincamos de ser Sherlock Holmes em aeroportos ou em salas de espera, matando o tempo por meio da observação das pessoas, construindo um perfil silencioso da vida dessas pessoas por intermédio das roupas, dos acessórios, da linguagem corporal, da aparência facial e dos maneirismos.

A "pessoa que está escondida no coração" se mostra de todas as maneiras. Sua aparência e sua casa são extensões de seus pensamentos e de seus valores. Os outros podem dizer muitas coisas sobre nós apenas pela forma como nos apresentamos, o carro que dirigimos, a linguagem que usamos, os hábitos que temos, os amigos que fazemos e os lugares que freqüentamos. É surpreendente como podemos emitir nossa opinião sobre os outros com tamanha rapidez — e como os outros também são rápidos em formar uma opinião sobre nós!

Devemos, como seguidores de Cristo, exibir certos sinais de vida que evidenciem nosso comprometimento com o Senhor e seu Reino. Alguns desses sinais são óbvios para aqueles que nos vêem em nossos momentos de privacidade, quando estamos em oração, lendo a Bíblia, fazendo o cheque de nosso dízimo e resistindo às tentações pessoais.

A maioria das pessoas, entretanto, não tem acesso a esses momentos de privacidade. Elas nos vêem do outro lado da rua, da cerca, do saguão, do escritório ou dos bancos ou a milhas de distância.

Como essas pessoas reconhecem que nós somos embaixadores de Deus?

Pelo nosso sorriso... pela alegria... pela compaixão diante do infortúnio de outras pessoas... pela amizade... pelo estilo de vida simples... pela disposição de praticar atos de gentileza aleatórios... pela benevolência... pelos ministérios sociais... pelas lágrimas... pela generosidade... pela manifestação pública de nossa fé.

§

Alguns anos atrás, um homem aproximou-se de um cadete em uma academia militar em West Point e disse-lhe:

—Você deve ser cristão.

O cadete, surpreso, confirmou que, realmente, era seguidor de Jesus Cristo.

— Mas como você percebeu? — perguntou o jovem.

— Eu o vi no refeitório — disse o convidado. — O ambiente estava caótico e barulhento, pois algumas bandas tocavam ali, para estimular os cadetes, e milhares deles comiam, bebiam e riam. Mas, em meio a tudo isso, vi você inclinar a cabeça, silenciosamente, antes de fazer sua refeição.

Alguém já veio até você e lhe disse: "Você deve ser cristão?" Alguém já lhe perguntou a razão para a esperança que existe em você? Ou alguma pessoa já lhe disse recentemente: "Há algo diferente em você. Não sei o que é, mas quero o que você tem?"

Estimulados pela indústria do entretenimento e pela mídia nacional que, com freqüência, retratam-nos de forma negativa, nossa sociedade tende a ter uma visão desfavorável dos cristãos. No entanto, ao mesmo tempo, a cultura em que vivemos precisa desesperadamente de pessoas genuínas que demonstrem ter sinais abundantes de vida. Este mundo está faminto de amor, alegria, paz, paciência, gentileza, fidelidade, esplendor, simplicidade, honestidade e compaixão.

Os cristãos se especializam nessas coisas.

Não basta conversar sobre o Senhor, por mais importante que isso seja. Não basta servi-lo em segredo, com nossos atos de devoção particular. Temos de exibir o estilo de vida do nazareno em meio a nossa cultura corrupta. Jesus chamou a essa atitude de deixar nossa luz brilhar diante dos homens para que possam ver as nossas boas obras e glorificar a nosso Pai que está nos céus. O apóstolo Paulo disse: "Façam tudo sem queixas nem discussões, para que venham a tornar-se puros e irrepreensíveis, filhos de Deus inculpáveis no meio de uma geração corrompida e depravada, na qual vocês brilham como estrelas no universo" (Filipenses 2:14,15).

Considere este livro como uma espécie de espelho por meio do qual você pode se ver como os outros o vêem. É também como o consultório médico, em que você pode se examinar para verificar seus sinais de vida. E é também um programa em que você pode ser encorajado a andar de acordo com a sua fala.

E tudo isso — sob um disfarce!

Afinal, não somos iates abandonados, à deriva, no paraíso. Somos barcos pesqueiros apropriados para o uso de nosso Mestre.

Que o Senhor possa nos dar sapatos empoeirados, joelhos gastos, mangas arregaçadas... e outros sinais de vida.

Sinais de vida

Sinal de vida: Minhas palavras e ações dão evidência de que Cristo habita em meu interior.

Versículo de vida: *Façam tudo sem queixas nem discussões, para que venham a tornar-se puros e irrepreensíveis, filhos de Deus inculpáveis no meio de uma geração corrompida e depravada, na qual vocês brilham como estrelas no universo.* — Filipenses 2:14,15.

Vida em ação: Que características em minha vida oferecem evidência firme de que sou seguidor de Cristo? Que aspectos de minha vida contradizem a afirmação de que sigo a Jesus Cristo?

Dia 2

A fé que funciona

O mundo à nossa volta não consegue ver a fé em nosso íntimo, mas ele pode ver nossas boas obras que brotam de nossa fé.

Quando o circo Ringling Brothers foi a Nova York, em abril de 2004, milhares de pessoas se aglomeraram em Madison Square Garden para ver o maior espetáculo da Terra. O que elas viram, no entanto, foi um terrível acidente. O equilibrista Ernando

Rangel Amaya, venezuelano de 34 anos, o intrépido homem que desafiava alturas na corda bamba, perdeu o equilíbrio e caiu no chão. A multidão, horrorizada, gemeu enquanto os profissionais de plantão corriam para lhe prestar socorro. Rangel, surpreendentemente, sobreviveu à queda, mas ele nos ensinou uma lição valiosa: a vida diz respeito à manutenção do equilíbrio.[1]

Lembra-se de quando seu filho estava aprendendo a andar? Quando você ensinou seu filho a andar de bicicleta? Quando ensinou os adolescentes a equilibrar as finanças? Muitos aspectos da vida dizem respeito ao balanço.

Bem, também precisamos de uma teologia equilibrada. O Novo Testamento fala muito sobre o equilíbrio entre fé e obras. Em Efésios 2:8,9, lemos: "Pois vocês são salvos pela graça, por meio da fé, e isto não vem de vocês, é dom de Deus; não por obras, para que ninguém se glorie."

Em outras palavras, podemos também tentar alcançar as estrelas com pernas de pau da mesma forma que podemos querer nos qualificar para o céu ao procurar ser bom, fazer boas obras, dar presentes generosos ou sacrificar nosso corpo nas chamas. Somos pecadores que, aos olhos de Deus, jamais podemos nos redimir por meio de nosso esforço pessoal. Paulo escreveu em Tito 3:5: "... não por causa de atos de justiça por nós praticados, mas devido à sua misericórdia, ele nos salvou pelo lavar regenerador e renovador do Espírito Santo."

Mas Tiago, o meio-irmão de nosso Senhor, aparentemente achou que algumas pessoas estavam compreendendo mal esse fato. Assim, a carta escrita por ele apresenta um argumento para contrabalançar essa verdade. Embora sejamos salvos pela fé, e não pelas obras, conforme Tiago afirma, nossa fé precisa ser do tipo que apresente obras. Não somos salvos *pelas* boas obras, mas *para* as boas obras. A fé é a fonte de nossa salvação, mas as boas obras são a forma como expressamos a realidade de nossa salvação.

Tiago perguntou: "De que adianta, meus irmãos, alguém dizer que tem fé, se não tem obras? Acaso a fé pode salvá-lo?" E, logo a seguir, respondeu a esse questionamento: "Assim também a fé, por si só, se não for acompanhada de obras, está morta" (Tiago 2:14, 17).

Em outras palavras, se a fé não expressa a si mesma em compaixão, amor, gentileza, generosidade, ajuda, misericórdia e boas obras... Bem, ela não é a fé verdadeira. Pode ser o consentimento intelectual ou a manifestação emocional, mas a fé verdadeira confia só em Cristo para a salvação — e, desse modo, acredita o suficiente para ser semelhante a Cristo na prática diária.

Acho que, na época de Tiago, algumas pessoas falavam a linguagem do Cristianismo sem refletir a realidade dessa verdade em sua vida. Essa é a razão pela qual Tiago escreveu essa carta tão prática. À medida que você lê essa carta de Tiago (e é possível lê-la em sua totalidade em menos de dez minutos), não pode deixar de notar a ênfase que ele dá para o viver nossa fé. Também percebe que a fé que funciona...

- Capacita-nos a ter uma atitude positiva em momentos de provações (1:2).
- Inspira-nos a resistir à tentação (1:12).
- Capacita-nos a ser bons ouvintes (1:19).
- Cuida dos órfãos e das viúvas (1:27).
- Honra o pobre (2:5,6).
- Fornece alimento e roupa para os necessitados (2:15,16).
- Controla e restringe a língua (3:1-12).
- Não fala mal dos outros (4:11).
- Não se queixa dos outros (5:9).
- Demonstra preocupação para com os doentes (5:14).
- Ora fervorosamente (5:17).

Os cristãos mudaram o mundo ao viver esse tipo de fé. No século III, Tertuliano escreveu que os cristãos daquela época, sem que fossem coagidos a isso, faziam generosas doações para um fundo comum que supria as necessidades das viúvas, dos aleijados, dos doentes e dos presos, como também servia para libertar escravos.

A história nos conta que Pachomius, um soldado do exército de Constantino, ficou profundamente comovido quando viu cristãos trazerem comida para seus companheiros, os soldados que enfrentavam a fome e as doenças. Por ter demonstrado curiosidade para entender a doutrina que inspirara tamanha generosidade, ele estudou o Cristianismo e converteu-se.[2]

Ao longo da Idade Média, a igreja sustentou orfanatos, construiu escolas e alimentou famintos. No século XIX, cristãos, como A. H. Francke e George Müller, criaram orfanatos em que procuravam criar um ambiente similar ao de uma família para crianças indesejadas.

Também no século XIX, um grupo de cristãos da Grã-Bretanha trabalhou de forma incansável para mudar a prática de utilização do trabalho infantil. O infatigável lorde Shaftesbury dedicou sua vida fazendo discursos e escrevendo programas de ação para melhorar as condições do trabalho infantil.

Aproximadamente na mesma época, o estadista William Wilberforce e seus companheiros cristãos estavam lutando para abolir a escravidão no Império Britânico.

Foi a influência dos cristãos na sociedade que levou à construção de hospitais, à interrupção do infanticídio, ao desencorajamento do aborto, à criação de sociedades beneméritas e beneficentes e ao fortalecimento das artes. O mundo à nossa volta não consegue ver a fé em nosso íntimo, mas ele pode ver nossas boas obras que brotam de nossa fé. É por esse motivo que Jesus afirmou de forma clara: "Assim brilhe a luz de vocês diante dos homens, para que vejam as suas boas obras e glorifiquem ao Pai de vocês, que está nos céus" (Mateus 5:16).

Alguns anos atrás, li uma peça satírica que me revelou esta verdade:

> Estava faminto, e você criou um clube humanitário para discutir minha fome. Estava preso, e você esgueirou-se silenciosamente para sua capela no porão e orou por minha libertação. Estava nu e você, em sua mente, debateu a moralidade de minha aparência. Estava doente, e você ajoelhou-se e agradeceu a Deus por sua saúde. Estava sem casa, e você pregou para mim sobre a cobertura espiritual do amor de Deus. Estava só, e você deixou-me só para orar por mim. Você parece ser tão santo e estar tão próximo de Deus, mas eu ainda continuo muito sozinho, e com muita fome, e com muito frio.[3]

Essa não é a fé bíblica.

Considere o que Manfred George Gutzke, professor de Bíblia, escreveu:

> A fé só é relevante quando promove a ação. A fé sem ação é inútil. Esse é o princípio básico de tudo em todos os lugares, e é verdade em todos os casos. É verdade em relação à agricultura. É verdade em relação ao seguro de uma casa. É verdade em

> relação à forma de se conduzir um negócio. Se dissermos que temos fé em algo e não fizermos nada a esse respeito, nossa fé não representa nada.[4]

E quanto a você e a mim?

Talvez você não conheça nenhum órfão, mas que criança que você conhece precisa de uma atenção a mais? Você tem um vizinho que precisa de alguém para cortar a grama? Alguma família em sua comunidade perdeu a casa em um incêndio? O centro para grávidas adolescentes precisa de conselheiros? Talvez sua igreja esteja financiando uma viagem missionária para dar assistência médica em uma área pobre. Talvez alguma pessoa solteira em sua igreja apreciasse um convite para jantar.

§

Alguns anos atrás, um pastor, amigo meu, estava devotando seu dia livre, algo raro para ele, a seu jardim. Vestido com uma bermuda imunda, feita a partir de uma calça velha cortada um pouco acima da altura dos joelhos, ele estava banhado em suor e sujeira, lutando contra as ervas daninhas para plantar as últimas sementes de feijão. Naquele momento, a filha de 16 anos, em estado de pânico, atravessou o jardim. Ela berrou:

— Papai, tem um homem na sarjeta a cerca de um quilômetro daqui. Os carros passam de lá para cá, mas ninguém parou para ajudá-lo. Venha rápido, papai!

Ron não queria realmente ajudá-lo com a urgência que a filha lhe implorara. Ele estava cansado e sujo, perdido em sua tarefa de jardinagem. Ele também sabia que a filha, que tirara carteira de motorista recentemente, ficava impressionada com facilidade, e — para falar a verdade — ele achou que ela provavelmente havia interpretado erroneamente o que vira. Mas, graças à insistência dela, ele, por fim, limpou o suor com a camisa, pegou a chave e foi ver o que tinha acontecido.

Certamente, havia um homem ali — idoso, confuso, meio adormecido e na sarjeta. Ron e a filha levantaram o homem e o puseram no carro. Reavivado pelo ar condicionado, ele começou a balbuciar coisas sem sentido. Finalmente, depois de muitas perguntas, o idoso murmurou o nome de uma rua a alguns quilômetros dali. Ron dirigiu-se para o endereço.

À medida que eles andavam pela calçada, uma senhora idosa veio correndo ao encontro deles.

— Louvado seja Deus! — ela exclamou. — Não sabíamos onde encontrá-lo. Ele é meu irmão mais velho. Tem Alzheimer e saiu vagando por aí esta manhã. Fiquei muito preocupada!

Enquanto voltava para casa, Ron foi acometido por sentimentos confusos. Ele estava grato porque fizera uma boa ação, mas também sentia um pouco de culpa por ter relutado em fazê-la. A filha demonstrara mais compaixão por aquela vida que ele, apesar de seus muitos anos de ministério.

Muitas pessoas estão nas sarjetas. A fé real estende — com alegria e de forma abnegada e amorosa — a mão para ajudar os outros, e faz isso em nome de Cristo. A fé real é uma fé equilibrada: é a fé que trabalha.

Assim, para Jesus, faça algo por alguém — e faça isso hoje.

Sinais de vida

Sinal de vida: Minha fé se expressa por intermédio de minhas palavras.

Versículo de vida: *Assim também a fé, por si só, se não for acompanhada de obras, está morta* — Tiago 2:17.

Vida em ação: O que faço pelos outros que revela de forma clara a presença de Deus em minha vida?

Dia 3

Ascenda às luzes

O coração humano é obscuro sem Cristo,
mas que diferença Jesus faz em nossa vida!

Imagine o mundo sem as luzes do Natal.

O mundo antes de 1882 era assim. As pessoas faziam fogueiras e amarravam velas aos ramos de sua árvore de Natal (algumas vezes queimando toda a cidade por causa disso), mas apenas com Edward Johnson, associado de Thomas Edison, foi que as luzes elétricas das árvores de Natal começaram a brilhar e a piscar nas casas dos Estados Unidos.

Enquanto a família Johnson fazia a decoração para as festas daquele fim-de-ano, ele dedicou muita energia para produzir uma fileira de oito lâmpadas pequenas, todas coloridas. Quando elas começaram a brilhar na janela da frente da casa, multidões de pessoas se reuniam na frente daquela janela para suspirar de admiração. Parecia algo mágico, especialmente depois de Johnson conseguir desenvolver um sistema em que elas piscavam. As pessoas, por quererem ver as lâmpadas mais de perto, bateram à porta. Os jornais de todo o país enviaram repórteres, e estes entraram, um após o outro, na casa de Johnson.

As luzes elétricas das árvores de Natal não se tornaram, de imediato, um item comercial, pois quase ninguém — exceto Thomas Edison, Edward Johnson e algumas poucas famílias — tinha eletricidade em casa. Além disso, era algo muito caro. Johnson gastou mais de 100 dólares só em material para construir aquela fileira de lâmpadas — e isso representava mais dinheiro do que muitas famílias conseguiam ganhar em um ano.

Gradualmente, à medida que mais pessoas passaram a ter acesso à eletricidade, as luzes de Natal tornaram-se mais populares. Em 1910, a General Eletric apresentou uma fileira de lâmpadas que poderiam ser produzidas e vendidas a preços módicos. E as lâmpadas de Natal tornaram-se itens da casa desde essa época...[1]

§

Nada expressa a missão de Jesus Cristo melhor que as luzes. No Antigo Testamento, o candelabro de ouro no templo representava um tipo de Cristo e indicava a vinda do Messias que seria a luz de Israel. E o profeta Isaías previu sua vinda ao dizer: "O povo que caminhava em trevas viu uma grande luz; sobre os que viviam na terra da sombra da morte raiou uma luz. [...] Porque um menino nos nasceu, um filho nos foi dado..." (Isaías 9:2,6).

Nos evangelhos, Jesus declarou: "Eu sou a luz do mundo" (João 8:12), e João abre seu evangelho dizendo: "Nele estava a vida, e esta era a luz dos homens" (João 1:4).

§

Bem, não sou físico, mas conheço algumas coisas sobre a luz.

Antes de tudo, ela destrói a escuridão. De fato, alguns estudiosos afirmam que não existe nada que se assemelhe à escuridão. Na opinião deles, a escuridão é apenas a ausência de luz!

No entanto, o que eu observei é que, quando a luz vem, a escuridão desaparece.

O coração humano é obscuro sem Cristo, mas que diferença Jesus faz em nossa vida! O missionário E. Stanley Jones afirmou:

— Quando encontrei Cristo, senti como se tivesse engolido a luz do sol![2]

Que triste quando as pessoas amam a escuridão mais que a luz. Jesus profetizou isso em João 3:19, mas ainda é difícil para nós entendermos essa verdade. Talvez, a antiga história sobre o nômade do deserto que acordou no meio da noite possa nos ajudar. Esse homem sentou-se, acendeu uma vela e começou a comer tâmaras que estavam em uma tigela ao lado de sua cama. Ele deu uma mordida em uma ponta e viu uma larva na tâmara, então a jogou para fora da tenda. Ele mordeu a segunda tâmara, encontrou outra larva e também a jogou fora. Quando ponderou que não teria nenhuma tâmara para comer se continuasse a jogá-las fora, ele apagou a vela e, mais que depressa, comeu todas as tâmaras.

Muitas pessoas amam tanto a iniqüidade que elas preferem engolir os pecados e chafurdar na escuridão do que ascender à luz de Cristo — e a luz verdadeiramente define o Cristianismo. Efésios 5:8 afirma: "Porque outrora vocês eram trevas, mas agora são luz no Senhor. Vivam como filhos da luz." Em Filipenses 2:15, somos descritos como "filhos de Deus inculpáveis no meio de uma geração corrompida e depravada, na qual vocês brilham como estrelas no universo".

Devemos retratar a nós mesmos dessa forma! À medida que você anda de lá para cá nos corredores do supermercado, lembre-se de que o sorriso, a atitude, a preocupação com os outros e, talvez até mesmo, as compras devem refletir a luz de Jesus. Enquanto trabalha em seu quintal, lembre-se de que você é um espelho talhado para refletir a luz de Cristo, de forma que ela brilhe na janela de seu vizinho. Quando joga uma partida de golfe, lembre-se de que Deus pode lhe dar a oportunidade de falar uma palavra em nome dele.

Agora, pense nas pessoas na prisão. Que lugar escuro! Você já considerou a possibilidade de se envolver com o ministério nas prisões? Você poderia refletir a luz de Jesus para mentorear os prisioneiros? Distribuir presentes no Natal? Escrever de forma regular para alguém que esteja por trás das grades?

Também precisamos fazer com que nossa luz brilhe nas ruas das áreas carentes de nossa cidade. Sua igreja tem um ministério com prostitutas? Com pessoas que são dependentes químicas? Com alcoólicos? Com doentes mentais? Que tal alcançar as pessoas que estão em asilos? Jesus disse que, quando fazemos isso a algum de seus "menores irmãos", fazemos isso para ele mesmo (Mateus 25:40).

Nosso Senhor, no Sermão do Monte, disse: "Vocês são a luz do mundo. Não se pode esconder uma cidade construída sobre um monte. E, também, ninguém acende uma candeia e a coloca debaixo de uma vasilha. Ao contrário, coloca-a no lugar apropriado, e assim ilumina a todos os que estão na casa. Assim brilhe a luz de vocês diante dos homens, para que vejam as suas boas obras e glorifiquem ao Pai de vocês, que está nos céus" (Mateus 5:14-16).

Enquanto estava trabalhando neste capítulo, os jornais noticiaram que um apagão atingiu toda a Colômbia. A eletricidade foi cortada desde a costa norte, no mar do Caribe, até a região sul, na selva amazônica. As pessoas em Bogotá ficaram presas em elevadores. Nas cidades e nos campos, dez mil semáforos ficaram sem luz, os telefones celulares ficaram mudos, a bolsa de valores suspendeu as atividades, e as casas ficaram sem luz e sem refrigeração. As autoridades puseram a culpa em apenas uma subestação de eletricidade.

Acho que, no sentido espiritual, o mesmo está acontecendo nos Estados Unidos. Um apagão espiritual se espalha por todo o país e também pela Europa Ocidental, e este é o dia mais escuro que já vivenciamos em nossa cultura. Nossa sociedade é mais corrupta agora do que já o foi antes.

Mas, até mesmo nesse duro fato, encontro um pouco de encorajamento. Quanto mais escura a noite, mais nossa luz será notada quando ela brilhar.

Um conhecido relembra-se da cidade em que foi criado, um vilarejo nas montanhas. Havia pouca iluminação nas ruas e, quando era hora de ir para a cama, as ruas ficavam no escuro. A cama dele ficava do lado da janela e, todas as noites, a última coisa que via antes de pegar no sono era a luz da campainha da casa de seu vizinho — a duas quadras de distância. Em uma noite escura, até mesmo uma luzinha pequena como essa viaja grandes distâncias.

Assim, talvez você não seja um famoso humanitário, um evangelista mundialmente famoso ou um pregador conhecido. Mas Jesus, quando subiu aos céus, comissionou você e eu para sermos a sua luz, alertando-nos de que não deveríamos esconder a luz debaixo de uma vasilha. Se não refletirmos a luz de nosso Senhor em nossa cultura obscura, ela permanecerá às escuras. Deus, graciosamente, deu a seus filhos a capacidade de suprir a necessidade humana pelo poder do Espírito Santo, e, à medida que assim fizermos, seremos a luz do Senhor em um mundo imerso na escuridão. E esta é exatamente nossa identidade.

Em um livro devocional, *Voices of the Faithful* [Vozes dos fiéis], uma missionária, Gerri, contou sua experiência de trabalho em uma cidade africana. Certo dia, notícias empolgantes chegaram até ela. O rei Lozi viria participar do culto da igreja e fazer a refeição em sua casa. Segundo Gerri tinha conhecimento, o rei não tinha o costume de visitar as casas das pessoas, e a notícia de sua visita espalhou-se rapidamente, como se fosse um incêndio.

Quando finalmente o dia da visita chegou, o rei entrou na casa de Gerri. Ela explicou na língua lozi que era missionária e que, em lozi, o nome dela soava diferente, geli, pois o som do "r" era difícil para as pessoas que falavam lozi. Ela, de forma ousada, pediu ao rei que lhe desse um nome em lozi. Embora ela não soubesse disso, esse pedido era algo contra o protocolo, mas o rei apenas sorriu e disse:

— Vou pensar a respeito disso.

Mais tarde, quando já se preparava para sair, o rei fez este comentário:

— Minha esposa e eu já decidimos sobre seu nome. Será Liseli. Ele quer dizer "luz". Assim como o sol fornece luz e vida para as plantas, os animais e as pessoas, quero que a Palavra de Deus seja vida e luz para as pessoas desta província.

E Gerri escreveu: "Fiquei surpresa e agradecida por ter recebido essa bênção. E depois que o rei saiu, uma senhora sentou-se perto dela e segredou-lhe: 'Você é uma mulher de sorte, pois recebeu um nome do rei'."[3]

Bem, o Rei dos reis deu-lhe um nome — é LUZ! Jesus disse: "Vocês são a luz do mundo."

Portanto, acenda a luz para o Senhor e, depois, brilhe diante dos homens para que as pessoas possam ver suas boas obras e glorificar seu Pai que está no céu.

Sinais de vida

Sinal de vida: Sou a fonte de luz em um mundo obscuro.

Versículo de vida: *Assim brilhe a luz de vocês diante dos homens, para que vejam as suas boas obras e glorifiquem ao Pai de vocês, que está nos céus* — Mateus 5:16.

Vida em ação: Quando as pessoas me vêem, vêem a luz de Jesus brilhando através de mim?

Dia 4

Viver o momento

Leve uma vida espiritual com Deus na posição "sempre ligado".

Quem era o palhaço em sua escola? Ou quem é o colega de trabalho que faz com que todos no escritório sempre dêem muita risada? Freqüentemente fazemos o seguinte comentário sobre esse tipo de pessoa:"Rapaz, esse camarada está sempre ligado!" Quando algo acontece, as pessoas desse tipo não têm de sintonizar o momento, elas *vivem* o momento.

Hoje, o estar *ligado* tem um sentido novo, conectado à alta tecnologia que se refere à forma como nos conectamos, em casa, à Internet com nosso computador. Se você for um dos pioneiros na era da Internet, certamente se lembra do processo lento e desajeitado de se conectar à rede. Seu computador ligava um número, seu *modem* gemia e grasnava por alguns segundos e, se tudo desse certo, você conseguia conectar. Mas, nos primórdios da era da Internet, a conexão tinha mais probabilidade de falhar do que o contrário e, portanto, era preciso seguir todo o processo de conexão de novo.

Naquela época, você estava ligado ou desligado da Internet. Você discava, entrava na Internet, checava seus *e-mails*, ia para alguma página da Internet e, depois, desligava. Agora, no entanto, a época de conectar a Internet está rapidamente chegando ao fim.

No fim de 2004, 37,9 milhões de usuários estado-unidenses estavam acessando a Internet através da banda larga, e o acesso por banda larga está, agora, disponível a 99% das casas norte-americanas.[1] Se você fizer a conexão através do cabo do telefone ou a fizer digitalmente, através de sua linha telefônica (DSL - Linha Digital de Assinante), você consegue uma conexão do tipo sempre ligado. Desde que seu computador esteja ligado (e, hoje, muitas pessoas não os desligam), você está sempre conectado; está sempre na rede. De fato, as páginas de notícias na Internet se atualizam de forma constante, com alguns minutos de intervalo entre cada atualização. Assim, um fluxo constante de notícias com informações atualizadas aparece na tela do computador. E, nesse caso, você não tem de conectar a Internet para se comunicar: com a banda larga, a conexão sempre ligada, você fica conectado o tempo todo.

A espiritualidade banda larga

Acredito que o modo de acesso de discagem à Internet oferece uma analogia útil para o tipo de espiritualidade que se fundamenta no tempo de quietude diário (ou igreja aos domingos ou estudo bíblico semanal) para se conectar com Deus. Relembre-se dos primeiros tempos de Internet quando você se conectava por um período de tempo específico, fazia o que tinha de fazer e, depois, desligava. Ainda havia atividade acontecendo na Internet enquanto você estava desligado dela, mas você a perdia por não estar conectado. Bem, temo que muitos de nós vivemos nossa vida espiritual no modo de discagem, em vez de utilizar a banda larga. E, portanto, perdemos muito do que Deus está fazendo no mundo, como também o que ele quer fazer em nossa vida.

Muitos cristãos conectam-se com Deus uma vez por dia, quando têm seu tempo de quietude, ou uma vez por semana, quando vão à igreja. Eles oram, lêem a Bíblia, conectam-se com Deus. E isso é bom... Até onde isso alcança. O problema com essa abordagem para a vida espiritual é que não faz sentido estar "sempre ligado" — não faz sentido viver o momento com Deus depois de seu momento de quietude. Você abre sua Bíblia, inclina a cabeça em oração, conduz seus negócios com Deus e depois desliga, ficando desconectado o resto do dia.

O que precisamos é de uma revolução espiritual, como a revolução da Internet proporcionada pela banda larga. Precisamos de cristãos que não se conectam com Deus apenas uma vez por dia ou por semana. Precisamos de cristãos que tenham uma conexão do tipo *sempre ligado* com o Senhor. Cristãos que tenham uma comunicação constante com Deus, porque andam no Espírito; cristãos que vivam o momento com Deus.

O perigo com a espiritualidade do tipo de conexão de discagem é que você está sujeito a perder algo que Deus quer que você veja, ouça, experimente, ou aprenda com ele. É como se ele estivesse lhe enviando um *e-mail* importante, mas você só o abre no dia seguinte, pois você conecta a Internet apenas uma vez por dia.

Não me compreenda mal! Não estou sugerindo que sua prática de quietude diária é algo ultrapassado. A longo prazo, o tempo de quietude diário é essencial para a maturidade cristã, e espero que todo leitor cristão pratique essa disciplina espiritual consagrada pelo tempo. Mas seu momento de quietude deve corresponder ao ligar seu computador pela manhã: você se conecta a Deus pela primeira vez de manhã, em seu momento de quietude — e permanece conectado o dia todo até a hora de dormir.

Comece a pensar sobre sua vida espiritual, se ela se assemelha mais ao modo de discagem (liga e desliga) ou ao da banda larga (sempre ligado, sempre no momento). Afinal, será que deve haver algum momento em nossa vida em que não deveríamos estar conectados e nos comunicando com Deus?

Perigos da conexão de discagem

Se sua consciência espiritual — se o tempo que realmente tomamos consciência da presença de Deus — limita-se a meia hora todas as manhãs ou a algumas horas aos domingos, perdemos muito dessa convivência com Deus. Todos os momentos de todos os dias são importantes para Deus, e se não vivermos todos os momentos, talvez não percebamos o que Deus está fazendo.

- *Encontros divinos* — Com quantas pessoas você interage face a face todos os dias? Quantas dessas interações você considera encontros divinos (Provérbios 16:9)? Se você vive no modo de discagem, em vez de no modo de estar sempre ligado, pode perder algo que Deus quer que você receba ou dê em cada um desses encontros.
- *Direção divina* — Quando vivemos no modo de discagem, é provável que fiquemos desconectados de Deus durante um engarrafamento ou quando nosso filho nos faz chegar atrasados para um compromisso — e reagimos de forma carnal. Ou podemos não considerar que Deus está nos salvando de uma calamidade, como aconteceu, certa vez, com Israel, ao fazer essa nação dar a volta mais longa (Êxodo 13:17,18).
- *Comunicação divina* — O dia todo pensamentos aparecem e desaparecem de nossa mente. Quando vivemos no modo de discagem e passamos a maior parte do dia desconectados de Deus, podemos não perceber que alguns desses pensamentos são provenientes de Deus. O Senhor fala ao nosso coração, mas se não estivermos atentos à sua voz, podemos não escutá-lo (Mateus 13:15).
- *Oportunidades divinas* — Muitas vezes, quando chegamos a uma encruzilhada da vida, nosso devido zelo intelectual não deixa espaço para as informações que Deus possa estar nos transmitindo. É possível, do aspecto lógico, que a opção A seja a melhor, mas a escolha B é realmente a escolha de Deus. A oportunidade parece totalmente ilógica, mas, na verdade, ela é a correta para nós naquele momento. Se estivermos desconectados no momento da decisão, podemos perder a porta que Deus abriu para nós.

Os benefícios da banda larga

Considere, agora, o número de benefícios em viver o momento com Deus:

- *Atitude* — Assim como esperamos que a página de nosso servidor da Internet apareça assim que nos conectamos, também começamos a ter a expectativa de ouvir a Deus. Passamos a viver a expectativa de que Deus estará envolvido em nossa vida todos os momentos (Marcos 16:20).
- *Gratidão* —Viver em constante comunicação com Deus capacita-nos a ver a vida como um dom divino. Paramos de pensar em termos de "sorte" ou "coincidências" e começamos a pensar em termos da generosa mão do Senhor (Tiago 1:17).
- *Bem-aventurança* — Quando vivemos o momento, começamos a experimentar as bênçãos que antes ignorávamos. Também começamos a repartir as bênçãos já que vivemos no reino dos encontros divinos.
- *Latitude* — Nossa perspectiva no espectro da atividade de Deus se alarga quando vivemos o momento. Para nós, é melhor vermos a amplitude do alcance de Deus no mundo, pois assim nos sentimos encorajados a nos envolver. Também, reconhecemos de forma mais clara nosso valor para ele como parte de seu grande plano para o mundo (Salmo 139:7-10).
- *Magnitude* —Viver o momento com Deus ajuda-nos a tirar nossos olhos de nós mesmos para voltá-los para Deus. Meditar momento a momento sobre a sublimidade de Deus ajuda a manter nossos problemas em perspectiva (Mateus 19:26).
- *Aptidão* — O quanto você seria mais inteligente e sábio se conversasse com um gênio asseverado o dia todo? O quanto você seria mais sábio se conversasse com Deus momento a momento? Assim, nós nos tornamos semelhantes àqueles com os quais, constantemente, passamos tempo e com quem nos comunicamos (Salmo 119:99,100).

A forma como você acessa a Internet é irrelevante, uma decisão pessoal. Mas aconselho-o a levar uma vida espiritual com Deus na posição "sempre ligado". Viver o momento com o Senhor quer dizer viver em estado de consciência espiritual, algo de que você jamais gostaria de abrir mão.

Sinais de vida

Sinal de vida: Todo momento da minha vida é um *momento vivo* com Deus.

Versículo de vida: *As minhas ovelhas ouvem a minha voz; eu as conheço, e elas me seguem* — João 10:27.

Vida em ação: O meu relacionamento atual com Deus é do tipo discagem ou banda larga? Que evidência específica de minha vida apóia minha resposta? O que eu posso fazer para manter, o tempo todo, minha linha de comunicação com Deus aberta?

Dia 5

Passe o sal

Há, com a presença dos cristãos, um poder que permeia a sociedade, e isso traz à tona a graça de Deus.

Outro dia, ouvi a história de um filhote de camelo que perguntou à mãe:

— Mamãe, por que tenho esses pés enormes com três dedos?

— Para ajudá-lo a ficar firme na areia fofa enquanto cruza o deserto — respondeu a mãe.

— E por que tenho esses cílios longos? — perguntou novamente o filhote.

— Para que a areia não entre em seus olhos durante a jornada do deserto — explicou a mãe.

— E por que as corcovas? — prosseguiu o filhote.

— Para armazenar água em nossas longas jornadas através do deserto — disse a mãe.

O filhote de camelo pensou a respeito do assunto e concluiu:

— Isso é ótimo, mamãe. Temos pés enormes para que não afundemos na areia, cílios longos para que a areia não entre em nossos olhos e corcovas para armazenar água... Mas mamãe...

— Diga, meu filho.

— Por que nós estamos no zoológico?

Essa é uma pergunta que todos nós devemos considerar. Se recebemos todos os recursos de que precisamos para levar a mensagem do Senhor a todos os lugares, e se estamos totalmente equipados para cumprir a Grande Comissão, por que temos de ficar dentro das quatro paredes de nossas igrejas? O evangelho não é algo que nos leva à igreja para que o escutemos; mas é algo que nos leva a sair da igreja para compartilhá-lo.

Nosso Senhor tinha isso em mente quando pregou o Sermão do Monte e comparou sua igreja ao sal: "Vocês são o sal da terra. Mas se o sal perder o seu sabor, como restaurá-lo? Não servirá para nada, exceto para ser jogado fora e pisado pelos homens" (Mateus 5:13).

Nos tempos de Cristo, o sal era mais valioso do que o é hoje, porque ele tinha muita utilidade e era difícil de obtê-lo. De fato, até os tempos modernos, o sal era um fator preponderante na economia das nações. O Império Romano valorizava o sal como um tipo de moeda, e os trabalhadores, muitas vezes, recebiam seu salário em sal. A palavra moderna *salário* é proveniente do termo latino *salarium*, que significa *sal*. Jesus compreendeu o valor do sal, e seus ensinamentos sobre o assunto têm muitas aplicações relevantes para nós hoje.

O sal previne a deterioração

Primeiro, o sal retarda a deterioração, e isso era extremamente importante nos tempos bíblicos, quando as pessoas não podiam refrigerar nem congelar os alimentos. O sol causticante do Oriente Médio fazia com que a carne se deteriorasse rapidamente, mas, com o sal, o alimento poderia ser embrulhado, preservado e transportado.

Nossa sociedade, sem o sal dos cristãos dedicados, tende à deterioração. Se ela for deixada a prosseguir por seus próprios passos, a cultura corrompe-se e decompõe-se. A bactéria do mal está em todos os lugares, e, sem a presença dos cristãos, a deterioração não diminuiria e seria derradeira.

Os antepassados dos norte-americanos sabiam disso e, por essa razão, eles fundaram a nação dos Estados Unidos sobre princípios judaico-cristãos. Em 1774, o primeiro congresso continental convidou o reverendo Jacob Duché para iniciar todas as sessões com uma oração. Durante a Convenção Constitucional de 1787, Benjamin Franklin propôs que, todos os dias, a convenção se iniciasse com uma oração.

Em Washington D.C., evidências dessa herança espiritual estão gravadas nos grandes monumentos e prédios públicos. Se você se aproximar da sala do senado dos Estados Unidos pelo lado leste, verá estas palavras na entrada: *Annuit Coeptis*, uma frase latina que significa "Deus favoreceu nossos empreendimentos". As palavras "In God We Trust" [Confiamos em Deus] estão gravadas sobre a entrada sul.

Calvin Coolidge, nosso trigésimo presidente, observou: "O fundamento de nossa sociedade e de nosso governo repousa tanto sobre os ensinamentos da Bíblia que seria difícil apoiá-los se a fé nesses ensinamentos cessasse de ser universal em nosso país."[1]

Acredito que Deus abençoou nossa nação por causa de nosso legado de fé, mas, agora, existe um movimento para expurgar o Cristianismo de toda a arena pública. Nesse processo, a moral de nossa nação deteriorou-se como uma carcaça de um animal exposta ao sol causticante.

Mas não desista! Os Estados Unidos estão cheios de cristãos tementes a Deus, e imagine como as coisas seriam ainda piores se não estivéssemos aqui! Nossa presença atrasa a deterioração e preserva a piedade em nossa sociedade. Nossa presença reduz os crimes, refreia a corrupção ética, promove a honestidade, eleva a atmosfera moral e enche de alegria o coração de nosso povo.

Talvez você seja o único cristão em seu emprego, sua classe ou seu time esportivo. Que desafio — e que oportunidade! Não tenha medo de ser diferente. Lembre-se de que sua influência pode impedir que alguém enfrente a deterioração pessoal ou o desespero.

O sal dá sabor

Além de preservar a comida, o sal dá um sabor magnífico. Jó, o patriarca da Antigüidade, perguntou: "Come-se sem sal uma comida insípida?"

(Jó 6:6). Quando nosso Senhor disse: "Vocês são o sal da terra", era isso que ele tinha em mente, pois prosseguiu sua fala para nos alertar sobre o perigo de o sal perder o sabor, seu gosto característico. Se isso acontecesse, ele não serviria para nada, exceto para ser "jogado fora e pisado pelos homens".

Mais uma vez, o sal é muito útil, por causa de suas características específicas: é salgado e penetrante. Quando ele está presente em nossos alimentos, você sabe que ele está lá. Se ele perder essa característica específica, o de salgar, ele não é melhor que a sujeira comum.

Nós, os cristãos, como o sal, também temos um caráter específico. Em particular, tudo que fizermos, devemos fazer com excelência. Devemos escrever os melhores livros, produzir os melhores filmes, gravar as melhores músicas, planejar os melhores prédios e demonstrar as melhores maneiras. Devemos ser as pessoas mais generosas em nosso meio, os empregados mais trabalhadores e os amigos mais confiáveis. E tudo que fazemos deve ter o sabor característico e específico de nossa fé.

Nosso caráter e nossa ética devem refletir os valores de Jesus, e nossa interação pessoal com os outros deve ser agradável, pessoal e evangelizadora. Na literatura rabínica dos tempos bíblicos, o sal era uma metáfora para sabedoria, e talvez fosse isso que o apóstolo Paulo tinha em mente quando escreveu: "O seu falar seja sempre agradável e temperado com sal, para que saibam como responder a cada um" (Colossenses 4:6).

O sal promove a sede

O sal preserva e tempera os alimentos e também promove a sede — como você sabe muito bem se já comeu batata palha. Bem, nós, os cristãos, devemos fazer com que as pessoas tenham sede de Deus. Uma mulher, enquanto dava seu testemunho, disse que começou a freqüentar uma igreja em que o pastor era um zeloso mestre das Escrituras. Ele explanava versículo a versículo, e ela, à medida que começou a entender a Bíblia melhor, ficou empolgada.

— Aquele homem fez com que tivesse vontade de conhecer a Deus mais do que o conhecia — ela disse.

Comecei a perceber o que o salmista quis dizer quando afirmou: "Como a corça anseia por águas correntes, a minha alma anseia por ti, ó Deus" (Salmo 42:1).

Nosso comprometimento com as Escrituras, creio eu, mais nossa alegria em Cristo e nosso entusiasmo por ele podem influenciar os outros da mesma forma. O jornalista Henry Stanley afirmou o seguinte sobre o missionário David Livingstone, que foi para a África central.

— Se eu ficasse com ele um pouco mais, seria compelido a tornar-me cristão, embora ele nunca tenha falado sobre o evangelho comigo.[2]

O sal permeia os alimentos

Por fim, o sal permeia os alimentos — e só um pouco dele já é o suficiente. Sua eficácia não é indicada pelo tamanho. Apenas uma pitada de sal pode afetar todo um prato. E o mesmo acontece com os cristãos neste mundo. Algumas pessoas dizem:

— Mas o que posso fazer? Sou apenas uma alma!

Deixe-me lembrá-lo de que o apóstolo Paulo e seus dois companheiros (Lucas e Aristarco) eram praticamente os únicos cristãos a bordo do navio que carregava 276 pessoas para Roma, conforme descrito em Atos dos Apóstolos 27. Essa proporção é de quase 100 para 1. De início, eles foram desprezados, mas, no fim da viagem, a atitude de seus companheiros havia se transformado. De fato, a presença desses três cristãos salvou a vida de todas as pessoas a bordo.

Mesmo que representemos apenas 1% de nossa cultura, há, com a presença dos cristãos, um poder que permeia a sociedade, e isso traz à tona a graça de Deus. E William Wilberforce, o estadista que — praticamente sozinho— fez campanha em favor da abolição do comércio de escravos no Império Britânico, é uma prova viva disso.

Wilberforce, diminuído por causa de uma doença, não parecia ser alguém que poderia realizar muitas coisas. Mas eis aqui o que o biógrafo James Boswell escreveu após ouvir um de seus discursos: "Vi aquele homem pequeno que parecia um camarão subir à tribuna; mas, à medida que o ouvia, ele cresceu tanto que esse camarão se transformou em uma baleia."

Disseram o seguinte a respeito de Wilberforce: "Pequenino, travesso, deformado, ele foi sal para a sociedade britânica, trazendo, por intermédio de sua bela vida, não só preservação para essa sociedade, mas também atração por Cristo. Um pouco de sal faz com que sua presença seja sentida."[3]

Você faz com que a sua presença seja sentida?

Jesus falava comigo e com você, quando disse: "Vocês são o sal da terra." Já é tempo de sairmos da coqueteleira, não acha? É tempo de sermos salgados.

Sinais de vida

Sinal de vida: Estou consciente de que influencio aqueles que estão à minha volta.

Versículo de vida: *O sal é bom, mas se deixar de ser salgado, como restaurar o seu sabor? Tenham sal em vocês mesmos e vivam em paz uns com os outros* — Marcos 9:50.

Vida em ação: Como sal da terra, o que posso fazer para que os outros sintam sede pela água viva?

Dia 6

Declarações da testemunha

Nosso testemunho mais eficaz acontece quando os outros vêem esperança e alegria irradiar de nossa vida.

Na época em que as câmeras de televisão não tinham permissão de entrar na sala do tribunal, dependíamos de artistas, como Walt Steward, que participavam dos julgamentos com seus cadernos de esboços na mão. O trabalho desses artistas era retratar os momentos eletrizantes para as organizações de notícias. A primeira tarefa de Walt Steward foi o julgamento de Jack Ruby, o homem acusado de matar Lee Harvey Oswald. Esse artista retratou em seu caderno de esboços o momento dramático em que o promotor, encarando o júri, disse o seguinte a respeito de Oswald:

— Independente do que quer que ele tenha feito, ele tem o direito de ser julgado por um juiz e um júri.

E, a seguir, com um rodopio, virou-se rapidamente para o réu, apontou o dedo para Ruby e complementou:

— Exatamente como você.[1]

Suponha que você esteja em um tribunal, acusado de ser cristão. Se o promotor reunisse um grupo de amigos, pessoas de quem você gostasse, para testificar contra você, haveria algum momento dramático? Eles dariam um rodopio e apontariam o dedo para você?

Deus sempre teve um pequeno grupo de pessoas, cuja vida era tão genuinamente diferente das outras que o mundo, sem dificuldades, os "condenaria" como cristãos. Estamos sempre na vitrine, quer percebamos isso, quer não. Romanos 14:7 afirma: "Pois nenhum de nós vive apenas para si."

Jay Kesler, em seu livro *Ten Mistakes Parents Make with Teenagers* [Dez erros que os pais cometem com os filhos adolescentes], descreve uma conversa que teve com uma jovem em um acampamento dos Jovens para Cristo, em Ohio. Ela contou uma história sórdida de abuso por muitos anos em um lar disfuncional. À medida que eles conversavam, Jay notou cicatrizes nos pulsos da jovem e pediu-lhe para que lhe contasse o que ocorrera. Ela admitiu que tentara se matar.

— Por que você não fez isso? — perguntou Jay.

— Bem, comecei a pensar — disse a menina. — Temos um pastor para os jovens em nossa igreja...

De início, Jay achou que escutaria uma história nada agradável sobre algum envolvimento dela com o pastor de jovens. Mas a história não era bem essa. Ela disse:

— Ele casou-se logo antes de vir para nossa igreja, e eu o estava observando. Quando ele fica na fila atrás de sua esposa, ele a segura em seus braços dentro da igreja. Ela se vira, eles se olham e se abraçam ali dentro da igreja. Certo dia, eu estava no gabinete pastoral, olhando pela janela, quando vi o pastor de jovens no estacionamento. Ele caminhou até o carro com sua esposa. Não havia ninguém no estacionamento, ninguém por perto. E aquele homem deu a volta no carro e abriu a porta para que ela entrasse. E depois, foi para a porta do motorista e entrou. E ninguém estava olhando.

Jay achou que aquela história era muito bonita, mas não conseguiu fazer uma conexão entre o que ela acabara de descrever, os problemas que tinha em casa ou a tentativa de suicídio. Ele, assim, perguntou-lhe por que isso que ela contara a ele era tão relevante.

— Bem, fiquei pensando que nem todos os homens devem ser como meu pai — respondeu ela.

E, a seguir, completou seu pensamento:

— Jay, você acha que nosso pastor de jovens é cristão?

— Acho que sim — disse Jay. — Acho que provavelmente ele é cristão.

— Bem, foi por isso que vim aqui esta noite — ela disse. — Quero ser cristã também.

Ela queria ser cristã apenas porque viu um homem ser respeitoso com sua esposa mesmo quando ninguém os observava. Esse é o poder de uma vida consistente.[2]

O poeta Edgar Guest escreveu o seguinte:

> Prefiro ver um sermão a escutá-lo.
> Prefiro que alguém caminhe comigo a meramente me mostrar o caminho.
> Os olhos são aprendizes melhores e mais aguçados do que os ouvidos.
> O conselho refinado pode confundir-me, mas o exemplo é sempre muito claro.
> As aulas que você dá podem ser muito sábias e verdadeiras,
> Mas prefiro aprender minha lição ao observar o que você faz.[3]

Muitas pessoas não-cristãs não freqüentam a igreja por causa de "todos os hipócritas que estão ali". Talvez, até certo ponto, sejamos culpados dessa hipocrisia, pois não somos perfeitos. Não existem igrejas perfeitas no planeta. Não vivemos de forma consistente e perfeita como nosso magnífico exemplo, Jesus Cristo, viveu. Mas devemos tentar. Devemos amadurecer. Devemos crescer. E devemos aprender cada dia mais a "andar conforme a fala".

Nosso testemunho mais eficaz acontece quando os outros vêem esperança e alegria irradiar de nossa vida.

§

Conta-se a história de que, certo dia, Francisco de Assis convidou um jovem assistente do monastério a acompanhá-lo até a cidade onde pregaria o evangelho. O noviço ficou encantado por ter sido o escolhido para acompanhar Francisco de Assis. Os dois homens passearam pelas ruas principais da cidade, caminharam por muitas travessas e alamedas, chegaram aos subúrbios e, depois de muito tempo, retornaram ao monastério por uma rota tortuosa. Quando se aproximavam do monastério, o homem mais jovem lembrou Francisco de Assis do motivo que o levara à cidade.

—Você se esqueceu, padre, de que fomos à cidade para pregar!

— Meu filho — respondeu Francisco de Assis —, nós pregamos. Estávamos pregando enquanto caminhávamos. Muitas pessoas nos viram, nosso comportamento foi cuidadosamente observado. E foi assim que pregamos nosso sermão matinal. Meu filho, não adianta caminhar para qualquer lugar para pregar se não pregarmos em todos os lugares por onde caminhamos.[4]

Essa cena traz-me à memória um antigo poema:

> Você está escrevendo um evangelho, um capítulo por dia,
> Por suas ações e pelas palavras que profere;
> Os homens lêem o que você escreve, quer seja desleal, quer seja verdadeiro.
> Diga — qual é o evangelho segundo você?[5]

O que você pode fazer para melhorar as chances de ser "condenado" por ser um seguidor de Jesus Cristo?

Comece cada dia ao dedicar sua vida novamente ao Senhor e ao pedir que ele guie seus pensamentos, palavras e ações durante todo o dia. O bispo Taylor Smith (1860-1937), comandante e capelão do exército britânico, escreveu o seguinte: "Assim que acordo todas as manhãs, levanto-me imediatamente da cama. Visto-me prontamente. Lavo-me, barbeio-me e penteio o cabelo. Depois, já totalmente vestido, bem acordado e arrumado, vou, em silêncio, para o meu escritório. Ali, diante do Deus poderoso e de Cristo meu Rei, apresento a mim mesmo de forma humilde, um súdito de meu Soberano, pronto e ávido para lhe ser útil durante o dia que se inicia."[6]

Depois, inicie cada dia com uma atitude jubilosa. Nossa fé cristã deve estar estampada em nossa face. Lembra-se da exortação de 1 Pedro 3:15: "Antes, santifiquem Cristo como Senhor em seu coração. Estejam sempre preparados para responder a qualquer pessoa que lhes pedir a razão da esperança que há em vocês." Em outras palavras, nosso testemunho mais efetivo é quando os outros vêem esperança e alegria irradiar de nossa vida.

Agora, imagine que uma equipe de filmagem o acompanhasse o dia todo com câmaras de televisão, observando-o e esperando que você, o cristão, explodisse. Devemos nos precaver desses momentos. Podemos danificar nosso testemunho de forma relevante se proferirmos uma palavra, examinarmos aquelas revistas inapropriadas, ouvir a piadinha suja ou humilhar aquele empregado.

> Somos a única Bíblia que este mundo negligente lerá;
> Somos o evangelho do pecador; somos o credo dos zombadores;
> Somos a última mensagem do Senhor, entregue em ações e em palavras;
> E se o tipo da letra estiver torto; e se a impressão estiver borrada?[7]

Quando você falha como cristão, seja rápido em admitir isso e peça desculpas. Recentemente, um pai cristão perdeu a paciência com os filhos enquanto os arrumava para ir à igreja. Ele gritou com as crianças, batendo o punho sobre a mesa com força e criando uma cena apavorante. Naquele dia, o sermão foi sobre a importância da influência do pai na família. Depois disso, esse homem reuniu seus filhos e lhes disse:

— Esta manhã, quando perdi a paciência, falhei com Deus e com vocês. Não sou um homem perfeito, mas procuro viver da forma como deveria todos os dias. Esta manhã, não me comportei muito bem e peço desculpas por minha atitude. Já confessei meu pecado para Deus e pedi-lhe que me perdoasse. Gostaria também de pedir o perdão de vocês.

Seus filhos se lembrarão desse momento por muito tempo.

Por fim, cresça todos os dias como cristão. O Senhor cumprirá o seu propósito para com você (Salmo 138:8). Ele deseja que você se conforme cada vez mais a sua imagem para que seu testemunho fique cada vez mais efetivo. Sua responsabilidade nesse crescimento cristão é permanecer na Bíblia, orar, confiar e obedecer.

Jesus disse: "Assim brilhe a luz de vocês diante dos homens, para que vejam as suas boas obras e glorifiquem ao Pai de vocês, que está nos céus" (Mateus 5:16). Essa é a ordem solene dele para você. Os olhos de alguém estão postos sobre você, e você pode ser o único evangelho que essa pessoa verá. Se as pessoas continuarem a buscar por evidências de seu Cristianismo, há evidências suficientes para que eles o condenem?

Que todos nós sejamos considerados culpados dessa acusação!

Sinais de vida

Sinal de vida: Aqueles que testemunham minha vida vêem Jesus.

Versículo de vida: *Tudo o que fizerem, façam de todo o coração, como para o Senhor, e não para os homens* — Colossenses 3:23.

Vida em ação: O que posso fazer para ser um representante mais eficaz de Deus?

Dia 7

A marca que você deixa para a posteridade

Você não fica na Terra para sempre; mas, depois que você partir, sua marca permanece aqui.

Ela achava que havia se livrado daquela história. Francisca Rojas, de Buenos Aires, na Argentina, matou dois de seus próprios filhos. Em uma tentativa de desviar a culpa, ela cortou também seu pescoço e, depois, acusou Velasquez, um trabalhador rural que trabalhava em uma estância perto de onde tudo aconteceu. Embora o pobre homem alegasse sua inocência, ele foi preso.

Entretanto, Juan Vucetich, policial argentino, andava fazendo experimentos com um novo e moderno sistema de identidade criminal que se fundamentava nas impressões digitais. Isso foi em 1891, e as impressões digitais nunca haviam sido usadas nos tribunais. Vucetich, ao visitar novamente a cena do crime, estudou as impressões digitais deixadas nas marcas de sangue na porta da casa de Francisca. Elas se equiparavam com as digitais da mãe. Em razão disso, Francisca foi a primeira pessoa na história a ser condenada por um crime graças à identificação por impressão digital.[1]

Hoje, o Sistema Integrado de Identificação de Impressão Digital Automatizado (IAFIS) do FBI armazena eletronicamente milhões de impressões digitais. Nesse universo de seis milhões de pessoas, a impressão digital de cada uma delas é única. Cada impressão digital tem padrões de sulcos finos que é levemente diferente do padrão de qualquer outra pessoa. Nem gêmeos idênticos têm impressões digitais idênticas. Portanto, cada pessoa deixa sua marca única.

§

Há outro sentido para a expressão "deixar uma marca". Cada um de nós deixa nossa impressão digital espiritual, para nos exprimirmos de uma forma metafórica, na vida de outras pessoas e, em especial, na de nossos filhos. Você não fica na Terra para sempre; mas, depois que você partir, sua marca permanecerá aqui.

John Geddie, missionário canadense nas Ilhas Novas Hébridas, oferece um exemplo vívido da marca que podemos deixar nas pessoas. Ao chegar à ilha de Aneityum, ele se deparou com uma tribo selvagem de canibais que achavam a carne humana uma das mais saborosas. A violência, o roubo e a guerra eram coisas corriqueiras. Em seu diário, lemos no dia 9 de fevereiro de 1849 o seguinte: "Nas trevas, degradação, contaminação e miséria que me rodeiam, aguardo pela fé o momento em que alguns desses pobres habitantes desta ilha se unirão à canção triunfal das almas resgatadas."

Ele viu isso acontecer. Geddie morreu um pouco antes do Natal de 1872, e essa placa foi posta depois em sua igreja na ilha: "Em memória de John Geddie [...]. Quando ele chegou à ilha em 1848, não havia cristãos aqui. E, quando ele partiu, em 1872, não havia pagãos."[2]

Você e eu talvez não sejamos responsáveis pela conversão de toda uma ilha, mas deixaremos nossa marca em algumas pessoas. O mundo será melhor se vivermos uma vida fiel. Assim, o que podemos fazer para deixar nossas impressões digitais — as impressões digitais de Cristo — para a posteridade?

A impressão digital da Palavra

Uma das coisas mais simples que podemos fazer é ler a Palavra de Deus. Nossos filhos nos vêem passar horas em frente da televisão assistindo a futebol e nossos programas prediletos e vendo os filmes que alugamos. Mas eles nos vêem lendo a Bíblia? Quando foi a última vez que seus filhos chegaram à cozinha e o encontraram debruçado sobre a Palavra de Deus?

Ruth Graham, esposa do evangelista Billy Graham, explicou, certa vez, por que ela se tornou, por toda sua vida, uma estudiosa da Bíblia. Ela cresceu na China e observou seus pais, missionários, estudarem a Bíblia todos os dias:

> Todas as manhãs quando descia para tomar o café-da-manhã, meu pai — um ocupado missionário cirurgião — estava sentado, lendo a Bíblia. À noite, após acabar suas tarefas, minha mãe fazia o mesmo. Raciocinei que tudo aquilo que cativava o interesse e a devoção daqueles que mais admirava e amava deveria ser digno de ser investigado. Assim, desde a mais tenra idade, comecei a ler minha Bíblia.[3]

As impressões digitais da honestidade

É importante viver uma vida honesta, porque as pessoas mais próximas de nós (especialmente nossos filhos) são rápidas para perceber nossas inconsistências. Allen C. Emery, um bem-sucedido homem de negócios que serviu na diretoria de muitas agências cristãs, ficou conhecido por seu bom-senso e integridade. Emery, em seu livro *A Turtle on a Fencepost* [A pomba no mourão], escreve o seguinte a respeito de seu pai:

> Ainda hoje me pego perguntando a mim mesmo: "O que o papai faria?", quando me defronto com decisões nos negócios e na vida que muitas vezes não são claras, mas nebulosas. Sou devedor aos esforços de meu pai para criar uma memória que marcaria de forma indelével minha mente sobre o sentido da integridade. [...]

> Certa vez, [meu pai] perdeu seus lindos binóculos alemães. Ele recebeu o seguro, mas, um ano depois, encontrou os binóculos. Ele, de imediato, enviou um cheque para a companhia de seguros e recebeu uma carta em que diziam que aquilo acontecia raras vezes e que eles se sentiam encorajados por aquela atitude. Foi algo pequeno, mas as crianças jamais esquecem os exemplos vivos que têm diante de si.[4]

Seus amigos e familiares serão capazes de contar histórias similares sobre nós depois que partirmos?

As impressões digitais da oração

Devemos nos comprometer a deixar um legado de oração, como a maravilhosa história sobre o grande evangelista Dr. J. Wilbur Chapman bem ilustra. Quando ainda era jovem, foi eleito pastor da igreja Bethany Presbyterian Church, na Filadélfia. Após seu sermão, um homem idoso se aproximou dele e disse-lhe:

— Acho que você não vai conseguir ser um pastor aqui.

Depois de algum tempo, o suficiente para a absorção daquela avaliação sensata, o homem continuou:

— Esta igreja é muito grande, o pastor tem de carregar muita responsabilidade sobre seus ombros. Precisamos de um homem com muita experiência. Mas decidi ajudá-lo. Resolvi que vou orar pelo senhor todos os dias... E fiz uma aliança com outros dois homens para que fizessem o mesmo.

Esse grupo de oração cresceu de três pessoas para cinqüenta e daí para centenas delas. Portanto, não é de admirar que nos três anos seguintes mais de 1.100 pessoas professaram Cristo como seu Salvador. Esse homem idoso e enfermo tomou a decisão de deixar sua marca de oração — e fez isso![5]

As impressões digitais do testemunho duradouro

Nós, os cristãos, temos de deixar a marca do testemunho duradouro. Conforme Paulo disse a Timóteo: "E as palavras que me ouviu dizer na presença de muitas testemunhas, confie-as a homens fiéis que sejam também capazes de ensinar outros" (2 Timóteo 2:2).

Recentemente, a agência de notícia *Batist Press* relatou uma história sobre o Dr. Steve White, um dentista do Novo México. Quando White tinha 21 anos e era jogador de basquete pela universidade, sua mãe doente o chamou para que ficasse ali ao lado de sua cama.

— Quero que você saiba — disse ela — que aceitei Jesus Cristo como meu Senhor e Salvador.

Algum tempo depois, Steve contou como se sentiu naquele momento:

— Saí daquele quarto e pensei: "Sobre o que ela está falando?" Nunca conversamos sobre isso em família.

A mãe dele morreu logo depois. Steve prosseguiu com sua carreira e tornou-se um dentista bem-sucedido. Ele era o tipo de pessoa que achava que o mundo material era tudo que existia, e que os cristãos eram loucos por acreditar em Deus.

Vinte e quatro anos depois, enquanto olhava para a foto de sua mãe, aquelas palavras vieram à mente do rapaz. Ele, de repente, percebeu que sua mãe descobrira a verdade antes de morrer. Ela encontrara a chave para a vida eterna.

Steve relatou:

— Aquelas duas palavras não paravam de voltar à minha mente: Jesus Cristo. Pela primeira vez em minha vida, percebi que Jesus Cristo era real.

Ele, profundamente convencido, saiu para trabalhar em seu caminhão. Ao ligar o rádio, ouviu um pregador explicar o evangelho e, instantaneamente, recebeu Jesus Cristo em seu coração.[z]

A mãe, quase que em seu último suspiro — ela mesma uma nova convertida ao Cristianismo — deixou um legado de um testemunho duradouro que frutificou mais de duas décadas depois. Não subestime o poder do compartilhar Cristo com as outras pessoas. A Palavra de Deus não volta vazia para o Senhor, e nosso trabalho no Senhor não é inútil (Isaías 55:11; 1 Coríntios 15:58).

§

Certa vez, viram um homem cego descendo a rua à noite com sua lanterna acesa. Alguém lhe perguntou por que carregava a lanterna.

— Porque — respondeu ele — não quero que ninguém tropece por minha causa.[6]

Você tem uma tendência ou hábito que pode levar alguém a tropeçar por sua causa? Você está usufruindo de excessiva liberdade em seus hábitos pessoais? Ou sua influência é do tipo que Cristo pode usar para transformar a vida de outros? Que tipo de marca você está deixando?

Enquanto você pensa sobre suas respostas a essas perguntas, leia a letra desta música:

> Depois que as esperanças e os sonhos vêm e partem,
> E os filhos peneiram o que lhes deixamos
> Que as dicas que descobrem e as memórias que desvelam
> Possam se tornar a luz que os leva para o caminho que cada um de nós precisa encontrar.
>
> Ó, que todos que vêm depois de nós descubram que fomos fiéis;
> Que o fogo de nossa devoção possa iluminar o caminho deles.
> Que as impressões digitais que deixamos possam levá-los a crer,
> E que nossa vida possa inspirá-los a obedecer.
>
> Ó, que todos que vêm depois de nós descubram que fomos fiéis.[7]

Sinais de vida

Sinal de vida: A marca de minha vida cristã permanecerá por toda a eternidade.

Versículo de vida: *O que se requer destes encarregados é que sejam fiéis* — 1 Coríntios 4:2.

Vida em ação: De que forma específica estou deixando impressões digitais positivas — ou negativas — na vida de minha família, dos meus amigos, dos meus colegas e da minha comunidade?

Sapatos empoeirados: a vida relevante

Dia 8

Sapatos empoeirados

Esteja disposto a ficar com os sapatos empoeirados nas ruas deste mundo.

Veja se você consegue adivinhar sobre qual organização esses cristãos proeminentes, de eras passadas, falavam:

- Josiah Strong: "Provavelmente, em nenhum outro século da história do mundo tantos ladrões, apostadores, bêbados e prostitutas foram salvos, como nesses últimos vinte e cinco anos, graças à fé heróica e aos trabalhos [desse ministério]."[1]
- Charles H. Spurgeon: "Se [esse ministério] fosse tirado de Londres, cinco mil policiais a mais não conseguiriam substituí-lo na repressão do crime e das desordens."[2]
- Booker T. Washington: "Sempre tive o maior respeito pelo trabalho [desse ministério], especialmente porque notei que, na religião, não se traça uma linha que separa as pessoas por raças."[3]

Essas palavras seriam consideradas grandes elogios provenientes de quaisquer outras pessoas em qualquer período da história. Mas elas foram proferidas em momentos difíceis para os oprimidos e os marginalizados pela sociedade, em cidades norte-americanas e britânicas. Alguns poucos ministérios cristãos procuravam alcançá-los e, quando o faziam, eram rechaçados de tal forma que, muitas vezes, retrocediam por falta de poder para dar continuidade a esse trabalho.

Mas um homem que não abandonaria as áreas carentes da cidade era William Booth (1829-1912) e, posteriormente, sua esposa, Catherine. A organização que eles fundaram — a organização discutida antes — passou a ser conhecida como "Exército de Salvação", e essa organização manifestava os mesmos traços que caracterizavam Booth e sua esposa: compaixão, coragem e cuidado. Em 2005, o Exército de Salvação estava presente em 111 países do mundo todo e continua a alcançar os mais necessitados com o evangelho de Jesus Cristo.[4]

Mas esse ministério nunca foi fácil. E. H. McKinley, historiador, escreveu que William Booth disse que o Exército de Salvação era para "os homens que batiam na esposa; os trapaceiros e arruaceiros; as prostitutas; os meninos que haviam roubado o dinheiro para conseguir alimentos para a família; os maridos infiéis; os ladrões; e os homens que dirigiam veículos puxados por cavalos que eram cruéis com seus animais".[5] Booth, sua esposa e, por fim, seus oito filhos levaram o evangelho da salvação a lugares que não eram confortáveis nem limpos. Na verdade, o boné usado pelas primeiras mulheres do Exército de Salvação foram desenhados por Catherine Booth para proteger a cabeça dessas mulheres das pedras, da sujeira, da comida estragada e de outras coisas que eram regularmente jogadas nelas, quando ousavam entrar em áreas de risco das cidades onde as pessoas necessitavam do evangelho, mas não lhes davam as boas-vindas. E a primeira banda de metais do Exército de Salvação, tão familiar hoje em dia na época do Natal, foi formada por um pai e seus três filhos que serviam de guarda-costas, a fim de proteger Booth dos ataques de vândalos.

Apesar desses obstáculos, William e Catherine Booth seguiram em frente, recusando-se a ser detidos. A fala mais famosa de William é esta: "Vá pelas almas e vá pronto para enfrentar o pior!" O casal e seus filhos ficaram com os sapatos cobertos com a poeira deste mundo, ao responder a essa exortação a si mesmos, mas consideravam isso uma honra e uma obrigação. Todos os dias, essas pessoas deixavam a segurança de suas casas e se aventuravam nas ruas das grandes cidades do mundo para apresentar Cristo às pessoas marginalizadas pela sociedade, pois só nosso Salvador poderia suprir suas necessidades.[6]

§

A pergunta que faço a mim mesmo é esta: estou disposto a ficar com os sapatos empoeirados nas ruas deste mundo a fim de tornar o amor de Jesus Cristo disponível para aqueles que ainda não o conhecem? Se quero ser parecido com o meu Salvador, a resposta só pode ser afirmativa.

Poeira e divindade

Nos tempos de Jesus, as pessoas usavam sandálias, e seus pés estavam sempre empoeirados. Não era possível dar mais que alguns passos em uma estrada suja, em um campo, em um encosta de montanha ou em uma rua de Jerusalém sem que seus pés ficassem empoeirados. Essa era a razão por que o anfitrião, para demonstrar cortesia e hospitalidade, fornecia um escravo para lavar o pé dos convidados quando estes entravam em sua casa (Lucas 7:36-50; João 13:3-14).

Hoje, como a maioria das pessoas não usa sandálias nem caminham por ruas empoeiradas, esse costume já não existe mais, mas nos serve como uma metáfora valiosa. Nos tempos bíblicos, as únicas pessoas que ficavam com seus pés e suas sandálias empoeirados eram aquelas que deixavam a limpeza e a segurança de sua casa para se aventurar mundo afora. Essas pessoas, quer fossem para o mercado, quer fossem procurar o ministro, tinham de sair de casa para fazer isso. Da mesma forma, se for para que cumpramos a Grande Comissão de Jesus Cristo, temos de sair de nossas casas. Foi Jesus quem proferiu estas palavras em uma de suas parábolas: "Então o senhor disse ao servo: 'Vá pelos caminhos e valados e obrigue-os a entrar, para que a minha casa fique cheia'" (Lucas 14:23).

E o melhor exemplo de alguém que saiu de casa e ficou com os pés empoeirados — e seu corpo ferido — no serviço do Reino de Deus foi Jesus. De fato, ele até mesmo disse, em certa ocasião, que as "raposas têm suas tocas e as aves do céu têm seus ninhos, mas o Filho do homem não tem onde repousar a cabeça" (Mateus 8:20). Jesus viveu e ministrou nas estradas e nos atalhos deste mundo em meio às pessoas que a elite religiosa da época desprezava. Freqüentemente era criticado por comer com "publicanos e 'pecadores'" (Mateus 9:11).

Jesus ficava feliz em conviver até mesmo com aqueles de quem ele discordava. Quando a mulher com passado pecador lavou os pés dele com suas lágrimas e os enxugou com seus cabelos, Jesus fazia uma refeição na casa de um fariseu. Vez após vez ele deixou claro que viera para ajudar aqueles que sabiam que precisavam de ajuda, e não os que não precisavam dela (Marcos 2:17). E, para alcançar essas pessoas, ele viveu onde elas estavam. Ele as buscou. E ele não as forçou a vir com ele.

João 20:21 resume o que Jesus fez *e* o que ele espera que nós façamos: "Assim como o Pai me enviou, eu os envio." Ele passou sua vida com os pés empoeirados, pois levou uma vida de obediência ao Pai. Se nossos pés não ficarem igualmente empoeirados, isso põe em dúvida nossa obediência à sua ordem: "Portanto, vão e façam discípulos de todas as nações" (Mateus 28:19).

Solas para almas

Um erro da igreja moderna parece ser que, quando alguém se converte a Cristo, com muita freqüência e em nome do discipulado, retiramos o novo convertido do local em que se encontra no mundo para introduzi-lo no confinamento higienizado da igreja. Antes, talvez, devêssemos desafiar-nos a sair dos muros da igreja e caminhar com esse novo convertido no mundo para alcançar seus amigos para Cristo.

O mais interessante é que é exatamente isso o que o mundo espera de nós. Um repórter, ateísta confesso, escreveu sobre o Exército de Salvação logo depois do incidente do Katrina e comentou que a ajuda era fornecida sem qualquer demonstração de reprovação enquanto as pessoas dessa organização supriam as "necessidades que resultavam de uma conduta considerada inerentemente perversa". O escritor sugeriu que seria possível viver como cristão sem ser um deles, mas reconheceu que, provavelmente, apenas os cristãos "estariam dispostos a assumir riscos e fazer sacrifícios para ajudar os outros".[7]

Estes são exemplos do que representa ter os pés empoeirados — abandonar o ambiente "limpo" da igreja e de sua casa para ir para as vizinhanças e as comunidades e fazer o que Jesus fez: mostrar às pessoas o quanto Deus as ama ao encontrá-las onde estão e prover o que elas necessitam.

Se você e eu tivermos poeira em nossos sapatos, isso quer dizer que entendemos estas quatro verdades que parafraseei dos ensinamentos de Jesus:

1. **A missão:** Jesus disse: "Vá ao mundo."
2. **A mensagem:** Jesus disse: "Vá e descubra aqueles que são necessitados e supra suas necessidades."
3. **O momento:** Jesus disse: "Vá e esteja pronto para todo encontro, todo compromisso divino."
4. **O milagre:** Jesus disse: "A menos que uma pessoa nasça de novo, ela não poderá ver o Reino de Deus."

Observe seus sapatos hoje. Se o que você mais vê são fibras do carpete de sua igreja e de sua casa, peça a Deus para lhe dar sapatos empoeirados — sapatos como os usados por William e Catherine Booth, sapatos como aqueles usados por nosso Salvador.

Se temos o hábito de engraxar nossos sapatos para o domingo de manhã, então que esse ato seja feito por que eles estão cobertos de poeira das ruas deste mundo por causa de uma semana que valeu a pena.

Sinais de vida

Sinal de vida: Estou disposto a ficar com os meus pés empoeirados nas ruas de minha comunidade.

Versículo de vida: *Então o senhor disse ao servo: "Vá pelos caminhos e valados e obrigue-os a entrar, para que a minha casa fique cheia"* — Lucas 14:23.

Vida em ação: Que oportunidades eu posso buscar de forma efetiva para ser sal e luz em minha vizinhança? Qual dessas oportunidades buscarei nesta semana?

Dia 9

Ande dia e noite

O andar do cristão deve estar cheio de admiração pelo Senhor e de temor de Deus.

Os disfarces dela não funcionam. A rainha da França era jovem, ativa e imatura e ansiava por estar com pessoas da sua idade. Ressentia-se das limitações da vida da realeza e, portanto, participava usando disfarces, de danças, bailes e festas. Mas Carolly Erickson, a mulher que escreveu a biografia de Maria Antonieta, disse o seguinte a seu respeito: "Seu andar rápido e resoluto era sua marca registrada. Dizia-se que ela nunca era muito bem-sucedida em disfarçar sua identidade em bailes de máscaras, pois, independente da forma como se vestia, ela ainda andava como uma imperatriz."[1]

Nossa forma de andar sempre nos entrega.

§

Como cristãos somos chamados a caminhar de forma digna, de manhã, de tarde e à noite, vinte e quatro horas por dia e sete dias por semana. Temos um manual, a Bíblia, que nos dá as ordens sobre como caminhar.

A Bíblia tem 225 versículos sobre caminhar, e o verbo caminhar aparece 406 vezes. Muitos desses versículos referem-se ao nosso comportamento diário. Por exemplo, Gênesis 5:22 afirma: "Enoque andou com Deus." O Senhor disse a Abrão: "... ande segundo a minha vontade e seja íntegro" (Gênesis 17:1). Deus ordenou aos israelitas: "Fareis segundo os meus juízos e os meus estatutos guardareis, para andardes neles" (Levítico 18:4; ARA). O salmista disse: "Porque o SENHOR Deus é sol e escudo; o SENHOR dá graça e glória; nenhum bem sonega aos que andam retamente" (Salmo 84:11; ARA).

Abra, algumas vezes, a concordância da Bíblia, olhe a palavra *andar* e estude alguns outros versículos. À medida que você lê os versículos, procure os ensinamentos que eles têm. Por exemplo...

Andar com o sábio

O livro de Provérbios nos adverte contra andar com os tolos. Veja estes versículos: "Meu filho, se os maus tentarem seduzi-lo, não ceda! [...] Meu filho, não vá pela vereda dessa gente! Afaste os pés do caminho que eles seguem [...]. Não siga pela vereda dos ímpios nem ande no caminho dos maus. [...] Aquele que anda com os sábios será cada vez mais sábio, mas o companheiro dos tolos acabará mal" (Provérbios 1:10,15; 4:14; 13:20).

Para utilizar uma terminologia mais moderna, estamos falando sobre pressão dos amigos da mesma idade e do mesmo grupo e sobre o desejo de que os amigos o aprovem. Esses dois fatos são ruas sem saída.

A influência da pressão do grupo na juventude de hoje aumentou à medida que a sociedade se transformou. O enfraquecimento da autoridade dos pais, a maior quantidade de tempo gasto junto com os amigos da mesma idade e do mesmo grupo e a conquista de maior liberdade cada vez mais cedo pode deixar nossos jovens mais suscetíveis a experimentar as drogas, as bebidas alcoólicas e outras atividades danosas.

E não são só os jovens que lutam contra a pressão de pessoas da mesma idade e do mesmo grupo. Considere como é fácil rir de uma piada imprópria, assistir a um filme inapropriado com os rapazes, fofocar com alguém sobre os amigos durante o almoço ou começar a faltar às reuniões da igreja para ir ao jogo de futebol com os amigos. O apóstolo Paulo escreveu: "Irmãos, sigam unidos o meu exemplo e observem os que vivem de acordo com o padrão que lhes apresentamos. Pois, como já lhes disse repetidas vezes, e agora repito com lágrimas, há muitos que vivem como inimigos da cruz de Cristo" (Filipenses 3:17,18).

Talvez a melhor pergunta que você deva fazer a você mesmo seja a seguinte: "Quais são meus amigos mais sábios e mais maduros?" Assim que você decidir quem eles são, faça um esforço para passar algum tempo com eles. Observe-os, ouça-os e permita que o conhecimento e a percepção maduros contagiem você.

De modo similar, faça esta pergunta a você: "Que três amigos mais me deixam arrasados?" Comece a se afastar deles. Ou, melhor ainda, diga-lhes que você gostaria muito de desfrutar da companhia deles na igreja!

Andar no temor do Senhor

Devemos andar com o sábio e devemos também andar no temor de Deus. Considere o exemplo do século I, conforme registrado por Lucas: "A igreja passava por um período de paz em toda a Judéia, Galiléia e Samaria. Ela se edificava e, encorajada pelo Espírito Santo, crescia em número, vivendo no temor do Senhor" (Atos dos Apóstolos 9:31).

Andar no temor de Deus, entretanto, é um conceito que quase caiu no esquecimento. Os cristãos já foram descritos como pessoas "tementes a Deus", e os pastores pregavam sobre o temor do Senhor. Hoje, no entanto, estamos tão desejosos de apresentar o evangelho de uma forma inofensiva que paramos de usar — e praticar — o verbo *temer.* Contudo, a frase *temor do Senhor* aparece repetidas vezes. Há mais de 300 referências a isso só no Antigo Testamento.

A. W. Tozer, em seu livro *The Knowledge of the Holy* [O conhecimento do sagrado], escreveu:

> Nos tempos antigos, dizia-se que os homens de fé andavam no temor do Senhor. [...] Por mais íntima que fosse sua comunhão

> com Deus, por mais ousadas que fossem suas orações, na base da vida religiosa deles estava o conceito de que Deus é majestoso e temível. Essa idéia do Deus transcendente permeia toda a Bíblia e dá cor e tom para o caráter dos santos.[2]

Tal temor a Deus não é uma fobia doentia, mas o senso terapêutico de maravilhamento diante da grandeza do Senhor. Uma forma de cultivar essa atitude é visitar um local que fale da grandeza de Deus. Você pode escolher uma catedral clássica onde pode se sentar em silêncio por alguns momentos. Ou você pode ir a uma montanha alta ou a uma cachoeira magnífica e poderosa em que a absoluta e perigosa beleza da Criação de Deus o deixa atordoado. Talvez uma viagem de acampamento longe das luzes da cidade para olhar o céu escuro e ver o esplendor das estrelas. Passar um período de tempo assim é uma forma de cultivar reverência pelo Deus poderoso, onipotente, santo e eterno.

Andar em novidade de vida

Andamos com os sábios, andamos no temor do Senhor e temos de andar em novidade de vida (Romanos 6:4). Essa frase descreve a mudança de atitude e de comportamento que acontece quando começamos a conhecer Jesus Cristo. Dentre outras coisas, descobrimos que a vida é mais agradável e edificante, e experimentamos um senso de admiração em nosso cotidiano. Quando nos sentamos na catedral imponente ou olhamos o céu estrelado, não só desenvolvemos um temor genuíno de Deus, mas também percebemos que passamos a ser pessoas maravilhadas, e é esse tipo de maravilhamento que nos leva à adoração.

O evangelista D.L. Moody falou muitas vezes sobre a repentina mudança de atitude e de perspectiva que experimentou quando, ainda adolescente, era novo convertido:

> Lembro-me daquela manhã em que saí de meu quarto após ter primeiro confiado minha vida a Cristo. Achei que aquele velho

> sol brilhava um tanto mais do que antes — achei que ele estava sorrindo para mim; e, à medida que caminhava por Boston Common e ouvia os passarinhos cantando nas ruas, achei que todos eles estavam cantando para mim. Sabe de uma coisa? Apaixonei-me pelos passarinhos. Nunca me importara com eles antes. Parecia que estava apaixonado por toda a criação. Não tinha nenhum sentimento amargo em relação a nenhum homem.[3]

Mais uma vez, o andar do cristão deve estar cheio de admiração pelo Senhor e de temor de Deus. Devemos também andar em novidade de vida. E isso nos leva a andar em obediência.

Andar em obediência

O velho apóstolo João escreveu: "Ao encontrar alguns dos seus filhos, muito me alegrei, pois eles estão andando na verdade, conforme o mandamento que recebemos do Pai. [...] E este é o amor: que andemos em obediência aos seus mandamentos. [...] Que vocês andem em amor." (2 João 4,6).

Em outras palavras, devemos levar uma vida obediente. Como a palavra *obediência* é abstrata, temos de vincular especificidades ao termo para que sejamos capazes de nos medir por ele. Devemos nos perguntar, por exemplo, se contamos mentiras tolas recentemente (Efésios 4:25). Dissemos algo em um tom bravo ou ferimos alguém com nossas palavras (Efésios 4:26,29)? Contribuímos para uma discussão prejudicial (Provérbios 17:14)?

E essa lista prossegue. Temos preocupações com as finanças (Mateus 6:25)? Hoje nos associamos a pessoas simples e humildes (Romanos 12:16)? Dizimamos ao Senhor nesta semana (Malaquias 3:10)? Demos uma palavra a alguém em nome de Cristo (Salmo 107:2)? Hoje, falamos com nossos filhos sobre a Palavra de Deus (Deuteronômio 6:7)?

Toda a segunda metade da carta aos Efésios foca este tema: ande de forma digna ao seu chamado. Não ande como o mundo o faz. Ande em amor. Ande como filhos da luz — e não desista! Temos de andar, dia e noite, com o sábio, em temor do Senhor, em novidade de vida e em obediência.

§

Um relatório recente da Duke University informa sobre os benefícios de caminhar meia hora por dia. "Apenas meia hora de caminhada diária, para a maioria das pessoas sedentárias, é o suficiente para prevenir o ganho de peso", afirma o relatório.[4]

O andar cristão, no entanto, é um caminhar contínuo. Devemos andar dia e noite. Embora possamos ter uma meia hora agradável em nosso tempo de quietude, temos de andar na presença do Senhor vinte e quatro horas, 365 dias por ano.

Se você está andando com o Senhor, mantenha seus olhos nele, com a cabeça abaixada para que se mantenha no caminho estreito e reto. Se não estiver andando com o Senhor, endireite o passo. Aprenda aquilo que um homem chamou de o "andar da Galiléia".

E, finalmente, veja como o profeta Jeremias, alguns séculos atrás, expressou isso de forma singular:

> Ponham-se nas encruzilhadas e olhem;
> perguntem pelos caminhos antigos,
> perguntem pelo bom caminho.
> Sigam-no e acharão descanso — Jeremias 6:16.

Sinais de vida

Sinal de vida: Meu andar apóia meu falar.

Versículo de vida: *Ponham-se nas encruzilhadas e olhem;* perguntem pelos caminhos antigos, perguntem pelo bom caminho. *Sigam-no e acharão descanso* — Jeremias 6:16.

Vida em ação: O que posso fazer para focar, dia e noite, meu andar com Deus?

Dia 10

O palestrante mais importante

O mundo é um banquete, e você
foi escolhido para ser o palestrante mais importante.

Digamos que sua companhia está apresentando a primeira conferência de uma série projetada para ser o encontro anual da equipe nacional de vendas, e essas conferências ocorrerão de quinta-feira até sábado. No banquete de encerramento no sábado à noite, o presidente da companhia quer que o palestrante mais importante seja dinâmico e conhecido em toda a nação; alguém que envie a equipe de vendas para casa com energia e empolgação; alguém que consiga usar humor e experiências pessoais em sua apresentação para provar que os obstáculos podem realmente ser ultrapassados; alguém que tenha atingido a excelência e continue a se sobrepujar para alcançar os objetivos pessoais.

Você, como assistente do presidente, ficou com a incumbência de apresentar uma breve lista de possíveis palestrantes para o evento: quem são eles; sobre o que eles falariam; e quanto eles cobrariam por isso. O chefe lhe diz para que você não se preocupe com o orçamento, mas que apenas faça a pesquisa e, depois, volte com as sugestões.

Assim, você conecta a Internet, começa sua pesquisa e toma notas. Não demora muito para você perceber que o ideal do palestrante mais importante que o presidente tem em mente pode exceder a quantia disponível para isso. Por exemplo, Daryl Waltrip, piloto lendário da NASCAR e comentarista de televisão, está disponível a 50.000 dólares, mais as despesas de gasolina para seu jato particular. Como seu chefe é fã da NASCAR, você procura um pouco mais e consegue algo mais vantajoso, do ponto de vista financeiro, para sua companhia: Jeff Hammond e Larry McReynolds, os dois veteranos da equipe de chefes da NASCAR e, agora, comentaristas de televisão, estão disponíveis por 20.000 dólares e 30.000 dólares — cada — mais passagens de avião na primeira classe. Você busca em outro esporte. Oficialmente, a taxa de Pat Riley, treinador veterano da NBA [Liga Profissional Norte-americana de Basquete], é de, no mínimo, 50.000 dólares mais viagem de avião na primeira classe. Meadowlark Lemon, legendário jogador de basquete do Harlem Globettroter e o "Príncipe dos Palhaços do Basquete" cobra "apenas" 25.000 dólares. Jim Palmer, jogador de beisebol que faz parte do *hall* da fama, inicia suas taxas em 20.000 dólares. Mas muitas pessoas que chamaram sua atenção e por quem você demonstrou real interesse — Johnny Bench, Julius Erving, Lance Armstrong, Bobby Bowden, Bob Costas, Magic Johnson, Mark Spitz — nem mesmo anunciam suas taxas. Uau! Esse é o caso do tipo: "Se você tiver de perguntar..."

À luz do que você pesquisou sobre contratar o palestrante mais importante, você concebe um plano brilhante: talvez pudesse oferecer ações da empresa, em vez de dinheiro. Afinal, o ex-presidente George H.W. Bush, certa vez, aceitou ações de uma companhia de alta tecnologia, em vez da taxa de 80.000 dólares, ações que foram vendidas por alguns milhões de dólares um pouco antes de a companhia encerrar as atividades.[1]

Quando você leva sua pesquisa para o presidente, ele fica surpreso com o preço do palestrante mais importante para o banquete de encerramento. E ele faz uma pergunta que nenhum de vocês pode responder:

— Como podemos saber que esse investimento valeu a pena depois que o banquete acabar?

"Vamos dar as boas-vindas ao palestrante mais importante, [insira seu nome aqui]!"

Durante esta semana, falamos sobre o que representa ser capaz de se pronunciar como cristão, após um longo silêncio; o que representa sentir-se tão bem com quem você é, e tão bem em estar na presença de Cristo que está preparado para falar, verbal e não-verbalmente, de uma forma que os outros se sintam encorajados a entender como conhecer Cristo pode mudar a vida das pessoas.

E podemos aprender lições sobre discursos com Jesus. Afinal, não há melhor forma de aprender do que sentar-se aos pés do Palestrante mais essencial de todos. Mas agora estamos falando sobre você ser o palestrante mais importante no banquete da vida. Isto mesmo — *você está nesta!*

— Eu, o palestrante mais importante. Mas não consigo fazer nem que meu cônjuge e meus filhos me ouçam! Quem estaria interessado em ouvir o que tenho a dizer?

Sei exatamente como você se sente, meu caro e minha cara. À medida que me dirijo para ficar na frente de grupos de pessoas muitas vezes por semana, na maior parte das cinqüenta e duas semanas do ano, oro:

— Senhor, por favor, ajude-me a dizer algo que encorajará essas pessoas queridas. Elas vieram aqui para buscá-lo, e o Senhor as entregou a mim! Será que o Senhor não se enganou? Não existe alguém mais eloqüente, mais poderoso e mais divertido a quem o Senhor poderia entregar essas pessoas?

E Deus sempre fala ao meu coração: "Não, quero você mesmo. Não o enviei para que falasse por si só. Enviei-o para que me representasse para que eu possa falar por seu intermédio. Juntos, você e eu encorajaremos essas pessoas. Trarei à tona tudo que tenho feito em sua vida nessas últimas seis décadas para que seja exibido neste momento e neste lugar para o benefício dessas pessoas. Esse é um encontro divino! Preparei o banquete, preparei sua voz e paguei o preço para trazê-lo até aqui. Agora, vá até o pódio. *Você está nesta!*"

Passo por esse processo de pensamento toda vez que falo. Mas também tenho de passar por isso em todas as situações que você enfrenta no dia-a-dia: quando falo com meu vizinho, visito um amigo no hospital, ajudo um de meus filhos a pensar sobre um problema, falo com um estranho no avião ou trabalho com alguém no escritório. Cada uma dessas situações é um minibanquete, e você e eu somos os palestrantes mais importantes. Deus nos chamou para que ele pudesse transmitir o que se passa em seu divino coração.

Um palestrante qualificado

A razão muito simples por que somos qualificados a ser os palestrantes mais importantes para Cristo é que sem o Senhor não podemos fazer nada (João 15:4,5). A implicação óbvia dessa verdade é que, com o Senhor, podemos fazer o que quer que ele nos peça para fazer. Quando escolhemos encarar a vida como uma série de compromissos divinos, então confiamos que Deus não arranjaria um encontro que nós, com a ajuda dele, não conseguíssemos sustentar. E isso inclui ser a voz do Senhor em muitas e muitas situações distintas.

Quando consideramos nosso papel como o palestrante mais importante para o Senhor, há inúmeras passagens da Bíblia que nos dão confiança para seguir em frente.

1. **Gálatas 2:20** — Permita parafrasear as palavras muito familiares de Paulo e aplicá-las ao assunto de ser a voz de Deus: "Fui crucificado com Cristo. Assim, já não sou eu quem fala, mas Cristo fala em mim e por meu intermédio. A mensagem de vida que agora vivo no corpo, vivo-a pela fé no filho de Deus, que me amou e pagou todos os custos associados com meu falar por ele."
2. **Marcos 16:20** — Depois de dar aos discípulos a Grande Comissão, Cristo subiu aos céus. Depois "os discípulos saíram e pregaram por toda parte; e o Senhor cooperava com eles". Você não é chamado para falar sozinho por Cristo. Ele

está trabalhando junto com você em tudo que ele pede que você faça.

3. **1 Coríntios 2:1-5; 1 Tessalonicenses 1:5** — A voz de Paulo para o Senhor não se fundamentava em "discurso eloqüente, nem [...] [em] muita sabedoria". De fato, ele falava "com fraqueza, temor e com muito tremor". Isso lhe soa familiar? Para mim é muito familiar! Mas Paulo falou assim mesmo para que a fé de seus ouvintes não fosse "somente em palavra, mas também em poder, no Espírito Santo". Deus, por intermédio de você e de mim, também quer mostrar seu grande poder.
4. **2 Coríntios 4:7-10** — Independente do que você e eu achamos sobre o que temos de oferecer aos outros, Deus chama o que temos a oferecer de tesouro. Quando olhamos para nós mesmos, vemos apenas "vasos de barro". Mas Deus vê o tesouro que ele depositou em nós: o evangelho de sua graça, sabedoria, amor e perdão. E, quando servimos os outros, nossa voz compartilha esse tesouro.
5. **1 Coríntios 6:20; 7:23** — Se você acha que as taxas de alguns palestrantes são astronômicas, considere o preço que Deus pagou para que você compartilhasse com outras pessoas a voz que lhe deu: o preço foi a vida de seu Filho querido, Jesus Cristo. Deus pagou o preço para redimir nossa voz e dar-nos a mensagem que o mundo, literalmente, está morrendo para ouvir. Esse pagamento quer dizer que estamos livres para falar sempre que as pessoas pedem para que compartilhemos com elas "a razão da esperança" que há em nós (1 Pedro 3:15).

O mundo é seu banquete

Jesus nos enviou ao "mundo todo" (Marcos 16:15) para falarmos por ele. E "mundo todo" quer dizer que sua voz é necessária em sua igreja, sua vizinhança e sua comunidade. Onde quer que você vá, Deus arranjará uma oportunidade para que sua voz seja ouvida. O mundo é um banquete, e você foi escolhido para ser o palestrante mais importante.

E com Jesus Cristo como seu agente e com o Espírito Santo como seu redator, o conteúdo de sua mensagem será exatamente o que as pessoas precisam ouvir.

Não olhe agora — mas *você está nesta!*

Sinais de vida

Sinal de vida: Oportunidades para compartilhar a Cristo são compromissos divinos.

Versículo de vida: *Antes, santifiquem Cristo como Senhor em seu coração. Estejam sempre preparados para responder a qualquer pessoa que lhes pedir a razão da esperança que há em vocês* — 1 Pedro 3:15.

Vida em ação: Como posso ser mais proativo a respeito de agarrar oportunidades para compartilhar o evangelho com os outros?

Dia 11

Língua presa

O Senhor pode usar melhor um gago
que alguém que não abre a boca.

Dr. Wilbur Smith foi um renomado professor, pesquisador e autor, e suas aulas e seus livros treinaram uma geração de trabalhadores cristãos. Próximo do fim de sua vida, ele publicou suas memórias, *Before I Forget* [Antes que me esqueça], e no prefácio de seu livro compartilhou um sentimento de pesar:

> Deveria, ao longo dos anos, ter sido mais fiel em meu testemunho de Cristo a muitos amigos que tive. Eles são vendedores de livros e bibliotecários com quem, por exemplo, sempre conversava, pessoas descrentes com quem nunca compartilhei o evangelho. Alguns anos atrás, soube que, quando ofereceram um jantar a Billy Graham em Tóquio, percebeu que estava sentado ao lado do príncipe do Japão. A primeira coisa que ele disse ao príncipe foi o seguinte: "O que você acha de Jesus Cristo?" E quanto a mim, lamento informar que teria deixado a conversa fluir sem fazer essa pergunta, a mais relevante e importante de todas.[1]

Creio que muitos de nós temos esse mesmo pesar — e por quê? O que acontece conosco? Todos os dias, as pessoas perecem. Elas correm o perigo de enfrentar o fogo do inferno. Então, por que estamos com a língua presa? Você já teve uma oportunidade maravilhosa de compartilhar uma palavra em nome de Cristo com alguém, mas não fez isso? E não falou nada? A maioria de nós pode conversar sobre o tempo, os esportes, os restaurantes e os *hobbies*. Por que parece que o gato come nossa língua quando se trata de falar em nome de Jesus?

Lemos em 2 Reis 7:9: "Não estamos agindo certo. Este é um dia de boas notícias, e não podemos ficar calados." Bem, não quero que você comece a se sentir culpado por causa disso, mas gostaria de sugerir algumas formas para que nós achemos nossa língua, de forma que possamos estar sempre prontos a falar em nome de nosso Salvador.

Peça que Deus o encha com seu Espírito Santo

Você se lembra de como Pedro ficou com a língua presa na noite em que traiu Jesus? Apesar de muitas oportunidades de falar em nome de Cristo, naquela noite, descobriu que sua voz o deixou na mão, exceto para praguejar e negar. Mas, um contraste tremendo, no dia de Pentecoste, ele ficou cheio do Espírito Santo e pregou a Palavra com ousadia. Embora fosse ameaçado com punição, ele afirmou que não poderia deixar de falar sobre as coisas que vira e ouvira. Se você conhece Jesus Cristo como seu Senhor e Salvador, o Espírito Santo já habita em você. Peça a Deus para que o encha até transbordar com o Espírito Santo para que você seja controlado e fortalecido por ele. Efésios 5:18,19 ordena: "Não se embriaguem com vinho, que leva à libertinagem, mas deixem-se encher pelo Espírito, falando entre si com salmos, hinos e cânticos espirituais, cantando e louvando de coração ao Senhor."

Desenvolva uma responsabilidade

Talvez fôssemos mais ousados se pudéssemos usar um rótulo — Por quem Cristo morreu — na testa de todos que cruzassem nosso caminho todos os dias. Se desenvolvermos uma responsabilidade em relação aos perdidos ao vê-los com um rótulo, talvez seja mais fácil para responder em amor e compartilhar Cristo com eles.

E se víssemos esse rótulo na testa das pessoas que amamos, nossos colaboradores, nossos colegas de trabalho e de escola, nossos chefes, nossos clientes e, até mesmo, de estranhos que encontramos no metrô ou na sala de espera de um médico? Jesus morreu na cruz por todos os seres humanos, portanto não deveríamos cuidar zelosamente de todas as pessoas que ainda não têm consciência dessa verdade? O mundo está enfrentando o julgamento de um Deus santo, e estamos vivendo na beira da história, talvez no ponto terminal. Portanto, como podemos passar dias sem falar de Cristo com almas, que cruzam nosso caminho todos os dias, aprisionadas no inferno e prestes a morrer?

Peça a Deus para lhe dar esse tipo de coração pelo perdido. Peça a ele para ajudá-lo a ver na testa daqueles à sua volta este rótulo: "Por quem Cristo morreu." Diga o mesmo que Paulo disse: "Pois o amor de Cristo nos constrange" (2 Coríntios 5:14).

Memorize alguns versículos bíblicos

Outra forma de soltar a língua é a memorização de alguns versículos bíblicos. Lorne Sanny, o ex-presidente do ministério Navigators, conta uma história que ilustra o poder da Palavra de Deus quando a guardamos em nosso coração.

Alguns missionários na Índia não conseguiam fazer com que os cristãos locais compartilhassem o evangelho com seus conterrâneos. Então, alguém sugeriu:

— Você já tentou fazer com que memorizem as Escrituras?

— Não tentamos — foi a resposta que deram.

— Por que não tentam isso? — sugeriu o visitante.

Eles concordaram em fazer isso, e, algumas semanas mais tarde, os cristãos se reuniram para um culto de testemunho. Os cristãos jovens se levantaram, um após o outro, citando versículos da Bíblia que haviam memorizado recentemente. Eles também começaram a compartilhar, fora da igreja, esses versículos com outras pessoas. De fato, parecia que, assim que eles memorizavam um versículo em particular, surgiam as ocasiões para compartilhá-lo com os amigos não-salvos. Esses cristãos hindus, por terem a Escritura gravada em seu coração, tinham algo a dizer. Eles viveram a verdade do Salmo 119:42, o versículo que diz: "... então responderei aos que me afrontam, pois confio na tua palavra."[2]

Comece memorizando João 3:16. A seguir, ataque a "Estrada de Romanos" (Romanos 3:23; 5:8; 6:23; 10:9,10,13). A seguir, acrescente Efésios 2:8,9 e Atos dos Apóstolos 16:31 a seu repertório. Esses versículos todos os grandes ganhadores de almas inscreveram no coração e gravaram na memória.

Outro benefício para memorizar os versículos bíblicos é o efeito de purificação que têm em seu coração. Sei que alguns cristãos não compartilham sua fé porque têm vergonha da vida que levam. Eles não querem que outras pessoas descubram que são cristãos, pois essas pessoas descobrirão que são muito hipócritas. E esses cristãos estão certos: uma vida impura não tem nenhum poder evangelístico. Entretanto, a meditação sobre as Escrituras é uma forma de lavar sua mente com a Palavra de Deus, e, à medida que faz isso, perceberá um grande desejo de caminhar mais próximo de Cristo e compartilhar mais livremente a verdade sobre ele...

Recentemente, li sobre um cristão na Noruega que sentiu que deveria ir para Ingøy, uma pequena ilha a sessenta quilômetros a oeste do Cabo Norte, o porto mais ao norte do mundo em terras continentais. Esse homem sentiu o chamado de Deus para distribuir cópias do Novo Testamento para crianças em idade escolar. Ele distribuiu pequenos exemplares vermelhos com o Novo Testamento para as crianças e foi convidado a lanchar com o professor. De repente, ouvem uma batida à porta, e um dos meninos entra chorando.

— Quero agradecer por você ter vindo — disse o garoto. — Nos últimos dias, pensei muito em Jesus e, quando notei que você fez essa longa viagem só para trazer para nós três essa cópia do Novo Testamento, pensei: "Jesus o enviou até aqui."

O homem pode compartilhar o evangelho, e tanto o professor quanto o menino puderam confessar Jesus como seu Salvador. Ao voltar para casa em um barquinho sem cobertura em um dia chuvoso e com ventania, esse homem regozijava-se por duas almas que foram salvas.[3]

§

Se você tem sido um santo de língua presa, peça que Deus solte sua língua e lhe dê ousadia para compartilhar Cristo. Não tenha medo de se atrapalhar. O Senhor pode usar melhor um gago que alguém que não abre a boca. Portanto, fale sempre que o Espírito o impelir e compartilhe a Palavra em todas as oportunidades, nas temporadas e fora das temporadas. O Senhor, certamente, abençoará seu testemunho com resultados transformadores de vida.

Esse é o tempo das boas novas! Como podemos ficar de língua presa?

Sinais de vida

Sinal de vida: A coisa mais importante que posso dizer é: "Jesus ama você."

Versículo de vida: *Não fui eu que lhe ordenei? Seja forte e corajoso! Não se apavore, nem desanime, pois o* S*ENHOR, o seu Deus, estará com você por onde você andar* — Josué 1:9.

Vida em ação: O que me impede de testemunhar para os outros? Que passos práticos posso dar para vencer esses obstáculos?

Dia 12

A mentalidade voltada para o "outro"

Mudar seu foco resulta
logo em mudança pessoal.

À noite, você, por estar no escuro, abre uma gaveta e tira de lá uma lanterna que necessita de duas pilhas para funcionar. Além do clique do interruptor da lanterna no silêncio da meia-noite, nada muda. Por ser astuto, logo percebe que as pilhas estão velhas. Por ser prevenido, você tem pilhas novas em casa, você desatarraxa a tampa e tenta tirar as pilhas velhas. Por ser observador, percebe que suas mãos continuam vazias, exceto pelas migalhas marrons de... algo. Por ter ficado irritado, golpeia a lanterna no balcão algumas vezes até que uma massa ácida cheia de crostas, as duas pilhas, caem ali. Por ser esquecido, percebe que não usou essa lanterna por mais de um ano, e as pilhas ficaram velhas e começaram a corroer por causa da falta de uso.

Isso já aconteceu com você? As pilhas funcionam melhor quando são usadas com regularidade e são descarregadas para que, depois, possam ser totalmente recarregadas. Considere os telefones sem fio. Alguns fabricantes dizem que é melhor tirar o fone da base pela manhã, permitir que a bateria descarregue durante o dia para que, depois, seja recarregada à noite. A vida da bateria fica mais longa por meio desse uso consistente até que descarregue e seja recarregada regularmente. De fato, a forma mais certa de fazer com que uma bateria se deteriore é não utilizá-la.

Muitos cristãos são como pilhas ou baterias que nunca são usadas. Esses cristãos ficam carregados o tempo todo: eles vão — várias vezes por semana — à igreja e aos estudos bíblicos, ouvem músicas cristãs, lêem os últimos lançamentos de livros cristãos. O problema é que as baterias ou pilhas deles jamais se descarregam no serviço aos outros. Eles nunca gastam o poder que armazenam.

Já testemunhei, ao longo dos anos, muitos cristãos que ficaram letárgicos, apáticos, sem poder e desmoralizados. Eles me trazem à memória as baterias de alta tecnologia que são carregadas, postas em uma gaveta e nunca utilizadas. Esses cristãos, sem se darem conta disso, conformaram-se ao padrão do mundo ao focar primariamente em si mesmos, e não nos outros; assim, nota-se que esses cristãos precisam da mentalidade voltada para o "outro".

Como sempre, a mensagem bíblica para amar os outros está muito distante do que o mundo prega. Em vez de focar em nós mesmos, temos de focar o servir os outros. Deixe-me, no entanto, dizer isso de forma enfática logo de início: o chamado para servir os outros *não quer dizer que não devemos separar recursos e tempo para cuidar de nossas necessidades.* Assim como Jesus, de tempos em tempos, afastava-se do servir as multidões para descansar e se recuperar, também precisamos ter um tempo de descanso e recuperação. A bateria que nunca é usada, estraga, e o mesmo acontece com a que nunca é recarregada.

Temos de nos pautar pelo padrão de serviço do Senhor Jesus Cristo. Ele definiu seu propósito de vir para a Terra em termos de serviço: "... o Filho do homem, que não veio para ser servido, mas para servir e dar a sua vida em resgate por muitos" (Mateus 20:28). Aprendemos sobre o serviço aos outros quando lemos as passagens sobre "uns aos outros" nas cartas do Novo Testamento (por exemplo, Romanos 12:10,16; Gálatas 5:13; Efésios 4:32). Esses versículos descrevem como devemos gastar nossa vida no serviço aos outros. A preocupação imediata que alguns cristãos podem sentir em relação ao investir na vida dos outros é abrandada quando nos lembramos disto: todos os cristãos devem servir uns aos outros, então todas as necessidades de cada um dos cristãos será suprida. Os servos no corpo de Cristo serão servidos por outros enquanto servem.

E, à medida que servimos — à medida que demonstramos a mentalidade voltada para o "outro" —, duas coisas acontecem conosco.

Nosso foco muda

Encaremos este fato. Temos de fazer uma escolha consciente para focar o servir aos outros. Nossa natureza pecadora, totalmente centrada em sua própria orientação, põe o "eu" em primeiro lugar. Nossa cultura, uma expressão corporativa da natureza humana (caída) natural (exceto sempre que essa expressão for mediada pela presença do Espírito Santo por intermédio do corpo da igreja), encoraja ainda mais a que pensemos apenas em nós mesmos. A ponto de nós, os cristãos, focarmos mais em nós mesmos e, desse modo, cooperarmos mais com a cultura do que com Cristo, negando, desse modo, a oportunidade de o Espírito Santo manifestar Cristo no mundo.

Uma mudança nesse foco natural exige escolha. Se tivermos de ser obedientes às Escrituras e servir um ao outro, então, para mudar o foco temos de fazer oposição às tendências, seguir contra a corrente e batalhar montanha acima. Como você acha que Jesus chegou ao planeta Terra? Certamente não foi um ato aleatório. Filipenses 2 relata o que aconteceu — e observe os verbos-chave:

> Seja a atitude de vocês a mesma de Cristo Jesus, que, embora sendo Deus, *não considerou* que o ser igual a Deus era algo a que devia apegar-se; mas *esvaziou-se* a si mesmo, *vindo a ser servo, tornando-se semelhante aos homens*. E, sendo encontrado em forma humana, *humilhou-se* a si mesmo e *foi obediente* até a morte, e morte de cruz! (Filipenses 2:5-8; grifo do autor).

Jesus considerou, esvaziou-se, vindo a ser servo, humilhou-se e foi obediente. Se esses não forem verbos que indiquem uma escolha consciente, não sei o que mais poderia indicar isso! Jesus escolheu mudar seu foco do céu para a Terra a fim de nos servir.

À luz dessa verdade, a parte mais importante dessa passagem para nós é este chamado: "Seja a atitude de vocês a mesma de Cristo Jesus" (Filipenses 2:5). Ou seja, temos de mudar nosso foco da mesma forma como Jesus o fez. Temos de considerar, esvaziar-nos, vir a ser servos, humilhar-nos e ser obedientes. Temos de mudar o foco do "eu" para os outros.

Mudar nosso foco nos muda

Como acontece com muitas questões que dizem respeito ao reino de Deus, servir aos outros representa um paradoxo. Veja bem, a força, a atitude, o desejo e as habilidades que achamos que não temos e necessitamos antes que sejamos capazes de servir são adquiridas apenas no ato de servir! Esse paradoxo encontra-se no princípio de plantar e colher (Gálatas 6:7). Comemos nosso punhado de grãos porque isso é tudo que temos, ou semeamos esses grãos para colher copiosamente no futuro? No Reino de Deus, conseguimos o que precisamos ao abrir mão daquilo que achamos que precisamos reter. Apenas um punhado de milho pode produzir centenas de novas sementes em muitas espigas, assim também um único ato de serviço para outra pessoa pode resultar em bênçãos copiosas na vida daquele que serve.

Deixe-me esclarecer um pouco mais esse ponto. Você já disse a si mesmo: "Não tenho qualificações para ensinar na Escola Dominical"; "Estou muito desencorajado para freqüentar as reuniões de meu pequeno grupo"; "Estou muito estressado para preparar uma refeição para um vizinho doente"; ou, "Estou cansado de sempre dar e não receber nada em retorno". Se esses pensamentos ecoam em sua mente, não se preocupe. Minha intenção não é fazer com que se sinta culpado. Às vezes, pensamentos similares também se imiscuíram em minha mente. Mas, com o passar do tempo, aprendi que a forma para adquirir habilidades, experimentar um bom ânimo, encontrar energia renovada e, por fim, ser estruturado por outros é... Servindo.

Períodos de serviço relutante me ensinaram que, quando realizamos algumas coisas, ficamos naturalmente inclinados a fazer mais, pois saímos da experiência mudados pela experiência — e isso é ainda mais verdade quando servimos. Por quê? Porque Deus estabeleceu um relacionamento imutável e eterno entre ser abençoado e receber uma bênção. "Finalmente, que todos vocês tenham o mesmo modo de pensar e de sentir. Amem uns aos outros e sejam educados e humildes uns com os outros. *Não paguem mal com mal, nem ofensa com ofensa. Pelo contrário, paguem a ofensa com uma bênção porque, quando Deus os chamou, ele prometeu dar uma bênção a vocês*" (1 Pedro 3:8,9; NTLH; grifo do autor).

Você precisa receber uma bênção de Deus? A forma mais segura de receber é abençoando os outros. E a forma mais direta de ser uma bênção para os outros é ser o mesmo que Jesus era e é: uma bênção para nós por meio do servir. Há inúmeras formas de servir — e não menospreze os pequenos gestos. Dê um abraço, envie um cartão, faça uma refeição para um amigo ou para alguém que necessita de um amigo. Assuma um novo papel desafiador, o de servir no corpo de Cristo. Ou leve Cristo às praças públicas por meio do serviço à sua comunidade.

Como a mentalidade voltada para o "outro" acaba por criar outra atitude em sua vida, então mudar seu foco resulta logo em mudança pessoal. Seja uma bênção e seja abençoado — poderia ser mais simples?

Sinais de vida

Sinal de vida: As necessidades dos outros são tão importantes como as minhas.

Versículo de vida: *Cada um cuide, não somente dos seus interesses, mas também dos interesses dos outros* — Filipenses 2:4.

Vida em ação: Que passos posso dar para mudar meu foco do "eu" para os outros? Quem à minha volta precisa de uma bênção das minhas mãos?

Dia 13

Preste atenção nos decalques

Se você fosse uma propaganda ambulante para o Senhor, o que as pessoas aprenderiam sobre ele?

Quando Sam Bass tinha 7 anos, ele pegou seu carrinho novinho em folha da caixa, tirou as rodas e pintou o chassi. Quando sua mãe reclamou e lhe perguntou por que estava fazendo aquilo, ele disse:

— Mãe, quero que ele fique do jeito que eu gosto.

Sam ainda se comporta dessa maneira. Como artista proeminente da NASCAR, ele já planejou 350 esquemas de pintura para pilotos, como, por exemplo, Bobby Allison, Dale Earnhardt e Jeff Gordon. Ele considera seu trabalho o de um artista.

— Esses carros, na verdade, são pinturas a 320 km por hora — afirma.[1]

Outros chamam esses carros de *outdoors* a 320 km por hora. Quando uma companhia patrocina um carro para a NASCAR, ela investe cerca de 15 a 20 milhões de dólares e, em troca, espera que o carro realmente sirva de propaganda eficaz de seu produto. Os marqueteiros sabem que a câmera da televisão ficará em seu carro apenas alguns segundos; portanto, a cor da pintura, a claridade da logomarca e a localização das palavras e das imagens devem ser determinadas com cuidado científico para garantir que o nome do patrocinador possa ser visto claramente quando o carro passa rapidamente pelo público e pelas câmeras de televisão.

Entretanto, os principais patrocinadores enfrentam alguma competição para conseguir um espaço de propaganda, porque os pequenos patrocinadores ficam aglomerados em meio às muitas gravuras, e os carros ficam cobertos, de pára-choque a pára-choque, com um bom número de decalques menores, e cada um deles representa o investimento de uma companhia patrocinadora. E o investimento financeiro é tremendo — a colocação de sua propaganda no capô e na lateral traseira custa por volta de 20 milhões de dólares. Os decalques colocados na lateral traseira menor e mais baixa podem chegar a meio milhão de dólares. Sem dúvida, esse é o espaço de propaganda mais caro do mundo.[2]

Bem, vamos imaginar algo. Se as bênçãos de Deus em sua vida fossem coladas em você, com pequenos decalques, o que as pessoas veriam? O que elas leriam? Se você fosse uma propaganda ambulante para o Senhor, o que as pessoas aprenderiam sobre ele? Como você é uma propaganda ambulante para o Senhor, eis aqui algumas sugestões para aprender formas de pôr decalques em sua vida.

Decalque número 1: "Planejado por Deus"

Sua vida — seu corpo e seu espírito — foi pessoalmente planejada pelo mais supremo Artesão/Criador, o Deus do universo. Ele o fez perfeitamente ajustado para o que ele quer que você seja ou faça. Ele o criou por meio do divino poder e o redimiu por intermédio de seu sangue. Ele lhe deu habilidades, talentos, características e traços de que você necessita para cumprir o plano dele para sua vida.

Guarde essa verdade em sua mente, enquanto lhe faço uma pergunta. Como você chamaria um carro que não tem portas nem janelas, não tem assento do passageiro nem traseiro; não tem luz de freio; não tem estéreo nem alto-falante; não tem ar condicionado nem aquecedor; não é hidramático nem tem freios antitravamento; não tem navegador nem *airbag*, não tem fechadura nem porta-luvas; não tem buzina? Você o chamaria de carro de corrida. Como talvez você já saiba, os carros da NASCAR não têm nada disso. (De fato, eles nem têm chave de ignição. Os pilotos apenas giram um botão para o carro começar a funcionar.) Depenam-se os complementos desses carros para a corrida. Eles são planejados de forma única para o papel para o qual foram concebidos.

Bem, talvez você anseie por algumas qualidades que você não tem. Talvez você gostaria de ter uma voz maravilhosa e afinada, de ser extrovertido ou de ter um rosto mais bonito. Talvez, você quisesse ser um evangelista dinâmico que pudesse pregar para milhões de pessoas. Mas a Bíblia diz que fomos feitos de modo especial e admirável e que cada um de nós tem qualidades de corpo e de alma que correspondem da forma mais adequada ao propósito de Deus (Salmo 139:14-16). Jesus disse: "... um corpo me preparaste" (Hebreus 10:5).

§

Amy Carmichael, quando ainda era menina, orou fervorosamente para que Deus transformasse seus olhos castanhos em azuis, pois ansiava ter olhos azuis. Mais tarde, ela compreendeu por que os olhos castanhos eram importantes para ela. Ao ajudar a salvar meninas hindus da escravidão, freqüentemente tinha de se cobrir com um xale que deixava de fora só seus olhos. Os olhos azuis revelariam sua identidade na Índia, um país em que a população tem olhos castanhos.[3]

Assim, aprendi a agradecer a Deus por meu corpo e pela minha personalidade. Ele lhe deu corpo e personalidade especiais, pois ninguém mais é exatamente como você — e pelas boas razões de Deus!

Decalque número 2: "Movido a amor"

O Senhor quer usar você como criação única para mudar o mundo, mas essa tarefa requer um combustível com alto desempenho: o amor. Paulo alertou-nos que deveríamos pregar a Cristo não por meio da ambição egoísta mas por amor, falando a verdade com amor espiritual que o Espírito Santo derrama em nosso coração (Filipenses 2:3; Efésios 4:15; Romanos 5:5). O apóstolo Paulo disse: "Pois o amor de Cristo nos constrange" (2 Coríntios 5:14). Leia sobre como esse amor pode se tornar real para um filho de Deus...

O missionário Sam James, em sua autobiografia *Servant on the Edge of History* [Servo à margem da história], escreve sobre um período em que vivia em Thu Duc, um vilarejo a cerca de doze quilômetros ao norte de Saigon. Certa manhã, ao acordar, descobriu que sua casa fora roubada durante a noite. Pouco tempo depois, seu local de trabalho também foi roubado. Ele registrou os roubos na delegacia de polícia, mas logo percebeu que os policiais estavam envolvidos — e ele recebeu instruções para se calar por causa da segurança de sua família. Sam ficou tão furioso que não conseguia sentir nada, exceto raiva, pelas pessoas que queria ganhar para Cristo.

Certo dia, um taxista lhe perguntou:

— Você já está no Vietnã há muito tempo, não é mesmo?

Sam já estava no país havia quase vinte anos.

— Então — prosseguiu o taxista —, você deve gostar dos vietnamitas.

— É claro — respondeu Sam, embora essa resposta não passasse de uma grande hipocrisia. — Amo os vietnamitas.

Naquela noite, foi para a cama, mas não conseguia dormir. Nas primeiras horas do dia, ele saiu da cama, ajoelhou-se junto ao sofá e abriu seu coração para Deus o resto da noite. O Senhor parecia lhe dizer:

— Meu filho, você não está no Vietnã por que você ama os vietnamitas, mas por que eu os amo. E quero amá-los por seu intermédio.

Sam, posteriormente, afirmou que aquela foi a noite em que se tornou um missionário.[4]

Você e eu, como Sam, não podemos produzir nosso próprio combustível em nosso interior. Temos de aprender a permitir que o Senhor encha nosso tanque com sua fórmula vermelho-sangue de amor. Ele quer amar os outros por nosso intermédio. Por seu intermédio.

Decalque número 3: "SDD — Sistema divino de direcionamento"

Você poderia usar um decalque para fazer uma propaganda do SDD de Deus, o sistema divino de direcionamento? Agora, os carros da NASCAR não têm mais sistemas de navegação, porque eles apenas andam em volta de pequenos círculos onde não têm muita chance de se perderem. Afinal, Darlington tem a forma de um ovo e tem apenas cerca de dois quilômetros. Daytona tem o formato oval triangular com cerca de cinco quilômetros. Watkins Glen é um pouco mais complicado, pois tem onze curvas, mas a distância é também de apenas cerca de cinco quilômetros — e todos os carros seguem na mesma direção![5]

No entanto, muitos carros têm hoje em dia um GPS (Sistema de posicionamento global) que utiliza satélites para ajudar os motoristas a fazerem a navegação de suas viagens. Algumas vezes, nós, os cristãos, sentimos que estamos andando em círculos, mas precisamos nos lembrar de que estamos nos movendo em direção a um lugar determinado e que temos à nossa disposição o SDD, o sistema divino de direcionamento, para que nos ajude a navegar a cada centímetro da jornada.

O manual do proprietário para essa ferramenta diz simplesmente: "Confie no Senhor de todo o seu coração e não se apóie em seu próprio entendimento; reconheça o Senhor em todos os seus caminhos, e ele endireitará as suas veredas" (Provérbios 3:5,6).

Ao longo de todos esses anos de ministério, jamais vi o SDD de Deus falhar. Houve momentos em que *eu* fui o único quem falhou — falhei em confiar a ele todo meu coração que, por sua vez, falhou ao se apoiar em minha compreensão, falhei em reconhecê-lo em todos os meus caminhos. Mas quando eu cumpri fielmente todas essas condições, o Senhor foi fiel em honrar sua promessa.

Posso muito bem ecoar o Dr. A. T. Pierson, que, certa vez, disse:

— Ir *conforme* sou direcionado, ir *quando* sou direcionado, ir *aonde* sou direcionado — e essa, por vinte anos, foi a minha única oração.[6]

Essa é uma boa oração, e gostaria de recomendá-la a você.

Decalque número 4:
"Pára-choques instalados pela fé"

Até mesmo com o direcionamento de Deus, encontraremos os trechos difíceis na estrada. Todo personagem bíblico, até mesmo o mais santo, teve uma viagem acidentada. Leia Hebreus 11 e veja como os maiores heróis de Deus tiveram de enfrentar um terreno acidentado e cheio de buracos. Mas a frase-chave no capítulo é "pela fé... pela fé... pela fé... pela fé...".

À medida que você dirige o carro planejado por Deus e customizado para você, abastecido pelo amor do Senhor e direcionado pela sabedoria divina, você, mesmo assim, encontrará percalços, e lombadas, e buracos. A viagem não será fácil. Mas, lembre-se — seus pára-choques foram instalados pela fé. Sua habilidade para confiar em Deus, apesar dos desapontamentos e dos desastres, é a ferramenta que absorve e dissipa os golpes mais duros da vida, permitindo que você tenha alegria em seu coração e firmeza nos passos, algo que o mundo não pode lhe proporcionar nem lhe tirar.

Corpo planejado
Amor de alto desempenho
Navegação divina
Pára-choques instalados pela fé

Esses decalques estão evidentes em sua vida? Você presta atenção à propaganda desses decalques sobre quem você é e como deve viver?

Sinais de vida

Sinal de vida: Sou uma propaganda ambulante para o Senhor.

Versículo de vida: *Fui crucificado com Cristo. Assim, já não sou eu quem vive, mas Cristo vive em mim. A vida que agora vivo no corpo, vivo-a pela fé no filho de Deus, que me amou e se entregou por mim* — Gálatas 2:20.

Vida em ação: O que me abastece? O que posso fazer para assegurar que meu poder vem de Deus e não de nenhuma outra fonte?

Dia 14

Evidência física

A evidência sempre supera as impressões pessoais quando se trata de estabelecer um veredicto sólido.

Nos últimos anos, o debate em relação à pena de morte deu uma nova guinada. Muitas pessoas que a apóiam estão pedindo moratória na execução dessas penas. A razão é o uso de um novo tipo de evidência física, o uso do DNA.

O uso de DNA — a identificação genética de um indivíduo conforme gravado em cada célula de seu organismo — para absolver ou condenar o acusado, é o maior avanço na história da ciência forense. Em todo o mundo, muitos criminosos condenados à pena de morte foram absolvidos com base na análise de DNA, algo que não estava disponível no momento da condenação. Buscando nas evidências que tinham décadas de existência, os investigadores descobrem um fio de cabelo, uma gota de saliva ou um fragmento de pele humana, lascas de evidência, mas o suficiente para conseguir estabelecer o DNA do criminoso. Em alguns casos, as condenações estão sendo confirmadas. Mas, em um número muito grande, o que é preocupante, as condenações são revertidas, e os prisioneiros, libertados.

DNA talvez seja a forma mais poderosa de evidência física disponível para os investigadores de crimes. Por quê? Por causa da estabilidade do DNA. O DNA não é uma memória ou opinião, um odor ou uma cor. Ele é evidência física, sólida que não muda com o passar do tempo. Ele serviu para identificar o corpo do carrasco nazista, Josef Mengele. O Sistema de Busca e Identificação de Crianças dos Estados Unidos usa os registros de DNA para reunir os pais aos filhos desaparecidos. E os tribunais de sucessões e família usam as evidências do DNA para resolver conflitos em relação às reivindicações de direito à herança. É quase impossível refutar a evidência de DNA — e, via de regra, qualquer tipo de evidência física.[1]

O que é evidência física? Richard Saferstein, autor, em seu texto básico sobre o assunto *Criminalistics* [Criminalística], define a evidência física como "todo e qualquer objeto que possa estabelecer que um crime foi cometido ou pode fornecer uma ligação entre um crime e sua vítima ou um crime e seu perpetrador".[2] Em suma, a evidência física é qualquer coisa ou tudo que transmita informações sobre o crime para os investigadores. O objetivo do investigador da cena do crime é estruturar uma ponte do crime para o criminoso, fazer a conexão entre uma pessoa e um ato. E a evidência física fornece a pedra de fundação para a ponte. Paul L. Kirk, cientista forense, disse que "[a evidência física] não esquece. Ela não se confunde com a agitação do momento. Ela está presente, [quando] as testemunhas estão ausentes; ela é evidência factual. A evidência física não pode estar errada, não pode cometer perjúrio [...], só a interpretação dela pode errar".[3]

Apesar desses endossos da evidência de DNA, os promotores e os advogados enfrentam um problema interessante, quando tentam comprovar um crime: embora a evidência física seja a melhor forma de estabelecer o culpado por um crime, os júris quase sempre valorizam os testemunhos pessoais. Em razão de os juristas valorizarem suas próprias memórias, eles acham que uma testemunha visual jamais poderia estar enganada. Mas as memórias sempre mudam, pois podem ser influenciadas por muitos fatores: sentimentos, opiniões, experiências, disposições de espírito e preconceito, só para mencionar alguns que podem interferir com nossa memória. Mas, conforme mencionei anteriormente, a evidência física não mente nem muda.

Nós, os cristãos, podemos ser culpados de deixarmos as impressões mentais e pessoais de nossa vida espiritual se tornarem mais importante que nossa evidência física. Podemos, por exemplo, ter-nos em alta estima e considerar que somos mais importantes do que realmente somos, mas a evidência física pode nos ajudar a ver de forma sensata como estamos verdadeiramente nos saindo em nosso caminhar cristão (Romanos 12:3). Por exemplo, se passarmos dois minutos em oração, em algum momento durante o dia, teremos certeza de que passamos dez minutos em oração. Se lermos alguns versículos da Bíblia, dissemos que estudamos um capítulo. Quando dizemos que vamos à igreja todos os domingos, pode ser que, em um ano, vamos à igreja três domingos a cada quatro. E nosso dízimo, com o passar do tempo, em vez de ser 10%, pode chegar a uma média de 3% a 4%.

Essas afirmações são mentiras deslavadas ou exageros? Elas podem ser, mas, freqüentemente, elas são pequenas artimanhas que nossa memória nos prega. Somos testemunhas oculares de nossa vida espiritual, mas, mesmo assim, geralmente não a percebemos como ela realmente é. Precisamos de alguma evidência física sólida — do tipo que consistentemente diz a verdade — a fim de que possamos ter um quadro preciso de nossa vida espiritual.

Bem, a evidência física em uma cena de crime diz respeito a armas de fogo e resíduos de pólvora, pegadas, impressões digitais, fios de cabelo e fibras de tecido, marcas de ferramentas e outras impressões, traços de resíduos químicos, de sangue e de tecidos ou fluidos do corpo. Mas que evidência física nos marca como cristãos? Quero discutir quatro tipos de evidências físicas que podem ser facilmente observadas por qualquer pessoa — incluindo-se, assim se espera, nós mesmos. As categorias são estas: quem você é, o que você faz, que lugares você freqüenta e com quem você se associa. Nós, os cristãos, devemos deixar para trás esses quatro tipos de evidência, a evidência que, no final das contas, identifica-nos como seguidores de Cristo.

1: Quem você é

Por "quem você é" quero dizer a imagem geral que você apresenta ao mundo. Quando as pessoas o encontram pela primeira vez, o que elas pensam?

Ao ler a narrativa dos quatro evangelhos no Novo Testamento, ficamos com a impressão de que Jesus era uma pessoa extraordinária. As multidões o seguiam a toda parte. As pessoas ouviam atentamente todas as palavras que ele proferia. Os estudiosos da época ficavam surpresos ou eram silenciados pela sabedoria de seu pensamento. Jesus não era fisicamente diferente de nós — ele nunca se parecia com um príncipe (Isaías 53:2) —, mas ele era diferente espiritualmente. As pessoas podem não ficar surpreendidas conosco quando passam por nós nas ruas, mas, quando elas passam a nos conhecer, o que elas acham?

Ao longo dos séculos, muitas pessoas aceitaram a Cristo porque entraram em contato com uma pessoa sobre quem elas diziam o seguinte:

— Essa pessoa tem algo diferente, e quero ter isso que ela tem.

2: O que você faz

Um dos ensinamentos mais constrangedores de Jesus Cristo é que as pessoas são conhecidas pelos frutos de sua vida (Mateus 7:16-20; 12:33). As boas árvores dão bons frutos, e as más, maus frutos, mas os espinheiros não os dão.

Se o apóstolo Paulo fosse examinar nossa vida esperando encontrar o fruto do Espírito Santo (Gálatas 5:22,23), mas, em vez disso, encontrasse apenas as obras da carne (Gálatas 5:19-21), ele fundamentaria sua descoberta na evidência física. Podemos dizer a todas as pessoas que conhecemos que somos cristãos, mas se nenhum fruto do Espírito — nenhuma evidência tangível — estiver presente, então somos condenados. O comportamento, as palavras, as atitudes, os hábitos e as práticas constituem as inúmeras evidências de nossa vida espiritual.

3: Que lugares você freqüenta

Atribuem-se aos filhos de Corá, que formou o coral do templo em Israel, as seguintes palavras reveladoras: "Melhor é um dia nos teus átrios do que mil noutro lugar; prefiro ficar à porta da casa do meu Deus a habitar nas tendas dos ímpios" (Salmo 84:10). Quando encontro cristãos que acham que ir à igreja, ou se reunir para estudar a Bíblia e ter comunhão, não é uma atividade tão empolgante quanto qualquer outra atividade de lazer com não-cristãos, fico imaginando que tipo de evidência isso revela sobre a alma deles.

Pelo fato de nossa cultura ter transformado o entretenimento em um ídolo, os cristãos justificam a ausência da casa de Deus dizendo estar entediados. Essa evidência revela não apenas com o que nossa alma mais se alimenta (entretenimento em vez de adoração), mas também uma profunda má compreensão do propósito do corpo de Cristo e o lugar de cada cristão nele. Quando a igreja de Jesus Cristo se reúne, não estar presente é deixar evidência física suspeita a respeito de sua fé — ou a ausência de fé (Hebreus 10:24,25).

4: Com quem você se associa

A escuridão e a luz não podem coexistir, uma vez que a escuridão, por definição, é a ausência de luz. Jesus e o apóstolo João falam sobre a incompatibilidade das trevas espirituais e a luz espiritual (João 3:19; 8:12 e 1 João 1:5; 2:9, respectivamente), e Paulo expandiu o tema para falar sobre as diferenças entre cristãos e não-cristãos (2 Coríntios 6:14-18). Portanto, quando cristãos professos parecem nunca sair com outros cristãos — para diversão, serviço, comunhão, estudo ou oração —, eles criam evidências de suas preferências. Ficamos intrigados com a razão pela qual preferem as trevas à luz.

O detetive Tom Hill, veterano com trinta anos de carreira no departamento de polícia de Fort Lauderdale, resume o ponto deste capítulo: "Não é possível argumentar com a evidência física — realmente não é possível."[4] Essa é uma afirmação muito dura. E ela é igualmente verdadeira no mundo da ICC — Investigação da cena cristã: a evidência fala a verdade.

Portanto, quem é você? O que você faz? Que lugares você freqüenta? E quem são seus amigos? Examine cuidadosamente a evidência física de sua vida espiritual. Lembre-se: a evidência sempre supera as impressões pessoais quando se trata de estabelecer um veredicto sólido.

Sinais de vida

Sinal de vida: Todo dia crio uma evidência para provar que sou seguidor de Cristo.

Versículo de vida: *Da mesma forma, as boas obras são evidentes, e as que não o são não podem permanecer ocultas* — 1 Timóteo 5:25.

Vida em ação: O que posso fazer para melhorar minhas chances de ser condenado como cristão?

Joelhos gastos: a vida de entrega

Dia 15

Joelhos gastos

Uma das razões por que nossa vida está rota é que nossos joelhos não o estão!

Em 26 de fevereiro de 1829, um menino judeu, Loeb Strauss, nasceu em um casebre no vilarejo de Buttenheim. Loeb, quando jovem, mudou seu nome para Levi e foi para a Califórnia, onde abriu uma companhia têxtil em São Francisco. Certo dia, um mineiro que trabalhava nas minas de ouro entrou na loja de Levi e vociferou com o lojista.

— Olhe isto aqui! — disse o mineiro, apontando para suas calças. — Comprei estas calças seis meses atrás e já estão cheias de buracos.

Quando Levi perguntou a razão para isso, o mineiro explicou:

— Trabalhamos de joelhos a maior parte do tempo.

— Então você precisa de um tecido muito resistente — retrucou Levi. — Temos um pouco de lona e a usamos para fazer barracas. Se fizermos suas calças com lona, tenho certeza de que não ficarão cheias de buracos.

Levi chamou o alfaiate, e depois de um tempo, o mineiro já estava com suas calças novas — e o resto é história. Não demorou muito tempo para os mineiros do oeste começarem a usar os *jeans* de Levi Strauss.[1]

Bem, parece-me que nós, os cristãos, devemos ter o mesmo problema que perturbava os mineiros — calças com joelhos gastos —, pois devemos fazer a maior parte de nosso trabalho para o reino de joelhos. William Cowper, compositor de hinos, escreveu: "Satanás treme quando vê o santo mais fraco de joelhos."[2]

Joelhos gastos querem dizer reverência

É claro que você não tem de se ajoelhar para orar. A Bíblia descreve muitas posições de oração. Jesus, por exemplo, ficava de pé e orava com seus olhos voltados para o céu. No Getsêmani, ele caiu prostrado. Em 1 Crônicas 17:16, Davi sentou-se diante do Senhor em oração. Algumas vezes, os heróis da Bíblia oravam enquanto estavam deitados em sua cama ou, como os discípulos faziam com Jesus, enquanto caminhavam ao longo da estrada.

Não se exige nenhuma posição específica para a oração, mas cada uma delas transmite uma atitude de oração distinta. De pé transmite certa ousadia. Caminhando passa a idéia de comunhão. Sentar-se diante do Senhor descreve uma abordagem realista bem prática. E de joelhos representa submissão, aquiescência e gravidade.

Catherine Marshall, em seu livro *Adventures in Prayer* [Aventuras na oração], escreveu que, quando era adolescente, sonhava em ir para a universidade, mas a igreja nas montanhas, onde seu pai servia, enfrentava dificuldades durante a Grande Depressão. Ela concorreu a uma vaga na faculdade Agnes Scott College, mas não tinha os meios financeiros para arcar com esse custo.

> Certa noite, minha mãe encontrou-me atravessada na cama, cabeça inclinada, soluçando. Sentou-se ao meu lado: "Você e eu oraremos a esse respeito", disse-me calmamente. Fomos para o quarto de hóspedes e ajoelhamo-nos junto à cama dourada de carvalho, aquela que papai e mamãe haviam comprado para a primeira casa deles. E minha mãe disse: "Sei que estudar na faculdade é algo

correto. Creio que Deus pôs esse sonho em você; vamos pedir para que ele nos diga o que fazer para que esse sonho se transforme em realidade."[3]

Ali, lado a lado, as duas se ajoelharam na presença do Senhor. Catherine, até mesmo décadas depois, ainda se lembrava da calma confiança e doce determinação que a inundou enquanto sua mãe orava. Pouco tempo depois, o governo convidou sua mãe para escrever a história daquela região, e o pagamento foi suficiente para prover os fundos necessários para a faculdade.

Isso mesmo, nossas vitórias são ganhas de joelhos. Quando nos inclinamos diante do Deus todo-poderoso, reconhecemos que ele é nosso "Criador, Defensor, Redentor e Amigo". À medida que entregamos nosso ser, nossos planos e nossos problemas para ele, ele intervém para sua glória e para nosso bem.

Joelhos gastos querem dizer obediência

Joelhos gastos também implicam obediência...

Um dos incidentes mais estranhos na vida do rei Davi envolveu a mudança da arca da aliança do vilarejo de Quiriate-Jearim, ou Baalá, para sua nova casa em Jerusalém. De acordo com 1 Crônicas 13, Davi esperou aquele dia com entusiasmo; "pois isso pareceu bom a todo o povo" (versículo 4). A nação se reuniu com júbilo. Ao pôr a arca em um carroção novo, os condutores deste partiram, e "Davi e todos os israelitas iam dançando e cantando com todo o vigor diante de Deus, ao som de harpas, liras, tamborins, címbalos e cornetas" (versículo 8).

Entretanto, a música interrompeu-se abruptamente, quando os bois tropeçaram, e o carroção oscilou, e um homem chamado Uzá estendeu a mão para firmar a arca. Deus o atingiu imediatamente, e ele "morreu ali mesmo, diante dele " (versículo 10). A arca da aliança foi enviada para uma casa que ficava próxima do local desse incidente e ali ficou, pois todos estavam com medo de transportá-la.

E, só depois, Davi percebeu o que acontecera de errado. Primeiro, falhara em fazer os arranjos para transportar a arca conforme prescrito pela Lei mosaica. Ela não deveria ser carregada em um carroção, mas pelos levitas, apoiando as varas da arca sobre o ombro. Segundo, Davi não orara para perguntar a Deus como fazer o transporte da arca. "Nós não o tínhamos consultado sobre como proceder", confessou Davi, em 1 Crônicas 15:13.

Algumas vezes, cometemos o mesmo erro. Deveríamos nos ajoelhar antes de aceitar uma oferta de emprego, fazer uma compra, escolher uma nova igreja ou tomar alguma decisão importante em nossa vida. As pessoas nos observam em silêncio e elas sabem quando estamos vivendo em obediência por meio de nossas orações, ou quando, por outro lado, agimos sem consultar o Deus todo-poderoso, nosso Pai que está nos céus.

Joelhos gastos querem dizer dependência

Também fica óbvio para os outros quando nossos joelhos dobrados recebem bênçãos do alto. Veja este exemplo:

Elmer Towns confessou que ele e a esposa foram para a faculdade pela fé, pois oraram juntos e confiaram que Deus supriria suas necessidades. Elmer ganhava um dólar por hora dirigindo um ônibus escolar, mas sua renda mal dava para suprir as necessidades básicas da família.

Conforme ele escreveu:

> Certa noite, a única coisa que tínhamos no armário da cozinha era uma lata de atum. Assim, minha esposa fez uma caçarola de atum. E, quando nos demos as mãos para agradecer pelo alimento, orei: "Deus, o Senhor sabe que estou sem um tostão. Ainda faltam dois dias para o pagamento. E o Senhor sabe que estamos dispostos a jejuar até que consigamos dinheiro para comprar alimentos, mas pedimos que o Senhor, por favor, cuide de nossas necessidades."
>
> Assim que terminaram, o entregador da lavanderia bateu à porta deles. Ruth o cumprimentou, dizendo que não tinham nada para enviar à lavanderia, pois não tinham como pagar pelo serviço.

O homem explicou rapidamente que não viera pegar roupas, mas fazer uma entrega. Ele disse: "Alguns meses atrás, o dono da casa pediu que lhes entregasse vinte dólares para pagar pelo descongelamento dos canos, o serviço que fizeram para ele. Esqueci totalmente e só me lembrei disso hoje."

O momento em que isso aconteceu não foi mera coincidência. Elmer e Ruth acreditaram sinceramente que a oração fizera com que o homem da lavanderia se lembrasse de que tinha algum dinheiro para eles.[4]

§

Se você quiser receber as bênçãos do alto e causar um impacto à sua volta, você tem de se render ao desejo de Deus, abordar a vida de joelhos, inclinando-se em humilde reverência, obediência e dependência nele. Mais uma vez, uma das razões por que nossa vida está rota é que nossos joelhos não o estão!

- Hudson Taylor nos desafiou: "Você tem de avançar de joelhos", como Jonathan e Rosalind Goforth começaram o ministério pioneiro na China — a marca registrada de suas carreiras.[5]
- Dr. Martin Lloyd-Jones, em seus estudos sobre o Sermão do Monte, escreveu o seguinte: "A oração, sem sombra de dúvida, é a atividade mais sublime da alma humana. O ser humano alcança seu melhor e o patamar mais alto quando, de joelhos, fica face a face com Deus."[6]
- Charles Haddon Spurgeon escreveu: "Se eu não puder ficar de joelhos por estar muito fraco, minhas orações feitas na cama devem estar de joelhos, meu coração deve estar de joelhos, e eu devo orar de forma tão aceitável como antes."[7]
- O falecido Gypsy Smith contou sobre a conversa que teve com seu tio Rodney. Em meio aos ciganos, não se considerava apropriado que as crianças se dirigissem aos mais velhos, a não ser que estes dirigissem a palavra a elas. Assim, o jovem cigano

orou e esperou por uma oportunidade. Certo dia, o tio do garoto notou que as calças deste estavam rotas.

E o tio comentou:

— Rapazinho, como você explica o fato de os joelhos de suas calças estarem gastos, ao passo que o resto está em bom estado?

— Os joelhos de minhas calças estão gastos de tanto eu orar pelo senhor, tio Rodney — respondeu o menino. — Quero — prosseguiu ele com lágrimas nos olhos — tanto que Deus o converta a Cristo!

O tio Rodney pôs seus braços em volta de Gypsy e o abraçou de forma paternal. Alguns minutos mais tarde, o tio ajoelhou-se e confessou a Cristo como seu Salvador.[8]

§

É importante ter bons hábitos, esperanças sublimes, estratégias ousadas, bolsos profundos e zelo passional. Mas nada pode substituir um coração humilde, joelhos dobrados e calças rotas.

Os seus joelhos demonstram sinais de vida? Declaremos, como o mineiro da Califórnia:

— Faço a maior parte de meu trabalho de joelhos.

Sinais de vida

Sinal de vida: O ouvir a direção de Deus começa com a oração.

Versículo de vida: *Orem no Espírito em todas as ocasiões, com toda oração e súplica; tendo isso em mente, estejam atentos e perseverem na oração por todos os santos* — Efésios 6:18.

Vida em ação: Que evidência, se é que existe alguma, de uma vida de submissão meus joelhos apresentam? O que posso fazer para guardar meu tempo de oração todos os dias?

Dia 16

A freqüência celestial

A oração genuína — oferecida com mãos abertas — diz: "Seja feita a tua vontade."

John MacVane, durante a Segunda Guerra Mundial, foi repórter da National Broadcasting Company, e suas transmissões feitas nos campos de batalha mantinham os norte-americanos presos aos rádios.

Certo dia, em novembro de 1942, enquanto estava no Norte da África, disseram-lhe que preparasse, para o domingo seguinte, a transmissão do programa *Army Hour* [Hora do Exército] de Argel. Essa foi uma grande tarefa. Ele teve de entrevistar líderes, obter mensagens dos comandantes, escrever o roteiro e, depois, conseguir que o material fosse aprovado pelos censores de guerra. A seguir, tocaria música. MacVane descobriu alguns soldados norte-americanos que tocavam *jazz* e fez com que eles começassem a ensaiar.

Por fim, na noite da transmissão, ele conseguiu reunir cerca de cinqüenta pessoas prontas para se apresentar naquele estúdio improvisado, e todos estavam empolgados com aquela transmissão alegre para os Estados Unidos. Exatamente às 20h30min, a orquestra começou a tocar. MacVane debruçou-se sobre o microfone e disse com a voz mais solene possível:

— Estamos em Argel, o coração do Norte da África.

Os soldados e os pilotos da força aérea britânica e da força aérea norte-americanos, durante as entrevistas com MacVane, contaram histórias dramáticas. O espetáculo terminou com a banda tocando o hino norte-americanos. Foi um grande programa de rádio, e, depois de terminado, todos os participantes ficaram em estado de êxtase. Eles tinham acabado de transmitir um relato cativante das linhas de frente — e o programa foi ouvido ao vivo por quarenta milhões de pessoas nos Estados Unidos.

Entretanto, alguns dias mais tarde, MacVane recebeu um telegrama perguntando o que acontecera com a tão esperada transmissão. Ninguém a ouvira. Aparentemente, ela fora enviada na freqüência errada e jamais foi recebida pelos engenheiros de Nova York. Ninguém ouviu uma palavra sequer daquela transmissão. O programa de MacVane sumiu no ar.[1]

Permita-me que lhe faça uma pergunta: o mesmo pode acontecer com nossas orações?

§

A oração é a forma mais poderosa de transmissão que o mundo já conheceu. Ela percorre o caminho de nossos lábios e nosso coração para os céus até chegar exatamente na sala do trono de Deus. O Senhor promete mover céus e terra para responder a nossas orações. Mas é possível enviar a oração na freqüência errada?

Não se orarmos como Jesus o fez e se orarmos em nome do Filho de Deus. No que diz respeito à oração, ele é o maior modelo da Bíblia. E os discípulos, à medida que o observavam orar, pediram que ele os ensinasse a orar como ele o fazia. Eles, por serem bons judeus, já tinham orado milhares de vezes, ouviram muitas lições sobre as orações na sinagoga e participaram das orações no templo. Mas quando ouviram Jesus orar, passaram a ver a oração em uma freqüência mais alta, e um deles disse: "Senhor, ensina-nos a orar" (Lucas 11:1).

Ainda bem que os evangelhos incluem muitas histórias e lições sobre a vida de oração de Jesus, porque assim podemos aprender com o

Mestre. De fato, encorajaria você a ler os evangelhos assinalando toda e qualquer referência à oração. Não temos espaço para fazer isso neste capítulo, mas deixe-me mostrar-lhe algumas menções que você encontraria.

Ore como Jesus o fez: ao Pai que está no céu

Primeiro, devemos orar — como Jesus o fez — para nosso Pai que está nos céus. Jesus orou de forma muito pessoal, dirigindo-se a Deus Pai; ele também nos ensinou a fazer o mesmo.

Essa abordagem para a oração, no entanto, era radical para os judeus da época de Jesus. Se você estudar as orações do Antigo Testamento, praticamente nunca encontrará ninguém se dirigindo a Deus com o Pai que está nos céus. Referiam-se a ele como *Deus Soberano, Soberano, Deus, Senhor ou Jeová* e *Senhor dos Exércitos.* No Antigo Testamento, nas raras vezes em que há referência à paternidade do Senhor, é quase sempre com respeito à sua autoridade e sua disciplina. Os santos e sábios do Antigo Testamento não se sentiam confortáveis em chamar Deus de Pai: isso lhes soava como presunção, desrespeito e familiaridade em excesso.

Mas Jesus veio ao mundo e chamou Deus de seu Pai, sem qualquer hesitação ou restrição. No Sermão do Monte, na mensagem de abertura, Jesus referiu-se a Deus em seu papel de Pai mais vezes do que podemos encontrar em todos os livros do Antigo Testamento juntos. Só no evangelho de João, Jesus refere-se mais de 110 vezes a Deus como seu Pai.

Que diferença quando oramos dessa forma. Isso mesmo, devemos nos aproximar de Deus com reverência, e é bom nos dirigirmos a ele como Senhor, Deus, Rei e Mestre. Mas Jesus também nos ensinou a orar: "Pai nosso, que estás nos céus!" (Mateus 6:9). Em Lucas 11:11-13, Jesus disse que, embora sejamos maus, sabemos dar coisas boas a nossos filhos, imagine quanto mais bênçãos nosso Pai que está nos céus dará a quem lhe pedir.

Portanto, quando você orar, converse com Deus de forma tão pessoal como se estivesse conversando com um familiar cuja autoridade e sabedoria você respeita.

Ore como Jesus o fez: secretamente

Para orar de forma eficaz, ore como Jesus o fez: secretamente. Ele sabia o valor de estar sozinho com seu Pai e, freqüentemente, fugia para lugares desertos para ficar sozinho com Deus. Marcos, por exemplo, fornece-nos um vislumbre de como Jesus fazia isso: "De madrugada, quando ainda estava escuro, Jesus levantou-se, saiu de casa e foi para um lugar deserto, onde ficou orando. Simão e seus companheiros foram procurá-lo e, ao encontrá-lo, disseram: 'Todos estão te procurando!'" (Marcos 1:35-37).

Não quero que você alarme sua família nem que eles façam um boletim de ocorrência em que o consideram como pessoa desaparecida, mas quando foi a última vez em que desapareceu da vista de todos para passar algum tempo em oração? James Stalker, teólogo, sugeriu que o primeiro pensamento de Jesus, assim que ele chegava a uma nova cidade, era descobrir o caminho mais curto para a montanha mais próxima, da mesma forma como os viajantes perguntam sobre os locais mais apreciados para turismo."[2]

Ore como Jesus o fez: o tempo todo

Jesus passava longos períodos de tempo sozinho com Deus, em oração, mas ele também orava "continuamente", ou sem cessar, conforme Paulo relatou posteriormente em 1 Tessalonicenses 5:17. Lucas registra nove ocasiões em que Jesus orou: em seu batismo, depois de um dia de milagres, antes de escolher seus discípulos, antes de contar aos discípulos sobre a proximidade de sua morte, no monte da transfiguração, antes de ensinar os discípulos a orar, quando os setenta retornaram, no Getsêmani e na cruz.

Oswald Sanders fez a seguinte observação:

> Jesus orava de manhã no raiar do dia e à noite, quando o dia de trabalho findava. As grandes crises eram precedidas por oração. As grandes conquistas eram precedidas por oração. As grandes con-

> quistas eram seguidas por oração. A grande pressão do trabalho era um chamado para mais oração. As grandes tristezas eram supridas pela oração. Ele morreu orando.[3]

O missionário Frank Laubach tornou-se conhecido por causa de seu esforço pessoal para "praticar a presença de Deus". Ele treinou a si mesmo para que se lembrasse de como Deus estava sempre bem perto. Ele ensinou a si mesmo a fazer uma pausa a toda hora do dia para se lembrar de que Deus estava com ele. Ele sugeriu que nós também, durante nossas breves pausas ao longo do dia, devemos aprender a buscar a Deus por conselho sobre o que fazer a seguir e lembrar a nós mesmos que o Senhor está sentado ao nosso lado, bem à mão, sempre presente e disponível para nos ajudar.[4]

Isso é orar continuamente, sem cessar. É tanto um hábito a ser cultivado como uma presença para desfrutarmos — exatamente como Jesus o fez.

Ore como Jesus o fez: de forma submissa

Por fim, aprendemos a orar como Jesus quando aprendemos a ecoar sua oração mais pungente, oferecida no Getsêmani: "Meu Pai, se for possível, afasta de mim este cálice; contudo, não seja como eu quero, mas sim como tu queres. [...] Meu Pai, se não for possível afastar de mim este cálice sem que eu o beba, faça-se a tua vontade" (Mateus 26:39,42).

A oração não é uma forma para que Deus satisfaça nossos desejos e nossas vontades. Ela é a forma como Deus faz com que nosso coração esteja disposto a seguir seu divino propósito para nós. A oração genuína — oferecida com mãos abertas — diz: "Pai, eis aqui o que quero e o que acho que preciso; mas transfiro para seu desejo, pois o Senhor sabe o que é melhor para mim. Seja feita a tua vontade."

Algumas das maiores bênçãos chegam a nós quando Deus responde negativamente a algumas de nossas mais sinceras orações. Lembre-se de quando Abraão orou para que Deus tornasse Ismael seu herdeiro e o filho da aliança (Gênesis 17:18). O versículo seguinte afirma de forma clara: "Então Deus respondeu: 'Na verdade...'." Mais tarde, o Senhor lhe deu Isaque.

Lembra também sobre o que Paulo orou em 2 Coríntios 12? Orou para que Deus lhe tirasse o espinho da carne. O Senhor respondeu negativamente e, a seguir, acrescentou: "Minha graça é suficiente para você" (versículo 9). Nem sempre sabemos o que é melhor para nós. No entanto, na oração eficaz, nós nos submetemos à vontade do Pai — de forma submissa, desejosa e confiante.

§

Assim, quando você orar, entre na freqüência divina e ore como Jesus o fez — ao Pai, secretamente, com freqüência e de forma submissa. Descubra, como Jesus o fez, as maravilhas da...

> Doce hora de oração! Doce hora de oração!
> Ela chama [você] para que deixe um mundo de cuidados
> E lança [você] ao trono de [seu] Pai
> Para que todos os [seus] desejos e as [suas] vontades sejam conhecidos.[5]

As orações de um justo são poderosas e eficazes.

Sinais de vida

Sinal de vida: Estou aberto e pronto para ouvir as direções de Deus.

Versículo de vida: *Orem continuamente* — 1 Tessalonicenses 5:17.

Vida em ação: Escreva uma oração de submissão a Deus. Diga-lhe que você quer ser submissa, flexível e responsiva em relação ao desejo dele.

Dia 17

Mais perto de você que de mim

Cristo chamou todos aqueles que o seguem para a entrega incondicional — a morte da carne.

Monsieur le Marquis Montcalm, general francês, tirou seu chapéu de pluma e inclinou-se, em reverência, diante de seu oponente, o coronel britânico Munro. O britânico respondeu com um aceno seco de cabeça. Havia dias que os morteiros franceses estavam bombardeando os britânicos no Forte William Henry, e o general Montcalm pedira para ter uma reunião para negociar a rendição dos britânicos. A cena estava imersa no esplendor da guerra — os uniformes imaculados azuis e dourados e bandeiras para os franceses, e uniformes vermelhos e dourados para os britânicos, os tambores rufando, as bandeiras tremulando, o coração de todos disparado. Quem se renderia a quem?

O general francês estava em vantagem. Seus batedores haviam interceptado um mensageiro britânico que se dirigia ao Forte William Henry, e ele teve de ler sua mensagem endereçada a Munro: "Não temos homens disponíveis para enviar a você a fim de ajudá-lo em seu resgate; o aconselhamos a buscar os termos para sua rendição."

O coronel Munro, chocado, ouviu os termos de Montcalm:

— Nenhum de seus homens conhecerá o interior de uma prisão. Eles estão livres, desde que voltem para a Inglaterra e não lutem mais neste continente. E a milícia civil deve retornar para suas fazendas.

Quando Munro perguntou sobre as armas, Montcalm respondeu:

— Eles podem sair do forte com todas as armas.

— E as honras de guerra? — perguntou Munro.

— Concedidas — disse Montcalm.

— Minhas insígnias militares? — perguntou Munro.

— Leve-as, com orgulho, com você para a Inglaterra e entregue-as a seu rei — declarou Montcalm.

Esses foram os termos da rendição britânica para os franceses, conforme retratada no filme de James Fenimore, de 1992, *O último dos moicanos*. Em uma época em que os generais usavam perucas empoadas e bebiam em taças de prata no campo de batalha, o coronel Munro aprendeu que a rendição nem sempre leva à morte. Em termos espirituais, essa conclusão apresenta pontos precisos e imprecisos.[1]

A rendição leva à morte

Por um lado, a rendição do cristão ao senhorio de Jesus Cristo realmente implica a morte. A batalha entre a carne e o Espírito está em andamento em todo cristão, e Cristo chama todos que o querem seguir para a rendição incondicional — para a morte da carne.

Quando abraçamos o Cristianismo, somos "crucificado[s] com Cristo" (Gálatas 2:20; Romanos 6:6): nossa natureza rebelde e pecadora tem de morrer com Cristo que morreu na cruz como pagamento por nossos pecados. Embora não tenhamos de enfrentar a morte física com ele, o preço exigido por nossos pecados foi pago em nosso favor na morte vicária de Cristo, pois ele morreu em nosso lugar. Nós morremos posicionalmente. Do ponto de vista de Deus, somos posicionalmente santos. No entanto, Paulo salienta, em termos práticos, que "a carne deseja o que é contrário ao Espírito; e o Espírito, o que é contrário à carne. Eles estão em conflito um com o outro" (Gálatas 5:17). Em outras palavras, há ainda tempos em que não sentimos o desejo de nos render, quando nos recusamos a desistir de nossa independência, de nossa individualidade e, até mesmo, de nossas indecências. Mas Jesus traça uma linha firme na areia: "E aquele que não carrega sua cruz e não me segue não pode ser meu discípulo" (Lucas 14:27). Cristo chamou todos aqueles que o seguem para a entrega incondicional — a morte da carne.

Enquanto o general Montcalm ofereceu quatro termos de rendição, Jesus oferece apenas um: a cruz pela qual você morre posicionalmente tem de ser a cruz que você vive pessoalmente todos os dias. Não se render — não fazer isso — quer dizer jamais se aproximar de Jesus Cristo, jamais se tornar um de seus amigos íntimos. Você pode ir para o céu, mas chegará lá lamentando todas as vezes que você insistiu em fazer as coisas da sua maneira, em vez de seguir ao Salvador, e tendo plena consciência das oportunidades para se render que você não abraçou e da qualidade de vida em Cristo que você não aproveitou.

A rendição leva à vida

Quando concluiu que a rendição pode levar à vida, o coronel britânico estava certo e errado. Para os santos de Deus, a rendição leva a um tipo totalmente novo de vida. De fato, nascemos de novo para uma nova e viva esperança (João 3:3; 1 Pedro 1:3). Mas para experimentar essa vida, temos de nos render não só uma vez, mas todos os dias, se não todos os momentos de todos os dias. A oração de rendição deve ser a oração constante do cristão.

Nas Escrituras, encontramos inúmeros exemplos de santos que escolheram a vida ao se renderem a Deus.

- Pense em Jó. Embora ele tenha sido assaltado por grandes calamidades que a maioria de nós jamais enfrentará, ele nunca se rebelou contra Deus. Algumas vezes, ficou impaciente e, até mesmo, teve de ser corrigido quanto a sua perspectiva de Deus. Mas, em meio a suas provações, uma oração de rendição estava sempre em seus lábios: "'O Senhor o deu, o Senhor o levou;

louvado seja o nome do Senhor'. Em tudo isso Jó não pecou e não culpou a Deus de coisa alguma"(Jó 1:21, 22).

O teste mais verdadeiro para saber se realmente nos rendemos a Deus é o que acontece em tempos de derrota pessoal. Nosso orgulho diz: "Levante-se e lute!", mas o Espírito declara: "Renda-se e viva." Jó foi sábio o suficiente para reconhecer a fonte dessas duas vozes — e ele viveu (Jó 42:10-17).

- Considere Josué. A primeira vez que encontramos Josué, quando os escravos hebreus foram libertados do Egito, ele era assistente e comandante sob as ordens de Moisés. Ele também guardava a tenda de Moisés e defendia sua posição enquanto Moisés estava com Deus no monte Sinai. E ele e Calebe foram os únicos dos doze espiões que acreditaram que Deus era fiel o suficiente para dar a vitória a Israel contra os cananeus. O resultado da rendição de Josué a Deus foi que ele viveu — literalmente! Ele sobreviveu os trinta e oito anos de peregrinação no deserto, e o resto de sua geração morreu.

  Mas foi perto do fim da vida de Josué que descobrimos como ele transmitiu em palavras o que representou para ele render-se ao Senhor: "escolham hoje a quem irão servir [...]. Mas eu e a minha família serviremos ao SENHOR" (Josué 24:15). Embora não seja uma oração, essas famosas palavras de Josué refletem o coração de um homem para quem a oração de rendição deve ter sido uma disciplina diária. Josué continuou a ser "servo do SENHOR" até o fim de sua vida aqui na Terra (Josué 24:29).

- Jonas, talvez, seja o santo com quem nos identificamos mais prontamente. Por fim, ele percebeu que era melhor submeter-se ao desejo de Deus, mas ele chegou à cerimônia de rendição reclamando, e chutando, e acenando suas insígnias da orgulhosa resistência. Ele não queria ter nada que ver com os termos de rendição de Deus: "Vá depressa à grande cidade de Nínive e pregue contra ela", e Jonas agradeceu ao convite, mas recusou-o. Jonas ouvira a respeito daqueles rapazes da pesada — o que eles fariam a ele, um homem fraco, com cinqüenta quilos, se ousasse causar perturbação na cidade deles. Assim, Jonas deu meia volta e pegou o primeiro navio que foi para a Espanha.

Jonas, na barriga de um grande peixe, fez sua oração de rendição: "Mas eu, com um cântico de gratidão, oferecerei sacrifício a ti. O que eu prometi cumprirei totalmente. A salvação vem do Senhor" (Jonas 2:9). A história de Jonas nos traz à memória um velho comercial da televisão, passado nos Estados Unidos, em que anunciavam filtros de óleo, em que o mecânico dizia:

—Você pode me pagar agora ou mais tarde.

Jonas aprendeu da forma mais difícil que é melhor render-se o quanto antes. Quando ele, por fim, foi a Nínive, Deus o usou de forma poderosa.

- Por fim, temos aquele que pagou o preço mais alto pela rendição, Jesus. Quando garoto, ele sentiu a necessidade de render seu desejo ao Pai que está nos céus (Lucas 2:49). Mas, no início de seu ministério público, Satanás ofereceu para ele os termos de rendição — termos esses que ele rejeitou firmemente (Lucas 4:1-13). Jesus, na última noite de sua vida terrena, foi capaz de dizer: "Completei a obra que o Senhor me deu para fazer" (João 17:4; paráfrase). No entanto, seu maior desafio aconteceu alguns momentos depois de proferir essas palavras.

  Quando Jesus fez sua última oração de rendição no jardim do Getsêmani — "Não seja feita a minha vontade, mas a tua" (Lucas 22:42) —, ele estabeleceu o padrão da rendição para todos que o seguissem ao reino dos céus. Em suma, ninguém que diz a Deus: "Prefiro render-me ao meu desejo do que ao do Senhor", entra no reino dos céus. Ninguém que entra no reino dos céus diz para Deus: "Não seja feita a tua vontade, mas a minha." O governante do inferno ganhou esse posto ao proferir exatamente palavras similares a essas (Isaías 14:12-14).

§

O coronel Munro, se, por mera teimosia, tivesse se recusado a render-se, morreria desnecessariamente. Antes, com sabedoria, rendeu-se, salvando não só sua vida, mas também a vida de seus soldados. Para nós, o que está em jogo é algo maior que um forte, uma batalha ou um continente. O que está em jogo é a intimidade com o Deus todo-poderoso e as recompensas eternas para uma vida de serviço fiel.

Mas como aceitamos os termos de rendição de Cristo, sua exigência de que vivamos diariamente na cruz? A única maneira que conheço para isso é começar o dia com uma oração de rendição:

> Senhor, hoje rendo minha vida a ti. Escolho fazer a tua vontade, não a minha. Aceito teus termos para minha vida hoje, e escolho viver a vida crucificada que recebi posicionalmente por meio de minha fé em Cristo. Peço que o Senhor me dê a graça de, hoje, eu ser um soldado rendido à cruz. Amém.

A escolha é render-se agora, não mais tarde (Filipenses 2:9-11). E quanto a mim (e minha casa), escolhemos render-nos hoje — e oro para que você que lê estas linhas também renda sua vida ao Senhor.

Sinais de vida

Sinal de vida: A rendição incondicional a Deus traz a vitória espiritual.

Versículo de vida: *Jesus dizia a todos: "Se alguém quiser acompanhar-me, negue-se a si mesmo, tome diariamente a sua cruz e siga-me"* — Lucas 9:23.

Vida em ação: Posso honestamente descrever minha vida como o viver entregue e rendido a Deus? Cedo mais à opinião dos outros ou a minha vontade do que à do Senhor? Quais são as áreas de minha vida que preciso entregar a Deus?

Dia 18

As fronteiras do amor

Amar o mundo destrói nosso relacionamento com Deus, nega nossa fé no Senhor e não leva em consideração nosso futuro com ele.

Provavelmente você já viu as gravuras de Andy Warhol, em que os temas eram as latas da sopa Campbell ou celebridades, como Marilyn Monroe ou Elvis Presley. O artista *pop* mais conhecido dos Estados Unidos nasceu em Pittsburgh, em 1928, e mudou-se para Nova York em 1949, a fim de tentar a carreira de ilustrador de revistas e anúncios. Ele estruturou sua reputação como o personagem principal do movimento de *pop art* e alcançou a fama em 1968, quando uma mulher entrou em seu estúdio e atirou nele. A bala atravessou seu pulmão esquerdo, o baço, o estômago, o fígado, o esôfago e o pulmão direito. Embora Warhol tenha sobrevivido a esse ataque, ele nunca mais recuperou a saúde plena.

Talvez você ache que essa experiência tenha feito com que o artista voltasse seus olhos para Deus, mas todo o mundo de Warhol girava em torno da cultura popular, um mundo superficial que buscava os prazeres passageiros e os "quinze minutos de fama", palavras que usou para descrever esse mundo, palavras essas que ficaram famosas. Certa vez, ele resumiu a si mesmo da seguinte forma: "Sou uma pessoa profundamente superficial... Se quiser saber tudo sobre Andy Warhol, basta olhar para a superfície de minhas pinturas e dos meus filmes e para mim mesmo. Não há nada por trás disso."[1]

Contraste essa declaração com a perspectiva de João, conforme apresentada em 1 João 2:15-17:

> Não amem o mundo nem o que nele há. Se alguém ama o mundo, o amor do Pai não está nele. Pois tudo o que há no mundo — a cobiça da carne, a cobiça dos olhos e a ostentação dos bens — não provém do Pai, mas do mundo. O mundo e a sua cobiça passam, mas aquele que faz a vontade de Deus permanece para sempre. Advertência contra os Anticristos.

Algumas pessoas ficam confusas com esses versículos, pois eles parecem contradizer a famosa afirmação do apóstolo, em João 3:16, que começa desta maneira: "Porque Deus tanto amou o mundo." Se Deus amou o mundo, nós também não deveríamos amá-lo? Mas a palavra *mundo* é utilizada de três formas distintas nas Escrituras. Algumas vezes, ela se refere ao mundo físico com suas montanhas ondulantes e oceanos agitados. Outras vezes, como em João 3:16, a palavra serve como sinônimo para as pessoas que estão no mundo: porque Deus amou todas as pessoas da Terra. E o terceiro significado diz respeito à cultura depravada de todas as épocas, o sistema mundial que está sob o domínio de Satanás.

Quando lemos na Bíblia "Não amem o mundo", usa-se a palavra com esse terceiro sentido. Não devemos amar nosso sistema mundano, pois ele se opõe a Cristo e a tudo que ele representa: "O mundo todo está sob o poder do Maligno", afirma 1 João 5:19. Conforme afirmam uns versículos em 1 João 3: "Por isso o mundo não nos conhece, porque não o conheceu. [...] Meus irmãos, não se admirem se o mundo os odeia" (versículos 1,13).

Portanto, em 1 João 2:15-17, o apóstolo sábio, como um crítico de arte sensível, explicou a composição e a perspectiva da tela do mundo, alertando os cristãos em relação a três perigos extremamente reais.

A perspectiva do mundo é... desejável

Primeiro João alertou-nos quanto ao fato de o sistema do mundo ser algo desejável. A palavra *cobiça* (utilizada em 1 João 2:16) quer, literalmente, dizer "desejo". Quando ouvimos a palavra *cobiça*, pensamos muitas vezes em suas implicações sexuais, mas essa palavra, no grego do Novo Testamento, não se limita a esse sentido. O termo abrange desejos de todos os tipos. Você pode substituir a palavra *cobiça* por *desejo* no versículo em questão: desejos da carne, e desejos dos olhos, e ostentação de bens. Ou, se preferir, prazer, posses e popularidade.

No momento em que entrega sua vida para Cristo, você ganha um poderoso inimigo. Satanás lança o cerco dele sobre você, e você fica na mira dele para que ele possa utilizar os seus três cartuchos de munição. Ele usa a mesma estratégia contra todo mundo. O que quer que seja que o demônio esteja fazendo para você e para mim, isso não passa de alguma variação destas três táticas básicas: cobiça da carne, cobiça dos olhos e ostentação dos bens. Precisamos aprender a reconhecer seus ataques para que possamos desviar dele e, se possível, evitá-los totalmente...

As pessoas que gostam de fazer trilhas e os jardineiros sabem que devem ficar alertas com a floração da vara-de-ouro, ou *solidago virgaurea* — ou pelo menos o que *parece ser* meramente uma flor. Um exame mais cuidadoso revela uma aranha colorida e astutamente camuflada. Ela se estende, conformando-se à coloração da planta hospedeira, mas os insetos que pousam ali à espera de encontrar mel são presas pelas pernas fortes, semelhantes às de um caranguejo, e, em vez do alimento, recebem uma dose de veneno que os drogam e os matam.[2]

Nossa cultura não é diferente. Os programas de televisão, os filmes, as revistas, as marcas, os estilos, a afluência, a escalada do sucesso — por trás de todas essas coisas (e outras), talvez a aranha do desejo doentio esteja espreitando. Portanto, devemos ser sempre cautelosos. Precisamos aprender a ficar atentos em relação aos encantamentos predatórios deste mundo.

A perspectiva do mundo é... entorpecedora

O segundo perigo é que o mundo é entorpecedor. Assim como o veneno mortal da aranha contamina totalmente sua vítima, os prazeres do mundo, as posses e a popularidade, gradualmente, acabam por entorpercer nossas respostas espirituais. O exemplo básico é o de Demas, um homem mencionado três vezes nas Escrituras. Em Colossenses 4:14, Paulo escreveu: "Lucas, o médico amado, e Demas enviam saudações." Em Filemom 1:24, Paulo, mais uma vez, envia as saudações de Demas, enumerando-o como um dos "cooperadores" de Paulo. Mas, em 2 Timóteo, quando o apóstolo está preso e prestes a enfrentar a execução, lemos estas tristes palavras: "Procure vir logo ao meu encontro, pois Demas, amando este mundo, abandonou-me" (4:9,10).

Demas não acordou um belo dia e teve um colapso espiritual. Algumas das influências do mundo entorpeceram seus sentidos, e ele nem percebeu como estava perto do total colapso espiritual.

Billy Graham, em seu livro *How to Be Born Again* [Como nascer de novo], conta a história de um homem da Austrália que queria cortar o cabelo. O barbeiro fez um comentário sobre a ferida nos lábios do freguês.

— Isso mesmo, culpa dos cigarros. Eles fizeram isso.

— Bem, não parece que elas estão cicatrizando — disse o barbeiro.

— Ah, mas vão cicatrizar, vão mesmo cicatrizar.

Mas quando voltou para um novo corte de cabelo, seus lábios estavam rachados e feios. O barbeiro ficou alarmado, mas o homem simplesmente disse:

— Não se preocupe com isso. Já comecei a usar piteira. Logo, logo, elas vão cicatrizar.

O barbeiro até mostrou fotos de casos similares de câncer de pele, mas o homem as ignorou.

No terceiro mês, o homem não apareceu para seu corte de cabelo, como costumava fazer. Quando o barbeiro perguntou sobre o paradeiro daquele homem, alguém lhe disse:

— Ah, você não sabe o que aconteceu? Ele morreu de câncer dois dias atrás.[3]

O pecado é parecido com essa doença: é um câncer que destrói pouco a pouco, algumas vezes de forma tão lenta que não percebemos o que está acontecendo conosco. Em razão de o mundo ser atraente e desejável, não percebemos como — nem quanto — ele entorpece nossos sentidos espirituais. A pessoa não-salva não tem consciência dos perigos espirituais que espreitam em meio aos prazeres da carne, e dos olhos, e dos bens. E, algumas vezes, até nós, os cristãos, somos enganados. Essa é a razão pela qual a Bíblia adverte os cristãos para que não tenham amizade com o mundo (Tiago 4:4); não se deixem corromper pelo mundo (Tiago 1:27); não amem o mundo (1 João 2:15); e não se amoldem ao padrão deste mundo (Romanos 12:2).

A perspectiva do mundo é... mortal

Por fim, o mundo é mortal para nossa espiritualidade. Amar o mundo destrói nosso relacionamento com Deus, nega nossa fé no Senhor e não leva em consideração nosso futuro com ele. A Bíblia nos diz que, um dia, este mundo desaparecerá em uma nuvem de fumaça. Só duas coisas são eternas: a Palavra de Deus e o povo de Deus. Tudo o mais passará. O mundo e suas cobiças desaparecerão totalmente, e só aqueles que fazem a vontade do Pai permanecerão para sempre.

Quando era criança e adolescente, costumava cantar esta canção: "Este mundo não é minha casa. Sou apenas um peregrino. Meus tesouros estão depositados em algum lugar para além do azul celeste." Nós que seguimos Jesus somos peregrinos e estrangeiros nesta Terra. Existem dois mundos, duas dimensões, duas paisagens — e os cristãos têm um pé em cada um deles. Vivemos *no* sistema deste mundo, mas não somos *dele*. Temos de viver pela fé no reino de nosso Senhor Jesus Cristo, e nossa cidadania está no céu com ele.

Mais uma observação sobre o sistema deste mundo. Caso ainda não tenha notado, o mundo sempre carrega seus prazeres, mas sempre descarrega sua dor. A vida cristã, muitas vezes, carrega sua dor, mas sempre descarrega seu prazer. E, certamente, preferiria mover-me em direção ao prazer do que me distanciar dele. E você? Essa é a razão pela qual escolhi viver minha vida para o Senhor e andar em doce comunhão com ele.

Para resumir, o mundo está se desvanecendo, e não se realizando. Portanto, não se preocupe com seus quinze minutos de fama. O mundo e sua cobiça passaram, mas aqueles que fazem a vontade do Pai permanecerão para sempre.

Sinais de vida

Sinal de vida: Meu amor por Deus é maior que minha afeição por qualquer outra coisa neste mundo desejável, mas mortal.

Versículo de vida: *Mas o que para mim era lucro, passei a considerar como perda, por causa de Cristo* — Filipenses 3:7.

Vida em ação: Por que, para mim, é importante ter fronteiras em todos os meus afetos, exceto em meu afeto por Deus?

Dia 19

A inquietação

Nosso coração se sustenta porque está alfinetado nas promessas de Deus.

Em julho de 2005, mais de dois anos depois do trágico acidente com a nave Columbia que resultou na morte de sete astronautas, a NASA estava se preparando para o lançamento daquele programa de viagens de ida e volta ao espaço, programa esse que estava para decolar havia muito tempo.

No dia do lançamento, as três principais redes de televisão estavam preparadas para fazer a transmissão ao vivo. De manhã cedo, o céu azul cedeu lugar a nuvens carregadas, bastante agourentas. A tempestade passou, mas uma dificuldade técnica foi detectada, e a tentativa de lançamento, adiada. Essa decisão deixou os norte-americanos apreensivos por quase duas semanas.

§

Em inglês há uma expressão que as pessoas usam desde o século XIX, *pins and needles*, literalmente *alfinetes e agulhas*, que tem dois sentidos nessa língua estrangeira. Ela é usada para descrever a condição física conhecida como parestesia, o formigamento, aquela sensação desagradável que atinge nossos membros quando o suprimento de sangue às extremidades do corpo é reduzido, e nossos braços e pernas ficam dormentes.

No entanto, essa expressão é mais comumente usada para descrever as emoções que sentimos quando estamos nervosos, inquietos, ansiosos e preocupados. Em 2 Coríntios 7:5, Paulo afirma: "Pois, quando chegamos à Macedônia, não tivemos nenhum descanso, mas fomos atribulados de toda forma: conflitos externos, temores internos."

Obviamente, nenhum de nós pode evitar o nervosismo da empolgação e a tensão da ansiedade, mas, quando nosso coração está costurado com a linha das verdades das Escrituras, não deveríamos viver constantemente em apreensão.

Os alfinetes das promessas de Deus

De fato, se for para vivermos apreensivos, por que não nos apegamos às promessas de Deus e à proximidade do Senhor?

Você se lembra de ver sua mãe alfinetando pedaços de pano antes de costurá-los para fazer um vestido? Os estilistas ainda montam os vestidos que servirão de modelo com alfinetes. Da mesma forma, nosso coração se sustenta porque está alfinetado nas promessas de Deus. As promessas na Palavra de Deus não permitem que nosso coração seja destruído em momentos de estresse e de sofrimento.

O Dr. Donald Grey Barnhouse, pregador muito conhecido, morava com a família durante a época em que era estudante, na França. Sobre a mesa de jantar estava a pequena caixa de promessas, e ali havia cerca de duzentas promessas da Bíblia. Cada uma delas estava impressa em um papel grosso, enrolado como se fosse um pergaminho, e os membros da família, sempre que precisavam de uma palavra especial de conforto, retiravam uma delas e a liam em voz alta.

Certo dia, Donald Barnhouse teve a oportunidade de levar uma garota francesa à fé em Cristo. Essa moça veio até a casa da família

Barnhouse e viu a família lendo versículos da caixa de promessas. Incapaz de encontrar uma caixa similar, ela mesma produziu a sua.

Durante a Segunda Guerra Mundial, essa mulher enfrentou uma grande angústia. Não havia alimentos disponíveis, exceto uma mistura de batata que conseguia em um restaurante. Os filhos estavam muito magros, e as roupas, esfarrapadas. Em desespero, ela se voltou para sua caixa de promessas, dizendo:

— Senhor, ó Senhor, estou em grande necessidade. Há uma promessa aqui que seja realmente para mim? Mostre-me, ó Senhor, a que promessa posso me apegar em tempos de fome, de nudez, de perigo e de batalha.

As lágrimas a impediam de enxergar, e ela estendeu a mão para a caixa e a virou. Houve uma chuva de promessas, e elas caíram à volta dela, sobre seu colo e no chão. Nenhuma ficou na caixa. De repente, ela percebeu que tinha à sua disposição muito mais que uma só promessa, pois *todas* as promessas eram para ela. Alegria e força voltaram à vida daquela mulher, e ela foi capaz de confiar na suficiência do Senhor em um momento de grande necessidade.[1]

As mesmas promessas preciosas estão disponíveis para mim e para você. De fato, elas são os alfinetes que unem nosso coração partido e nossa alma angustiada na hora de nossa maior dor e necessidade.

A agulha da proximidade de Deus

Após considerar os alfinetes das promessas de Deus, considere agora a agulha da proximidade do Senhor. As agulhas são tão antigas quanto a história da humanidade. As agulhas, até mesmo aquelas com orifício, o fundo da agulha, foram encontradas em cavernas e datam da época da Idade da Pedra. Algumas agulhas eram tão finas e pequenas que, evidentemente, eram usadas com fios do rabo dos cavalos.

Bem, imagino que você saiba algo sobre costura, os alfinetes juntam as peças, e as agulhas costuram as peças para que formem uma só peça de vestuário. Em nossa analogia, a agulha pode representar a proximidade de Deus. A proximidade do Senhor fura nosso coração e nos une a ele de forma firme. O salmista disse: "Mas, para mim, bom é estar perto de Deus; fiz do Soberano Senhor o meu refúgio; proclamarei todos os teus feitos" (Salmo 73:28).

Uma missionária na China, Rosalind Goforth, contou sobre um período em que ela e sua família passaram por muitos e sérios perigos, e isso aconteceu durante a Rebelião dos Boxers. Eles foram cercados por uma multidão sedenta por sangue, e Rosalind foi acometida por um medo avassalador — não de morrer, mas de ser torturada.

Jonathan, o marido, retirou um pequeno livro com versículos bíblicos de seu bolso e começou a ler: "O Deus eterno é o seu refúgio, e para segurá-lo estão os braços eternos" (Deuteronômio 33:27). Ele continuou a ler vários outros versículos.

Rosalind, posteriormente, escreveu o seguinte:

> O efeito dessas palavras naquele momento foi notável. Todos nós percebemos que Deus estava falando conosco. Jamais houve uma mensagem mais direta de Deus entregue a um mortal que aquela para nós. Praticamente desde o primeiro versículo, minha alma foi invadida por grande paz; todos os traços de pânico desapareceram, e senti a presença de Deus ali conosco. Na verdade, a presença do Senhor foi tão real que, dificilmente, [poderíamos] ter aquela sensação se tivéssemos visto uma forma visível.[2]

Pela graça de Deus e, em parte, em razão da coragem e compostura do grupo de missionários, todos se salvaram. A experiência deles foi similar àquela do Senhor Jesus quando as pessoas da sinagoga tentaram jogá-lo precipício abaixo: "Mas Jesus passou por entre eles e retirou-se" (Lucas 4:30). A mesma coragem e compostura pertencem a todos nós, cujo coração foi costurado ao do Senhor com a agulha da proximidade.

A linha da verdade de Deus

Os alfinetes das promessas de Deus e a agulha de sua proximidade não são de muita utilidade sem a linha da teologia.

Lembro-me de observar minha mãe costurar. Ela ficava perto da janela onde, graças à luminosidade, colocava linha na agulha. Freqüentemente, punha a extremidade da linha na boca para umedecê-la. A seguir, cuidadosamente, a fazia deslizar pelo minúsculo fundo da agulha. Afinal, é inútil passá-la pelo tecido se a linha não estiver firmemente presa à agulha.

Muitas pessoas hoje — até mesmo alguns pastores e líderes da igreja — acham que a linha não é importante. Mas não é possível haver estabilidade pessoal, paz interior ou confiança inabalável sem a linha da firme doutrina. Antigamente, a teologia era considerada a rainha das ciências, e a teologia sistemática, a coroa da rainha. Hoje, no entanto, aqueles que apresentam um firme ensino são chamados de dogmáticos, intolerantes e antiquados.

Essa crítica não afetou Joseph Parker, pastor em Londres. Leia o que ele afirma:

> Elas podem ser doutrinas antiquadas, mas não só criaram agências missionárias, Escolas Dominicais, hospitais, orfanatos e refúgios para a penitência, como também elas deram a todas as crianças um novo valor, a todos os pais uma nova responsabilidade, a todas as mães uma nova esperança; ademais, introduziram na sociedade humana uma nova consciência e uma nova confiança. Não podemos primeiro desprezar a doutrina e depois afirmar seu infinito benefício. Tampouco, podemos emprestar seu socialismo para que possamos suprimir sua inspiração. Devemos ser cuidadosos para não abandonar as árvores que deram bons frutos, e cujas folhas favoreceram a cura.[3]

Espero que você esteja se aprofundando em seu conhecimento da Bíblia. Não é preciso ser um teólogo erudito, mas a Bíblia recomenda que sigamos o exemplo daqueles novos convertidos ao cristianismo de Beréia, pois eles examinavam "todos os dias as Escrituras, para ver se tudo era assim mesmo" (Atos dos Apóstolos 17:11).

A fidelidade e a bondade de Deus retiram a inquietação e as preocupações de nossa vida, e podemos confiar no Senhor todos os dias de nossa vida e em relação a todos os aspectos da vida. Nós, os cristãos, não somos como os personagens de desenhos animados que penduram o casaco em um prego e saem sem notar que a peça de roupa, por ter um fio que ficou preso em alguma parte de seu próprio corpo, está desintegrando. O Senhor é um alfaiate confiável que sabe como costurar nossos dias e nossas horas. Em nossa vida ele jamais falhou no passado, nem nos abandonará ou se esquecerá de nós.

Portanto, se for para você viver cheio de inquietação, transforme isso nos alfinetes de sua promessa, na agulha de sua proximidade e na linha de sua verdade. Esse tipo de vida nunca se desmancha nas costuras.

Sinais de vida

Sinal de vida: Minha vida não está contaminada com a inquietação, pois seguro com firmeza nas mãos de Deus.

Versículo de vida: *Mas, para mim, bom é estar perto de Deus; fiz do Soberano Senhor o meu refúgio; proclamarei todos os teus feitos* — Salmo 73:28.

Vida em ação: Que promessas da Palavra de Deus posso afirmar para sustentar a trama puída de minha vida diária?

Dia 20

As mãos do oleiro

Peça a Deus para que ele siga os propósitos dele em sua vida à medida que ele forma — e re-forma — você à imagem maravilhosa dele.

Certo dia, o pastor do vilarejo fez um caminho diferente para chegar ao local de trabalho. Impulsionada por uma estranha impressão, ele caminhou para uma parte distinta da cidade, onde os artesãos se ocupavam com seus vários ofícios. Ao chegar a uma loja em particular, ele olhou através da janela e, a seguir, entrou naquele ateliê.

Ali havia uma olaria, e a primeira coisa que o pastor notou foi a onda de calor que o atingiu assim que entrou no estabelecimento. O calor emanava de um enorme forno ligado à parede de fora da loja. Os trabalhadores estavam arrumando de forma cuidadosa os objetos de barro no forno, queimando-os e preparando-os para que fossem usados.

O pastor também notou as prateleiras que expunham os objetos prontos e à venda na parede do lado oposto do forno. Duas mulheres contemplavam um conjunto de jarras de barro. Ele também observou os abajures, as vasilhas, os vasos e os potes.

Entretanto, sua atenção voltou-se para o homem idoso sentado à roda, torneando-a de forma habilidosa com os pedais de pé e formando uma peça de barro com seus dedos experientes. Esse artesão estava fazendo um recipiente usado para bebidas, e as linhas, as bordas, e a denteação eram únicas. Fez uma pausa, diminuindo a velocidade da roda, para melhor observar sua criação. Ao perceber que ela estava disforme e que o resultado final não lhe agradava, o oleiro repentinamente amassou o barro, formando uma bola, mergulhou rapidamente a mão em uma jarra de água, aplicou uma nova camada de umidade e começou a trabalhar novamente.

Pensando no que ele acabara de testemunhar, o pregador virou-se e saiu do recinto. Ao olhar para todos os lados, percebeu, em todos os cantos, sinais de violência, imoralidade, obscenidade, pobreza e falha moral. A seguir, este pensamento proveniente de Deus veio à sua mente: "'Ó comunidade de Israel, será que eu não posso agir com vocês como fez o oleiro?', pergunta o Senhor. 'Como barro nas mãos do oleiro, assim são vocês nas minhas mãos, ó comunidade de Israel'" (Jeremias 18:6). O profeta Jeremias, em meio a esse povo, ofereceu-lhe uma nova perspectiva sobre o trabalho de Deus e um novo senso de esperança no Mestre Oleiro que forma e re-forma nossa vida.

§

A roda do oleiro é uma metáfora apropriada para o trabalho de Deus em nossa vida, porque somos, em um sentido literal, a cerâmica: fomos formados do barro. Deus formou, no sentido físico, Adão do pó da terra e soprou em suas narinas o fôlego de vida. Todos nós somos seres humanos, uma palavra que tem parentesco com *humus*, cujo sentido é "terra", "barro" ou "argila". Eliú, amigo de Jó, disse o seguinte em Jó 33:6: "Eu também fui feito do barro." O apóstolo Paulo, para referir-se a nosso corpo, disse que somos "vasos de barro" (2 Coríntios 4:7).

Mas a Bíblia também nos diz que Deus quer formar nosso interior, para nos transformar em vasos apropriados para o uso do Senhor, moldando cada um de nós à imagem de nosso Senhor Jesus Cristo. O apóstolo Paulo diz que Deus quer nos formar para "vaso para honra, santificado, útil para o Senhor e preparado para toda boa obra" (2 Timóteo 2:21).

O patriarca Jó concordou: "Foram as tuas mãos que me formaram e me fizeram. [...] Lembra-te de que me moldaste como o barro" (Jó 10:8,9). Esses versículos nos dão permissão bíblica para conceber os eventos e as influências de nossa vida como as mãos e os dedos de Deus nos moldando, da mesma forma que o oleiro molda a argila.

As mãos do Senhor nos formam

As mãos de Deus que nos formam são habilidosas: ele sabe exatamente como esculpir-nos à imagem de Cristo...

Nos tempos bíblicos, a maioria dos oleiros aprendia seu ofício com os pais. Em cidades como Jerusalém, havia até mesmo seções da loja conhecidas como o distrito do oleiro. As famílias tinham ateliês ali, e o ofício, por séculos, era passado de pai para filho. Ao entrar nesse tipo de loja, a pessoa via o oleiro sentado à roda enquanto, em um canto, havia uma criança brincando com a argila — ah, e ela ficava encardida, coberta dos pés a cabeça por essa massa cinza. Uma criança mais velha poderia estar trabalhando em uma roda menor, e dois adolescentes, cuidando do forno, viam com orgulho suas criações. Assim que o menino crescia, as mãos já eram habilidosas, e ele poderia alterar o desenho de um vaso com uma leve pressão do polegar ou com um arranhão com a unha.

De modo similar, as mãos habilidosas de Deus seguram sua vida, e ele sabe muito bem como aplicar pressão, quando deve relaxar esse aperto, como marcar sua vida com as unhas e como nos espremer e nos cutucar — e tudo isso nos transformará em um vaso útil para seu uso. Às vezes, o Mestre Oleiro coloca-nos no forno onde as chamas da vida nos transformam em vasos mais fortes para seu uso...

Anne Graham Lotz, em seu breve livro, *Why?* [Por quê?], relata como um telefonema a lançou para "além do azul selvagem da fé". O chamado foi de seu filho, Jonathan, que lhe disse:

— Mamãe, o médico acha que estou com câncer.

Anne, instintivamente, orou com o filho ao telefone e, mais tarde, escreveu o seguinte:

> Fui capaz de louvar a Deus por seu propósito divino para a vida de Jonathan, o que, aparentemente, incluía o câncer. Embora fôssemos pegos de surpresa, sabia que Deus sabia disso desde antes de Jonathan nascer. [...] Portanto, tive confiança absoluta de que aquele sofrimento seria para o bem de Jonathan e para a glória de Deus. Sabíamos que o Senhor tinha um plano e, aparentemente, o câncer fazia parte desse plano![1]

Deus permitiu essa prova na vida de Jonathan, e o Mestre Oleiro utilizou-a como ferramenta para mais crescimento e desenvolvimento, como também para melhor conformá-lo à imagem de Cristo. A carta aos Romanos 8:28 afirma que Deus faz com que todas as coisas cooperem para o bem daqueles que o amam, os que foram chamados de acordo com seu divino propósito. E o versículo seguinte especifica esse propósito: os que ele "predestinou para serem conformes à imagem de seu Filho" (Romanos 8:29).

Nosso Pai que está nos céus quer usar os eventos com os quais nos deparamos todos os dias como ferramentas para nos moldar e nos talhar à imagem de Cristo. Ele quer aprofundar nossa fé, desenvolver em nosso interior a qualidade da perseverança e transformar-nos em *containeres*, à prova de água, de seu amor, alegria, paz, paciência, amabilidade, bondade, fidelidade, mansidão e domínio próprio (Gálatas 5:22,23).

Portanto, se, neste momento, você enfrenta qualquer tipo de pressão, visualize as mãos habilidosas do oleiro divino usando essa dificuldade para o bem de sua vida. Ore da mesma maneira como Isaías orou: "Contudo, Senhor, tu és o nosso Pai. Nós somos o barro; tu és o oleiro. Todos nós somos obra das tuas mãos" (Isaías 64:8). Você pode confiar que os dedos habilidosos e cheios de destreza não querem lhe causar danos, mas ajudá-lo.

As mãos deles *re-formam*

As mãos habilidosas do Oleiro nos *re-formam* e nos formam. Lembre-se do oleiro de Jeremias 18: Quando ele viu que o vaso parecia disforme, ele o amassou, formou uma nova bola de barro e começou a *re-formar* aquele vaso.

Algumas vezes, achamos que somos inúteis e, até mesmo, irredimíveis. Fizemos algo de que sentimos vergonha e culpa, e achamos que Deus já não pode mais fazer muito por nós. Nossos problemas, ocasionalmente, são resultados de nossas próprias ações, e nossa dor pode surgir de nossa própria estupidez. Mas quando apresentamos nosso pecado ao Senhor — confessando-o de forma sincera e genuína, pregando-o à cruz de Cristo e entregando-o ao poder de seu sangue derramado —, Deus pode retirar nossos pecados e nossa vergonha e, depois, moldar-nos em um vaso que o glorifica...

§

Adelaide Pollard era uma mulher que, ocasionalmente, saía em busca de coisas inatingíveis. Nem sempre tomava decisões sábias, e, algumas vezes, enamorava-se pelas vozes erradas. Mas, com toda sinceridade, queria agradar ao Senhor, e sentiu que ele a chamara para ser missionária na África. Ela não conseguiu levantar seu sustento financeiro e, além disso, ainda passou a sofrer por causa de uma doença do coração. Certa noite, sentindo-se muito deprimida, foi à igreja. Durante a reunião de oração, uma mulher idosa e sábia orou:

— Não importa o que o Senhor traga para nossa vida, meu Deus. O Senhor tem a sua maneira de tratar conosco.

Essa oração inundou o coração de Adelaide e, assim que chegou em casa, leu a história do oleiro e do barro em Jeremias 1:8. Quando chegou a hora de ir para a cama, ela já escrevera sua própria oração. Nós a conhecemos como o hino: *Have Thine Own Way, Lord* [Faça conforme o Senhor desejar, meu Deus].[2]

Hoje — e todos os dias desta semana — transforme este verso do hino que ela compôs em sua oração, à medida que você medita sobre a obra de formar e *re-formar* o que Mestre Oleiro realiza em sua vida. Com suas mãos habilidosas, ele trabalhará em você para transformá-lo em vaso de honra apropriado para seu uso. Visualize sua vida como um ateliê do divino Oleiro e saiba que as mãos dele estão sobre seu coração. Peça a Deus para que ele siga os propósitos dele em sua vida à medida que ele forma — e *re-forma* — você à imagem maravilhosa dele.

> Faça conforme o Senhor desejar, meu Deus! Faça conforme desejar!
> O Senhor é o oleiro, e eu, o barro.
> Molde-me e faça-me segundo a sua vontade,
> Enquanto espero, quieta e rendida ao Senhor.[3]

Sinais de vida

Sinal de vida: Estou disposto a ser flexível nas mãos de Deus.

Versículo de vida: *Contudo, SENHOR, tu és o nosso Pai.* Nós somos o barro; tu és o oleiro. *Todos nós somos obra das tuas mãos* — Isaías 64:8.

Vida em ação: Em que áreas de minha vida Deus está me moldando e me modelando?

Dia 21

Obras maiores que as de Jesus

Nosso principal ministério no mundo é sermos canais por intermédio dos quais Jesus continua a realizar seus milagres.

Depois da Segunda Guerra Mundial, Berlim — capital da Alemanha e centro de operações do Terceiro Reich de Adolf Hitler — passou a ser supervisionada pelas quatro nações aliadas que se reuniram para derrotar Hitler: Estados Unidos, Grã-Bretanha, França e (a antiga) União Soviética. Entretanto, em virtude de crescentes diferenças políticas entre os soviéticos e as três nações aliadas, a cidade de Berlim e a Alemanha foram divididas em Alemanha Oriental (República Democrática Alemã) e Alemanha Ocidental (República Federal da Alemanha). Como a Alemanha Ocidental prosperou graças ao capitalismo, residentes de Berlim Oriental, sofrendo sob a opressão da União Soviética, começaram a abandonar essa parte da cidade para migrar para Berlim Ocidental.

Em agosto de 1961, o governo soviético, com o intuito de parar com o escoamento humano e econômico em Berlim Oriental, começou a construir o infame Muro de Berlim, dividindo a cidade tanto no aspecto físico como no aspecto ideológico. Em 1953, Leipzig, cidade-chave da

Alemanha Oriental, foi o cenário de protestos contra o regime comunista, mas esses protestos foram esmagados pelas forças comunistas. A violência não levou a nada, no que diz respeito a tentar ganhar liberdade na Alemanha Oriental.

Mas em 1989, o povo de Leipzig tentou uma nova abordagem. O que passou a ser conhecido como Demonstrações às Segundas-feiras começou com orações pela paz na histórica igreja Nikolai, no centro de Leipzig. As reuniões de oração passaram a ser passeatas pacíficas à luz de velas de dez mil, trinta mil, cinqüenta mil e, depois, meio milhão de pessoas. E um milhão de pessoas em Berlim reuniram-se às de Leipzig.

Por fim, as orações pela paz alcançaram o que a violência não foi capaz de fazer. Em novembro de 1989, o Muro de Berlim foi derrubado. O infame símbolo da ideologia da Cortina de Ferro rendeu-se ao poder da oração, e as pessoas da Alemanha Oriental experimentaram a liberdade pela primeira vez em décadas.[1]

§

É surpreendente observar como um movimento que se iniciou por causa de um *Führer* nazista tirânico, um movimento que oprimiu milhões de pessoas, tenha terminado por intermédio de um movimento iniciado por outro *führer* — o pastor Christian Führer da igreja Nikolai, em Leipzig. Um movimento que começou com pessoas de joelhos em uma igreja descobriu sua expressão suprema nos pés de milhões de pessoas de oração que faziam passeatas nas ruas em busca da liberdade. Conforme o novelista Victor Hugo escreveu: "Há momentos quando, independentemente da atitude do corpo, a alma está de joelhos."[2] Esse foi um desses momentos.

Aqueles que oravam para a caída do Muro de Berlim devem ter levado muito a sério estas palavras de Jesus Cristo:

> Digo-lhes a verdade: Aquele que crê em mim fará também as obras que tenho realizado. Fará coisas ainda maiores do que estas, porque eu estou indo para o Pai. E eu farei o que vocês pedirem

> em meu nome, para que o Pai seja glorificado no Filho. O que vocês pedirem em meu nome, eu farei. (João 14:12-14).

O que Jesus quis dizer quando afirmou que seus discípulos, de joelhos, fariam coisas ainda maiores que as que ele realizara? O que poderia ser maior que a cura dos doentes, ressuscitar os mortos, acalmar as tempestades em mar aberto, derrotar os demônios e transformar a água em vinho? Deveríamos esperar milagres maiores que estes?

Sim — mas deixe-me explicar. Nosso ministério será maior que o de nosso Senhor porque terá maior alcance e maiores resultados.

O alcance de nosso ministério é maior

Hoje, a terra de Israel abrange 12.800 quilômetros quadrados — mais ou menos o equivalente da terra da Palestina na época de Jesus. Nos três anos do ministério de Jesus, ele não percorreu todo esse território. Seu ministério ficou confinado basicamente à Judéia (Jerusalém) e à região da Galiléia, no norte. E o número de pessoas que seu ministério alcançou, provavelmente, poderia ser contado na casa dos milhares.

Compare isso com a área de todo o planeta: 92 milhões de quilômetros quadrados. Os seguidores de Jesus cobriram uma área milhares e milhares de vezes maior que aquela que Jesus cobriu. E o número de pessoas que seus discípulos alcançaram nestes dois mil anos deve ser contado na casa dos bilhões.[3]

Assim, quem tem "maior" alcance em termos de alcance geográfico? Conforme Martinho Lutero escreveu: "Pois Cristo reservou apenas um cantinho do planeta para pregar e fazer milagres, e isso só por um breve período de tempo; ao passo que os apóstolos e seus seguidores se espalharam por todo o mundo."[4]

Os onze discípulos a quem Jesus confiou seu evangelho levaram-no até onde suas pernas alcançaram durante a vida deles. E as pessoas que eles ganharam para Cristo e ensinaram as boas novas levaram o evangelho ainda mais longe. Em menos de trezentos anos, o Império Romano era oficialmente cristão. Os judeus, o povo em que Jesus nasceu, não se converteram e foram espalhados por toda a Terra após a destruição de Jerusalém, mas a nação gentia de Roma, formada por pagãos, converteu-se ao Cristianismo.

Portanto, é difícil contestar a noção de que Jesus, trabalhando por intermédio de sua igreja, teve um alcance maior do que tivera durante seu ministério pessoal de três anos na Palestina. A promessa que ele nos fez foi que, se buscássemos continuar as obras que ele iniciara, poderíamos pedir qualquer coisa em seu nome que ele faria. Com o Espírito trabalhando na igreja e por meio dela, não há limite para o que pode ser alcançado para o Reino de Deus.

Os resultados de nosso ministério são maiores

Mas não é só o alcance do evangelho que será maior por intermédio da igreja. Os resultados da pregação do evangelho também serão maiores...

Como muitos estudiosos da Bíblia realçam: foi maravilhoso Lázaro ressuscitar dos mortos, mas ele teve de morrer de novo. Poderíamos dizer o mesmo a respeito de todos os milagres que Jesus realizou: aqueles que foram curados tiveram de morrer um dia.

Muitas pessoas a quem Jesus ministrou, no entanto, experimentaram a cura espiritual e a física, mas o papel principal dos milagres físicos de Jesus era validar sua mensagem espiritual e seu ministério como o Messias que fora prometido. Nosso principal ministério no mundo não é realizar milagres, mas sermos canais por intermédio dos quais Jesus continua a realizar seus milagres.

John Phillips, autor, disse que é maravilhoso os olhos físicos de alguém se abrirem, mas é ainda mais maravilhoso se a pessoa passar a ver e a entender o evangelho. É maravilhoso ver um leproso ficar limpo da doença, mas é ainda mais maravilhoso se o coração dele for lavado e ficar limpo das manchas dos pecados. É um milagre o surdo voltar a ouvir palavras e música, mas é ainda mais miraculoso o fato de ele ouvir o evangelho e responder a ele. E, embora um morto, após ressuscitar, possa louvar a Deus por mais alguns anos, um homem espiritualmente morto louvará a Deus por toda a eternidade depois de ter um encontro com Jesus.[5]

Portanto, no sistema de contabilidade do Reino de Deus, os resultados físicos e temporais são grandes, mas os resultados espirituais e eternos são ainda maiores. E Jesus prometeu a seus discípulos que eles fariam obras espirituais que excedessem as que ele mesmo praticou, em termos do alcance geográfico e dos resultados eternos.

Desse modo, o que Jesus quis dizer quando afirmou que poderíamos pedir qualquer coisa em seu nome que ele faria (João 14:14)? Isso quer dizer para nós, o mesmo que quis dizer para ele. Em suas orações, Jesus sempre pedia que a vontade do Pai fosse feita, até mesmo nas situações mais penosas de sua vida: "Pai, se queres, afasta de mim este cálice; contudo, não seja feita a minha vontade, mas a tua" (Lucas 22:42).

O Pai foi glorificado pelas obras que o Filho fez em seu nome (João 17:4). Da mesma forma, o Pai será glorificado quando fizermos a sua vontade, e Jesus se comprometeu a ajudar-nos a fazer exatamente isso: "Eu farei o que vocês pedirem em meu nome, para que o Pai seja glorificado no Filho" (João 14:3).

E a forma como aprendemos a orar de acordo com a vontade do Pai — orações que Jesus pode responder — é permanecendo em Cristo. Em João 15:7, Jesus fez a mesma promessa de que responderia às orações, e nesse trecho das Escrituras ele afirma que responderia a nossas orações *se* permanecêssemos nele e ele permanecesse em nós. Em outras palavras, a promessa é condicional: o cumprimento dessa promessa depende do nosso viver de forma íntima com o Filho de Deus e de nosso aprender a orar pelas mesmas coisas que ele orou, para que a vontade de Deus seja feita. Aquelas eram orações a que o Pai sempre respondia.

Assim, se houver uma montanha espiritual em sua vida — ou um grande muro de injustiça e opressão que precisa ser derrubado —, provavelmente, você consome essa montanha na mesma proporção em que consome seus joelhos espirituais em oração.

Sinais de vida

Sinal de vida: Participo de um ministério que causa impacto em minha comunidade.

Versículo de vida: *Eu farei o que vocês pedirem em meu nome, para que o Pai seja glorificado no Filho* — João 14:13.

Vida em ação: Enumere três áreas do ministério pessoal por intermédio do qual você causa impacto em sua comunidade. Enumere uma área do ministério pessoal que o capacita a causar impacto no mundo.

Mangas arregaçadas: a vida autêntica

Dia 22

Mangas arregaçadas

Temos de arregaçar as mangas se quisermos mostrar nosso Senhor para um mundo necessitado dele.

Os cristãos sempre foram transformadores do mundo, e nossa influência moldou a sociedade por dois mil anos.

Friedrich Froebel (1782-1852), por exemplo, era filho de pastor luterano que, com freqüência, ajudava seu pai a cuidar do jardim da casa. Quando jovem, suas crenças cristãs o convenceram de que as crianças precisam aprender sobre Deus e seu mundo desde a mais tenra infância. Certo dia, enquanto fazia uma trilha nas montanhas, ele imaginou uma escola para crianças em que a mente delas pudesse ser cultivada por um professor como um horticultor cultiva sua terra. Ele chamou sua idéia de *jardim da criança*. Por causa dele, as crianças têm freqüentado o jardim da infância nestes últimos cento e cinqüenta anos.[1]

No início do século XIX, as crianças surdas norte-americanas não tinham condições de obter boa educação. Thomas Gallauder, cristão, viajou para a Europa para aprender técnicas que pudesse utilizar com crianças surdas. Ele abriu a primeira escola para surdos em 1817. Seu filho iniciou uma igreja e uma missão para os surdos.[2]

Foram os cristãos que fundaram hospitais, criaram escolas, orfanatos, prisões que buscavam recuperar o indivíduo, emanciparam as mulheres, aboliram a escravidão, inspiraram as obras assistenciais e de caridade, vestiram os que não tinham o que vestir, alimentaram os famintos, trataram dos doentes, encorajaram os dependentes químicos e abrigaram os sem-teto.

A Bíblia nos diz para compartilhar o evangelho com o perdido. Ela também nos diz para carregar o fardo dos necessitados. Tiago escreveu: "A religião que Deus, o nosso Pai, aceita como pura e imaculada é esta: cuidar dos órfãos e das viúvas em suas dificuldades e não se deixar corromper pelo mundo" (1:27).

Declaramos o amor de Cristo com nossa boca, mas o demonstramos com nossos músculos. O Cristianismo eficaz quer dizer arregaçar as mangas e começar a trabalhar. Conforme John Burke escreveu em *No Perfect People Allowed* [Não se permite a entrada de pessoas perfeitas]: "A verdade encarnada não negligencia a verdade proposicional, mas a apresenta com a pele, em amor."[3]

Boa tinta

Apesar do bem que os cristãos fazem até mesmo hoje em dia, a mídia ama descobrir formas de atacar nossa fé, e muitos jornais publicam histórias que só servem para criticar a atuação da igreja. A melhor manchete é a respeito de algum pastor que caiu em pecado ou de um evangelista pego em alguma violação dos princípios éticos. Mas, pela graça de Deus, muitos desses jornais buscam histórias que propagam a gentileza que aquece o coração, e essas histórias sobre cristãos podem chegar às manchetes também.

Um jornal local da área de Cleveland noticiou a formação de um programa de patrulha para a segurança na escola. E esse programa surgiu por causa de membros de uma igreja local que, ao perceber essa necessidade da escola pública da região, procurou supri-la.[4] Um jornal de menor circulação noticiou que aproximadamente 650 voluntários das 70 igrejas da região se reuniram para fundar a clínica Valley Christian Clinic, em Arkansas, para oferecer cuidados médicos, dentários e oftalmológicos — sem custo algum — para aqueles mais necessitados que não podem pagar por esses cuidados.[5]

Em Nova Jersey, uma igreja ganhou uma reportagem do jornal local por causa de sua campanha para coletar Silly String, um material semelhante à espuma utilizada em brincadeiras no Carnaval, para os soldados que lutam no Iraque. Um dos membros da igreja ouviu seu filho — servindo no Iraque — dizer que a Silly String é útil para detectar fios imperceptíveis que, se alguém tropeçasse neles, serviria para detonar uma bomba, fios esses que não seriam percebidos de outra forma. A campanha de três semanas foi suficiente para coletar 400 latas de Silly String.[6]

Vivemos em um período tão marcado pelo egoísmo que qualquer ato de gentileza é considerado notável, além de ser engrandecido como algo digno de nota. Observe o programa de televisão *Extreme Home Makeover* [Renovação extrema da casa]. A popularidade do programa se deve às cenas tocantes em que as pessoas da vizinhança arregaçam as mangas para ajudar uma família necessitada ou desesperada.

Em um mundo sedento por gentileza, o Senhor oferece sua igreja, e a gentileza é nossa mercadoria em estoque. Quando arregaçamos as mangas, mostramos nosso Senhor para um mundo necessitado dele.

Começar o trabalho

Portanto, quais são algumas formas específicas de arregaçar as mangas, usar nossos músculos e suar alguma gentileza em nome de Jesus? A resposta mais simples é a mais antiga de todas: descubra uma necessidade e supra-a. Peça a Deus para lhe mostrar uma necessidade específica para, a seguir, fortalecê-lo para supri-la.

- Você conhece alguém que está fazendo quimioterapia? Alguém a quem você poderia oferecer uma refeição no dia do tratamento?
- Alguma mãe solteira na vizinhança precisa de ajuda para cortar a grama ou fazer algum serviço no jardim?

- Que tal servir como voluntário em algum hospital ou escola? Ou visitar um asilo para conversar com pessoas idosas, orar com as pessoas solitárias e talvez organizar uma visita para que elas assistam ao coral das crianças e grupos de coral?
- Se, em sua região, houver um albergue para moradores de rua ou sopão, pense em oferecer o seu tempo de forma habitual.
- Estabeleça a tradição em sua família de levar uma cesta básica às famílias necessitadas em celebrações como o Dia de Ação de Graças, o Natal ou a Páscoa.
- Pergunte aos líderes de sua igreja sobre os ministérios assistenciais da igreja e descubra uma forma de você poder ajudar.
- Assuma a liderança para ajudar sua igreja a adotar um trecho da rodovia local a fim de mantê-la limpa.
- Considere fazer viagens missionárias para ajudar a construir uma igreja, fazer vacinação, dar aulas de Bíblia durante as férias ou renovar um orfanato.
- Examine as possibilidades de ajudar os refugiados a se estabelecer em sua cidade ou vilarejo.
- Ofereça-se como voluntário para ensinar inglês como a segunda língua em sua igreja ou comunidade.
- Doe livros à prisão local, roupa de cama para a missão de resgate ou tempo de aula para a igreja local.

Nosso Senhor, na conclusão de seu sermão no monte das Oliveiras (Mateus 25), enfatizou a prioridade de arregaçarmos as mangas quando descreveu o dia em que o Filho do homem virá em glória com todos os santos anjos. As nações se reunirão diante dele, e ele dirá àqueles à sua direita:

> Venham, benditos de meu Pai! Recebam como herança o Reino que lhes foi preparado desde a criação do mundo. Pois eu tive fome, e vocês me deram de comer; tive sede, e vocês me deram de beber; fui estrangeiro, e vocês me acolheram; necessitei de roupas,

> e vocês me vestiram; estive enfermo, e vocês cuidaram de mim; estive preso, e vocês me visitaram (versículos 34-36).

As ovelhas de Jesus lhe dirão: "'Quando te vimos enfermo ou preso e fomos te visitar?' O Rei responderá: 'Digo-lhes a verdade: O que vocês fizeram a algum dos meus menores irmãos, a mim o fizeram'" (versículos 39,40).

§

Quando o Dr. Bob Pierce, o legendário humanitário cristão, estava morrendo de leucemia, ele ainda insistia em viajar pelo mundo todo para suprir as necessidades de milhões de pessoas doentes, pobres e famintas. Por causa de sua doença, ele não conseguia dormir, e seu médico lhe prescreveu remédio para dormir. Esse remédio foi a salvação para o Dr. Pierce enquanto ele trabalhava.

Pouco antes de sua morte, o Dr. Bob Pierce visitou uma pequena clínica médica, situada ao lado de um rio, nas florestas de Kalimantan, agora anexadas à Indonésia. Essa clínica era dirigida por um cristão chamado "Borneo Bob" Williams. O Dr. Pierce, enquanto esteve ali, notou uma garota deitada ao relento sobre uma esteira. Ao perguntar sobre a condição da menina, ele ficou sabendo que ela estava morrendo de câncer e tinha poucos dias de vida.

— Por que essa garota está deitada na lama quando poderia estar ali naquela clínica limpa e agradável? — perguntou ele.

Borneo Bob explicou que a garota era nativa da selva e queria ficar perto do rio, onde era mais fresco. Ela pedira para ficar exatamente naquele local durante o dia. O coração de Bob Pierce condoeu-se enquanto ficou ajoelhado ao lado da garota, acariciando sua testa e orando por ela. A garota abriu os olhos e murmurou algo em sua língua nativa. Ela sentia muita dor, por isso não conseguia dormir.

O Dr. Pierce enxugou as lágrimas de seus olhos e pegou seu precioso frasco com remédio para dormir. Ele o entregou a Borneo Bob, dizendo:

— Certifique-se de que ela consiga dormir bem à noite de hoje em diante.

Dr. Pierce só conseguiu outro frasco com calmantes muitos dias depois e, por conseguinte, sofreu, noite após noite, com a dolorosa insônia. Mas, quando voltou para casa, uma carta estava à espera dele. Era de Borneo Bob, contando que a garota havia morrido, e que algumas das últimas palavras dela foram estas: "Por favor, agradeça àquele homem gentil que me deu seu remédio, pois consegui dormir."[7]

§

Talvez não sejamos capazes de viajar pelo mundo todo e ajudar milhões de pessoas. Talvez, sozinhos, não consigamos abrir escolas, orfanatos ou grandes instituições assistenciais. Mas podemos arregaçar as mangas, começar a trabalhar intensamente, ajudar os outros para nos tornarmos as mãos de Jesus a fim de que as pessoas possam descobrir o coração de Jesus. Essa é a vida autêntica — e é parte de nossa comissão. Temos sempre de ter em mente que se fizermos algo para os menores dos irmãos de Jesus, estaremos fazendo isso para ele.

Sinais de vida

Sinal de vida: O mundo vê o coração de Deus por intermédio do trabalho de minhas mãos.

Versículo de vida: *Digo-lhes a verdade: O que vocês fizeram a algum dos meus menores irmãos, a mim o fizeram* — Mateus 25:40.

Vida em ação: Quem, à minha volta, precisa de um toque especial do amor de Jesus que chegará até ele ou ela por intermédio de minhas mãos estendidas e prontas a ajudar?

Dia 23

Impressões artísticas

Nossa vida é uma tela que capta os temas dominantes de nossos dias.

Para apresentar este capítulo, preparei um pequeno teste para você. Descreverei a arte pela qual um determinado artista é mais bem conhecido e pedirei que você o identifique. Preencha as respostas e, a seguir, cheque as respostas no final do capítulo para ver o quanto você conhece sobre artistas e arte:

1. **Artista famoso por seus desenhos de ilusão ótica:** as pessoas, ao mesmo tempo, podem subir e descer escadas intermináveis; a água flui para cima e pássaros se metamorfoseiam em peixes.

   ____

2. **O maior artista da escola holandesa:** pintava com suntuosidade e cores ricas; um mestre da luz, da sombra e da emoção humana; pintou retratos como também cenas de Amsterdã e da Bíblia (*Ceia em Emaús*, *O retorno do filho pródigo*).

   ____

3. **Artista espanhol moderno:** fundador do cubismo; pintor, desenhista, escultor, ceramista; famoso por caricaturas e abstratos como também por pinturas realistas; considerado um rebelde no mundo da arte.

____

4. **"O pintor da luz":** artista contemporâneo que pinta cenas ideais de vilarejos, casas campestres, igrejas, faróis e paisagens que evocam um sentimento de ternura, nostalgia e familiaridade; conhecido por sua forma de retratar a luz como um reflexo dos valores.

____

5. **O criador, do século XIX, de intricadas xilogravuras:** descrições dramáticas de famosas cenas bíblicas usadas para ilustrar a versão King James da Bíblia, as histórias bíblicas e os trabalhos de referência.

____

6. **Artista surrealista extravagante do século XX:** pintou o bizarro, o irracional, as imagens fantásticas em execuções meticulosas; famoso pela obra *A persistência da memória* com relógios flácidos e derretidos em uma paisagem misteriosa e lúgubre.

____

Toda pessoa é conhecida por algo

E então, como se saiu? Já está pronto para dar uma aula sobre história da arte?

O ponto desse exercício não era a arte em si. (De fato, não acho a obra de algum desses artistas particularmente edificante ou atraente — nem mesmo compreensível!) O que esse exercício salienta é que os artistas são conhecidos por seu estilo particular. Até mesmo a breve descrição do estilo deles foi suficiente para desencadear em sua mente a visão do trabalho dos artistas que eu descrevia.

Podemos dizer que os artistas têm uma forma de ver o mundo que se reflete em sua obra. A arte deles faz alusões à visão de mundo e a suas convicções. Certamente, alguns artistas utilizam mais de um estilo em sua arte, mas, mesmo assim, quando recuamos e examinamos a obra da vida deles, podemos, em geral, ver um tema presente em toda a obra.

Bem, deixemos de lado essa discussão sobre arte, porque não são apenas os artistas que são conhecidos pelo(s) tema(s) da obra de sua vida. Na realidade, cada um de nós é conhecido por alguma coisa que nos é particular.

Imagine que eu me aproximasse de cinco de seus amigos mais íntimos ou de seus familiares e dissesse:

— Finja que as palavras são pincéis e que esse quadro-negro é sua tela. Apresente-me dez pinceladas... dez palavras descritivas... que retratem nosso amigo.

À medida que começar a escrever as palavras proferidas por aqueles que melhor o conhecem, um tema — ou talvez, muitos deles — emergirá. Quer gostemos disso quer não, nossa vida é uma tela que capta os temas dominantes de nossos dias. A questão não é se as pessoas conseguem ver esses temas — elas os vêem! A questão essencial é saber quais são esses temas da sua vida e da minha.

Impressões do coração

Testei seu conhecimento em artes. Agora falaremos sobre seu conhecimento na arte do coração. Criarei impressões do coração com palavras, e você me diga que tipo de pessoa estou descrevendo:

> O tema principal da vida dessa pessoa é o amor. A fala, as ações, os pensamentos, as posses e as motivações — tudo é caracterizado pelo amor. Seu amor é emocional em sua expressão, mas está enraizado na escolha. Essa pessoa ama *apesar de*, e não *por causa de.* ____________

Se você escreveu "cristão" no espaço vazio, então provavelmente está familiarizado com o versículo bíblico que explica como os seguidores de Jesus Cristo devem ser caracterizados neste mundo: "Com isso todos saberão que vocês são meus discípulos, se vocês se amarem uns aos outros" (João 13:35). Se eu entrar em uma galeria de arte e encontrar uma pintura intitulada *Amor*, ao examiná-la de perto devo descobrir que é uma pintura sobre você, sobre mim ou sobre qualquer seguidor de Jesus. Nós, os cristãos, devemos ser definições vivas do amor; devemos ser impressões do coração de nosso Salvador.

O amor que caracteriza o cristão, de acordo com Jesus, não é basicamente o amor cheio de afeição que encontramos no seio da família. Por mais importante que esse amor seja fraternal, esse não é o amor sobre o qual Jesus fala em João 13:35. Ao contrário, o amor que temos de manifestar é o mesmo tipo de amor que Deus manifestou em relação ao mundo ao enviar Jesus para morrer por nossos pecados (João 3:16). Esse tipo de amor é amor *agape*, o amor sacrificial que motiva uma pessoa a entregar a sua vida em favor de outra. Não há amor maior que o amor *agape* (João 15:13).

Retrato do amor

Você e eu somos conhecidos por nosso amor? O amor é uma das primeiras coisas que vêm à mente das pessoas quando pensam em nós — especialmente aquelas pessoas em nosso mundo que não conhecem a Cristo? A profundidade e a qualidade de nosso amor fazem com que as outras pessoas passem a perguntar sobre sua Fonte? Elas são atraídas ao amor de Jesus quando entram em contato conosco?

Permita-me oferecer-lhe uma paleta com cinco cores de amor, cinco maneiras para deixar a impressão do coração naqueles que encontramos em nossa caminhada a ponto de essa impressão os encorajar a pensar sobre nosso Salvador e seu amor pelas pessoas.

1. **Palavras de amor** — As palavras podem estruturar ou derrubar. As palavras cristãs devem ser "sempre agradável[is] e

temperada[s] com sal" (Colossenses 4:6), devem ser "como um favo-de-mel, [...] doces para a alma e [...] cura para os ossos" (Provérbios 16:24). O reformador Martinho Lutero disse: "Quando eu não tiver mais nada a falar, pararei de falar."[1] E nossas mães costumavam dizer: "Se você não conseguir dizer nada agradável, então não diga nada." Mesmo se você tiver de confrontar alguém, certifique-se de que você fala em amor (Efésios 4:15).

2. **Ações de amor** — Deus demonstrou seu amor por nós, pois "Cristo morreu em nosso favor quando ainda éramos pecadores" (Romanos 5:8). E em 1 Coríntios 13, Paulo menciona dezesseis maneiras pelas quais o amor se manifesta em nossa vida. Amor e amar, termos fundamentais. De fato, embora palavras de amor sejam importantes, se elas não forem apoiadas por ações de amor, com o tempo, soam vazias — "como o sino que ressoa ou como o prato que retine" (1 Coríntios 13:1).
3. **Pensamentos de amor** — Nossos pensamentos mais íntimos são tijolos que servem para estruturar a pessoa que somos. Salomão observou que nos tornamos o que pensamos na alma (Provérbios 23:7). Além do fato de que nossos pensamentos ajudam a determinar nossas ações, eles são ou uma ofensa para Deus ou uma dádiva de amor para o Senhor. O rei Davi desejou que até mesmo as meditações de seu coração fossem aceitáveis a Deus — e devemos fazer o mesmo (Salmo 19:14; 104:34).
4. **Dons de amor** — Deus deu a cada um de nós três coisas para administrarmos para a glória do Senhor: tempo, talento e tesouro. Deus demonstrou o quanto ele nos ama ao nos dar a maior dádiva possível — a vida de seu único Filho. Jesus mesmo disse: "Há maior felicidade em dar do que em receber" (Atos dos Apóstolos 20:35). Um sinônimo de *amor* é *dar*.
5. **Passos do amor** — Todo passo que damos na vida é dado em busca de algo; a todos os lugares que vamos, estamos seguindo alguém ou algo. Não é errado buscar coisas para nós mesmos;

mas se apenas seguirmos nossos sonhos, nossa vida passa a ser centrada no "eu", e não centrada em Deus. Paulo disse que buscava algo mais alto que as coisas deste mundo: ele chamou isso de "ganhar o prêmio do chamado celestial de Deus em Cristo Jesus" (Filipenses 3:14). Passos nesse caminho sempre deixam pegadas de amor na areia.

§

Se você não passou no teste de arte com louvor, não se preocupe. É no teste de arte do coração que você deve se concentrar. As impressões artísticas do amor traduzem-se em impressões do coração da pessoa de Cristo, onde quer que estejamos. Certifique-se de que é esse o retrato que você está apresentando ao mundo.

Respostas ao teste:

1. M. C. Escher (1898-1972).
2. Rembrandt van Rijn (1606-1669).
3. Pablo Picasso (1881-1973).
4. Thomas Kinkade (1958-até o presente).
5. Gustave Doré (1832-1883).
6. Salvador Dali (1904-1989).

Sinais de vida

Sinal de vida: O maior tema de minha vida é o amor.

Versículo de vida: *Com isso todos saberão que vocês são meus discípulos, se vocês se amarem uns aos outros* — João 13:35.

Vida em ação: Se as pessoas que me conhecem bem fossem pintar um quadro sobre quem eu sou, a que esse quadro se assemelharia? Qual seria o tema de suas pinturas ?

Dia 24

O perfil da mente cristã

Não há nada errado com o ser previsível quando isso quer dizer se apresentar e agir como Jesus.

Wayne Petherick, criminologista, registrou alguns detalhes fascinantes sobre a ciência do perfil criminoso em seus primeiros estágios. Durante a Segunda Guerra Mundial, por exemplo, o Office of Strategic Services [Escritório dos Serviços Estratégicos], hoje a CIA, dos Estados Unidos, queria saber mais sobre Adolf Hitler — Que tipo de pessoa ele era? O que o impulsionava a agir? O que ele provavelmente faria no futuro? O que ele faria em face da derrota e da morte? Como deveriam interrogá-lo caso o capturassem vivo? Eles pediram ao psiquiatra Walter Langer que desenvolvesse um perfil psicológico e comportamental do infame *führer* alemão.

Eis aqui algumas conclusões a que Walter Langer chegou a respeito de Hitler. A morte era improvável, pois ele desfrutava de boa saúde. Não buscaria refúgio em outro país, pois considerava a si mesmo como o salvador da Alemanha. Esse psiquiatra descartou o assassinato, golpe de Estado ou morte no campo de batalha. Ele também acreditava que a resposta mais provável à derrota seria o suicídio — exatamente o que aconteceu em um *bunker*, abrigo muito protegido, em 1945, quando a queda da Alemanha era iminente. O perfil dos líderes militares das forças inimigas ainda hoje é uma ferramenta usada para prever e contra-atacar os movimentos inimigos.[1]

Um dos perfis mais famosos produzidos na década de 1950 foi o do "O bombardeio maluco de Nova York", feito por James Brussels, psiquiatra que exercia a profissão naquela cidade. Em um espaço de tempo de oito anos, esse criminoso deixou trinta e dois pacotes de bombas pela cidade, sem ser pego. Esse psiquiatra, fundamentado em uma investigação das cenas dos crimes e no estudo de muitas cartas que o criminoso deixava para as autoridades, desenvolveu o perfil desse "bombardeio maluco", em que constavam as seguintes especificações: "Robusto... de meia-idade... nascido no estrangeiro... solteiro, mas mora com um irmão ou irmã... vive em Connecticut... e quando vocês o encontrarem, as chances são de que ele esteja usando um terno com paletó trespassado, abotoado". Quando o criminoso foi encontrado, o perfil era praticamente perfeito, até mesmo o detalhe do paletó trespassado e abotoado.[2]

Na segunda metade do século XX, o FBI desenvolveu a unidade de Ciências Comportamentais, em Quantico, Virginia, para melhorar a arte e a ciência de criar perfis.[3] Uma rede de televisão apresentava, no final da década de 1990, o seriado *The Profiler* [O criador de perfis], com fundamentos científicos. Sem dúvida, a criação de perfis tornou-se um elemento essencial na estratégia da investigação da cena do crime.

Fazer um perfil: a prática dos padrões

Mas, e quanto à "investigação da cena cristã"? Que papel a criação de perfil pode desempenhar quando quiserem determinar se você e eu somos seguidores de Cristo comprometidos com seus ensinamentos? No mundo do crime, a criação de perfil é o processo de dedução de características específicas da personalidade e do comportamento de indivíduos responsáveis pelos crimes investigados. Depois de estabelecer essas características de personalidade e comportamento, usar a informação para caçar o criminoso ou prever onde ele atacaria novamente e se faria isso.

Portanto, como esse mesmo conceito de criação de perfil pode ser usado na igreja?

Eis aqui um exemplo retirado do livro de Atos dos Apóstolos. Se sua tarefa fosse transferir as responsabilidades financeiras para, por exemplo, Barnabé ou Ananias e Safira, a quem você escolheria? Barnabé, na igreja primitiva, tinha a reputação de ser "um homem bom, cheio do Espírito Santo e de fé" (Atos dos Apóstolos 11:24). Ele era um encorajador e um homem humilde que, por fim, estava disposto a arriscar sua reputação por um irmão que falhara (Atos dos Apóstolos 4:36; 15:36-41). Quando Barnabé trouxe um presente em dinheiro para a igreja primitiva, não houve evidências de que seus motivos ou honestidade tivessem sido questionados (Atos dos Apóstolos 4:36,37). Esse homem representa um contraste marcante com Ananias e Safira, pois, quando deram um presente, foi imediatamente revelado que eles não passavam de enganadores gananciosos. Aparentemente, tinham pouca ou nenhuma história na igreja primitiva, já que não são mencionados antes de seu erro moral (Atos dos Apóstolos 5:1-11).

Como o caráter se desenvolve e é revelado com o passar do tempo, o criador de perfis poderia prever com precisão o resultado desses dois eventos de doação de presentes. É pouco provável que Ananias e Safira tenham agido de forma espontânea. A doação enganosa deles era, provavelmente, uma demonstração pública de padrão particular de comportamento — e esse padrão é exatamente o que o criador de perfis busca para realizar seu trabalho.

Paulo, o criador de perfis

O apóstolo Paulo era um criador de perfis. Em 1 Timóteo 3 e Tito 1, por exemplo, ele cria o perfil dos líderes cristãos (presbíteros e diáconos) para as igrejas de Éfeso e da ilha de Creta. Se você tiver homens em seu meio que tenham demonstrado essas características e comportamento no passado, Paulo escreve que eles, provavelmente, são pessoas que se transformarão em bons líderes no futuro. Ainda hoje utilizamos os perfis de Paulo quando escolhemos nossos presbíteros e diáconos na igreja.

Além disso, Paulo cria o perfil de indivíduos cuja vida está sob o controle do Espírito Santo (Gálatas 5:22,23) e o dos que não estão sob o controle do Espírito Santo (Gálatas 5:19-21). O perfil dos primeiros manifesta características como amor, alegria e paz, e o dos últimos revela características como imoralidade, discórdia e egoísmo. O fruto do Espírito ou os atos da natureza pecaminosa — qual desses dois perfis é mais parecido com Cristo e, portanto, mais desejável em todos os cristãos?

O perfil de Jesus

E isso nos traz ao ponto decisivo da criação do perfil na investigação da cena cristã: há realmente apenas um perfil que todo cristão deve buscar, e esse perfil é o de Jesus Cristo. A semelhança com Cristo é o último objetivo e, quando a pessoa é parecida com Cristo, sabemos que características e que comportamentos devemos esperar que ela demonstre.

Portanto, o que podemos fazer para desenvolver em nós mesmos um perfil que se assemelhe ao de Jesus? Ter o que o apóstolo Paulo chama de "a mente de Cristo" (1 Coríntios 2:16; Filipenses 2:5). Em termos práticos, isso significa viver sob o controle do Espírito Santo. Assim como Jesus estava cheio do Espírito Santo e era guiado por ele (Mateus 3:16; 4:1), também todo cristão deve estar cheio do Espírito Santo e ser guiado por ele (Atos dos Apóstolos 2:38,39; Efésios 5:18). E assim como Jesus era motivado a falar e a agir em nome de Deus Pai por intermédio do Espírito (João 5:30; 8:28,42; 12:49; 14:10), também nós cristãos devemos falar e agir por intermédio da orientação do Espírito (Marcos 13:11; Lucas 12:12; João 16:13). Se o fruto do Espírito ("amor, alegria, paz, paciência, amabilidade, bondade, fidelidade, mansidão e domínio próprio"; Gálatas 5:22,23) é o perfil de Jesus — e é mesmo — e se temos o mesmo Espírito que Jesus tinha — e temos mesmo —, nosso perfil não deveria ser o mesmo que o dele? A resposta, obviamente, é um sonoro "Sim".

Criar o perfil e previsibilidade

Nosso perfil — nossas características de caráter e, portanto, nosso comportamento — pode tornar-se imprevisível quando não conseguimos viver em conformidade com a mente de Cristo. Nossa mente humana pode realmente degradar-se por causa do pecado (Romanos 1:28). Podemos perseguir objetivos fúteis e vãos na vida (Efésios 4:17). Podemos focar nossa mente nas coisas temporais e terrenas, em vez de focá-la nas coisas celestiais (Colossenses 3:2). E podemos permitir que nossa mente — nossa fé e confiança em Deus — seja sacudida por eventos que acontecem em nosso meio (2 Tessalonicenses 2:2). Essas características e esse comportamento não são do Espírito: Jesus nunca os manifestou. Portanto, se eles começam a nos caracterizar, podemos saber que não estamos sob o controle do Espírito Santo e que não vivemos com a mente de Cristo.

Os criadores de perfis da investigação na cena do crime podem concluir:

— Graças às características e ao comportamento apresentado no passado, achamos que ele atacará novamente nas próximas seis semanas.

Os investigadores da cena cristã, por outro lado, podem dizer algo que se assemelhe a isto:

— Temos uma situação tensa se desenvolvendo em nosso ministério nas áreas carentes da cidade por causa da oposição dos traficantes de drogas. Temos de enviar alguém que seja estável, corajoso, cativante e sábio, mas que fale a verdade em amor. Quem poderia acalmar essa situação da forma como Jesus acalmava as multidões? Quem nós conhecemos que demonstraram essas qualidades no passado — quem podemos esperar que fará o mesmo nessa situação?

Embora, na área de criminalística, a criação de perfis sempre foque os outros, na criação de perfis cristãos podemos focar nós mesmos também. Portanto, se você tiver de desenvolver um perfil usando o fruto do Espírito ou as características de um líder da igreja como esboço, o quanto seu perfil se assemelharia ao perfil de Jesus? O objetivo da criação de perfil na cena cristã não é o julgamento ou uma viagem de culpa. Ao contrário, podemos permitir que nossos perfis nos motivem a renovar nossa mente (Romanos 12:2) e render nossa vida ao Espírito Santo, momento após momento, para que possamos ter a mente de Cristo.

Não há nada de errado com o ser previsível quando isso quer dizer se apresentar e agir como Jesus!

Sinais de vida

Sinal de vida: Meu comportamento reflete os ensinamentos de Jesus.

Versículo de vida: *Mas o fruto do Espírito é amor, alegria, paz, paciência, amabilidade, bondade, fidelidade, mansidão e domínio próprio. Contra essas coisas não há Lei* — Gálatas 5:22,23.

Vida em ação: De que formas específicas posso experimentar de forma mais plena o fruto do Espírito em minha vida?

Dia 25

Fazer a lista "E"

Algumas vezes o menor gesto, a mais simples palavra ou a mais breve visita faz brilhar a luz do encorajamento na vida de alguém.

Certa vez, o filósofo grego Dr. Alexander Papaderos, no final de uma palestra, teve de responder à seguinte pergunta: "Qual o sentido da vida?" Em vez de descartar essa pergunta difícil, ele retirou de seu bolso um espelho redondo e pequeno, do tamanho de uma moeda. Ele contou como, durante a Segunda Guerra Mundial, ele arredondara as bordas de um pedaço grande de espelho de uma motocicleta alemã que se acidentara em seu vilarejo.

De início, o pequeno espelho era um brinquedo para uma criança nascida em tempos de guerra, mas o espelhinho continuou no bolso dele, até mesmo depois de se tornar adulto. Aquele pequeno espelho ajudara o Dr. Papaderos a perceber que sua vida precisava ser uma fonte de luz para os outros; ele precisava refletir a luz nos lugares escuros existentes na vida dos outros. Talvez, disse ele, ao fazer isso, ele não pudesse mudar tudo, mas poderia mudar algumas coisas em algumas pessoas.[1]

O que aprendi com essa história sobre o espelhinho foi o seguinte: não é preciso muito para ser um encorajador. Muitas e muitas vezes, achamos que não estamos preparados para ser um encorajador. Tememos não ter as palavras, a sabedoria ou os recursos para fazer diferença. Podemos nos sentir tão desencorajados para achar que podemos encorajar outra pessoa. Algumas vezes, o menor gesto, a mais simples palavra ou a mais breve visita faz brilhar a luz do encorajamento na vida de alguém.

Oportunidades para encorajar outros — existem muitas oportunidades "E", conforme as denomino, ao nosso redor. O que precisamos é de um plano... Uma estratégia... Um pequeno pedaço de espelho sempre à mão através do qual podemos fazer a luz do amor de Cristo brilhar em uma situação obscura. Com essa finalidade em mente, encorajo-o a fazer uma lista "E" de todas as pessoas com quem você entra em contato regularmente e, portanto, pode encorajar.

Encoraje seu cônjuge

Primeiro, acredito que encorajar o cônjuge é talvez o maior ministério de nossa vida. O casamento é um laboratório perfeito para o encorajamento. Afinal, ele fornece não só as razões (é fácil ficar desencorajado no casamento), mas também as oportunidades (vinte e quatro horas, sete dias por semana, trezentos e sessenta e cinco dias por ano pelo resto de sua vida!).

Marido e esposa, diante de Deus, têm a responsabilidade não-opcional de encorajar um ao outro. Enquanto inúmeros livros sobre casamento oferecem boas idéias sobre como ser um encorajador, creio que as palavras de Pedro jamais foram igualadas. Parafraseio as palavras dele para os cônjuges da seguinte maneira: "Do mesmo modo vocês, marido e esposa, sejam sábios no convívio um com o outro e tratem-se com honra, como co-herdeiros do dom da graça da vida" (1 Pedro 3:7). Não conheço nada mais encorajador que ser compreendido e tratado com honra.

E acho que o psicólogo Abraham Maslow concordaria comigo. Ele desenvolveu uma hierarquia das necessidades humanas e pôs a "auto-atualização" no lugar mais elevado. Nós, os cristãos, podemos entender a auto-atualização como a crescente consciência de quem somos em Cristo, a consciência de nossos dons, nossa nova natureza, nosso chamado e nossa libertação da escravidão do pecado. O casamento deve ser o primeiro local em que se encoraja a auto-atualização espiritual e emocional, à medida que oferecemos e recebemos compreensão e honra.

Submeter-se um ao outro, servir um ao outro, compartilhar dos mais profundos e íntimos pensamentos, sonhos, medos e júbilos — esses comportamentos são evidência de nossa compreensão e honra. Embora a forma como se vivencia essas prioridades seja tão infinita e variada como os casamentos o são, o resultado sempre será o mesmo: encorajamento.

Dediquei a maior parte do espaço à importância de os cônjuges encorajarem um ao outro porque o casamento é o relacionamento mais exigente e mais fecundo de todos, e esse relacionamento estabelece o tom para todas as outras interações humanas. Creio que os adultos que são encorajados tanto em seu casamento como nesse relacionamento excedem em encorajamento para todos que encontram.

Encoraje seus filhos

Também acredito que pais encorajados e encorajadores produzam filhos encorajados e encorajadores. Viver com a perspectiva do "Sim!", em vez daquela muito comum: "Não!", deve ser nossa filosofia de orientação para nossos filhos; precisamos buscar o que fazemos da forma correta, não da errada. E precisamos lembrar que, para os filhos, mais que para qualquer outra pessoa, soletra-se amor da seguinte forma: "t-e-m-p-o". O mito propagado anos atrás de que, na educação dos filhos, o que importa é qualidade de tempo, não quantidade, foi, graças a Deus, ridicularizado muitas vezes. Os filhos que acham que não são importantes o suficiente para que os pais passem tempo com eles podem, facilmente, sentirem-se desencorajados — especialmente durante a adolescência, quando o processo crítico da definição de si mesmo acontece.

Podemos passar tempo com nossos filhos de muitas maneiras: em atividades pessoais como também por meio de bilhetes e cartas, do ouvir, do preparo do prato favorito, da celebração de vitórias, do oferecimento de consolo em face da derrota e, simplesmente, do ficar em casa, em vez de em algum outro lugar. A criança segura é uma criança encorajada, e a criança encorajada transforma-se em adulto seguro — e o ciclo continua.

Encoraje as pessoas próximas e os colegas de trabalho

Se você é cristão, então tem uma habilidade, dada por Deus, para encorajar aqueles do mundo que podem não conhecer a Cristo. E você, assim se espera, é mais encorajado como cristão do que era antes de conhecer a Cristo. Você não só conhece, em primeira mão, os momentos desencorajadores da vida (como todos nós conhecemos), mas também aprendeu a conhecer que Deus faz toda diferença nos momentos difíceis da vida.

Muitos de nossos amigos não-cristãos e das pessoas próximas, no entanto, podem não conhecer ninguém com quem possam anuviar a alma e também não sabem como alcançar a Deus. Portanto, o Senhor envia a você e a mim a fim de sermos "Deus" para essas pessoas, para que estejamos disponíveis a elas e para que sejamos compassivos com elas como Jesus é conosco. Tal encorajamento é uma questão de perceber uma necessidade e procurar supri-la. Ele pode envolver e elogiar alguém no trabalho, prover uma refeição para um vizinho doente, surpreender um amigo com um pequeno presente de apreciação, fazer um convite para que venham a sua casa ou oferecer seus ouvidos durante um almoço para alguém que precisa desabafar ou compartilhar suas dores. O encorajamento nesse estágio não é complicado. É basicamente estarmos dispostos a investir nós mesmos na vida dessas pessoas que Deus pôs em nosso caminho.

Encoraje aquelas pessoas que você não conhece

Talvez as oportunidades mais ignoradas e que refletem um pouco da luz de Deus na vida de alguém sejam aquelas com que nos defrontamos com pessoas que não conhecemos pessoalmente. Pense em quem essas pessoas poderiam ser: a caixa do mercado, o empregado da loja de departamentos, a pessoa a quem pedimos informações na rua (ou as que nos pedem informações), a pessoa que se senta do nosso lado em eventos esportivos, em um concerto ou na reunião de pais e mestres, o técnico que entra em nossa casa para consertar algum aparelho, o carteiro, o rapaz que entrega as compras do supermercado ou o lixeiro... e essa lista pode continuar indefinidamente...

Hollywood nos dá um exemplo maravilhoso disso na comédia romântica *Mensagem para você*. Amo a cena em que o personagem de Tom Hanks acalma uma situação difícil entre a personagem de Meg Ryan e a mulher do caixa do supermercado. O personagem de Tom Hanks, ao ler o nome da operadora de caixa no crachá e ao usá-lo ("Oi Rose! Este é um grande nome, Rose."), acrescentando um pouco de humor, consegue, com um sorriso e um desejo de bom feriado, conquistá-la e desfazer a tensão.[2] Tudo o que ele precisou foi de um pouco de criatividade, uma perspectiva positiva, uma palavra gentil e uma conduta encorajadora e amigável.

O depósito mais barato que podemos fazer na conta bancária de um estranho é uma palavra simples ou uma atitude de encorajamento. E isso pode ser muito mais importante do que poderíamos imaginar.

§

Obviamente, você pode adicionar outras categorias de pessoas em sua lista "E" — amigos cristãos em geral, seus amigos mais próximos, os membros da família estendida, os líderes da igreja, membros da igreja, líderes da comunidade e do governo, pessoas de quem ouve falar ou lê a respeito delas e as quais passaram por algum tipo de problema ou enfrentaram alguma tragédia... Nosso desafio não é tanto identificar as pessoas que precisam de encorajamento, mas desenvolver um estilo de vida de encorajamento. Esperamos que este capítulo o estimule a trabalhar para alcançar esse objetivo.

Esteja pronto para transformar todos os dias em um dia "E" memorável!

Sinais de vida

Sinal de vida: Aqueles que entram em contato comigo são encorajados.

Versículo de vida: *O coração ansioso deprime o homem, mas uma palavra bondosa o anima* — Provérbios 12:25.

Vida em ação: Eis aqui uma lista de cinco pessoas que encorajarei esta semana — e uma idéia ou duas sobre como posso encorajar cada uma delas.

Dia 26

No limiar da oportunidade

Tenha certeza de que Deus abrirá a porta certa no momento correto.

Certa vez, um homem chamado Walter convidou um amigo, Arthur, para dar uma volta por um pedaço de terra pouco desenvolvida no sul da Califórnia. Eles passaram por alguns bosques e por um conjunto de prédios antes de chegar a um local que, para Arthur, parecia um pedaço de terra estéril. Walter começou a contar para o amigo sobre os planos empolgantes que tinha para aquele pedaço de terra. O propósito expresso de Walter com aquele passeio de carro era dar a Arthur a oportunidade de se tornar um investidor dos sonhos que acalentava.

Walter tinha dinheiro suficiente para seu projeto principal, mas ele queria certificar-se de que a terra ao redor de seu empreendimento fosse comprada junto. Ele tinha certeza de que, em cinco anos, a área toda estaria cheia de hotéis, restaurantes e centros de convenção para servir as pessoas que viessem visitar seu empreendimento. Arthur não ficou impressionado e recusou a oportunidade.

E assim Arthur Linkletter recusou a oportunidade de comprar toda a terra que hoje fica em redor da Disneylândia, o sonho que se tornou realidade de seu amigo Walter Disney.[1]

§

Embora oportunidades de milhões de dólares raramente venham à tona, você e eu temos milhões de portas que se abrem — oportunidades que Deus fornece —, e podemos atravessá-las diariamente. Deus está constantemente nos convidando a confiar nele e a experimentar as dimensões, que estão sempre em expansão, de sua fidelidade e bênção. Mas, muitas vezes, hesitamos cheios de apreensão, sem certeza do que deveríamos fazer.

Muitas vezes, nós, os cristãos, falhamos ao atravessar as portas abertas por Deus, porque temos uma visão equivocada dele. Se tivéssemos uma atitude cheia de confiança em relação ao nosso Deus Pai, como a das crianças, atravessaríamos com confiança as portas que ele abre para nós, exatamente da mesma forma que a criança pequena atravessa as portas que seu pai terreno abre. Deus é confiável, e quanto mais o conhecemos, mais fácil reconhecemos as portas que ele abre para nós.

Em Apocalipse 3:7-13, Jesus Cristo menciona uma porta aberta que Deus pôs diante da igreja da Filadélfia, uma referência à oportunidade de aquela igreja ser uma porta de entrada do evangelho na Ásia Menor — uma oportunidade que a igreja deveria agarrar. Por quê? Porque Deus, que estava abrindo a porta, é santo, verdadeiro e poderoso (versículo 7): *santo* refere-se a Deus como o Todo-poderoso; *verdadeiro* refere-se a Deus como o confiável; e poderoso refere-se a Deus ser capaz de abrir e fechar portas.

Deus é quem abre e fecha todas as portas em nossa vida. Quando ele abre a porta — quando ele apresenta uma oportunidade para nós —, devemos atravessá-la. Mas serei o primeiro a admitir que atravessar algumas portas que Deus abre pode realmente representar um desafio para nossa fé.

§

Após anos observando os cristãos perderem oportunidades que Deus apresenta para eles, posso fazer quatro observações sobre por que não atravessamos as portas que Deus abre.

Primeiro, as oportunidades estão muitas vezes disfarçadas de problemas. O brilhante filósofo das tiras em quadrinho, Pogo, certa vez observou:

— Senhores, estamos rodeados por oportunidades insuperáveis.[2]

Muitas vezes, o que percebemos como obstáculos — falta de dinheiro, falta de maquinário, falta de metodologia, falta de recursos humanos — são oportunidades de Deus, disfarçadas por essas dificuldades.

Duas décadas atrás, antes da época de transmissão simultânea por rádio e televisão de várias localidades, minha igreja passou a ser responsável pelos cultos de adoração realizados em três locais distintos. Sabíamos que precisávamos de um lugar mais amplo no local principal, e, por fim, fomos capazes de estruturar nossos recursos atuais de adoração. Mas antes de isso acontecer, ficávamos restritos ao nosso programa da construção do prédio. Toda vez que começávamos a discutir planos de construção, os três locais entravam em desacordo quanto à alocação de recursos e outros assuntos. Portanto, lutamos com esse problema por muitos anos.

Por fim, o problema tornou-se uma oportunidade. Enquanto ficamos empacados em nosso estilo "sem prédio", o Senhor mostrou-nos outra forma para alcançar mais pessoas — até mais do que se tivéssemos bons recursos nos três locais. Iniciamos o ministério *Turning Point* [Ponto de conversão] e, agora, transmitimos o evangelho por intermédio do rádio, da televisão e dos livros. Se não tivéssemos empacado com o problema do "prédio", não sei se chegaríamos ao rádio e à televisão. Sei agora que o ministério da mídia foi uma oportunidade disfarçada de problema, o do nosso programa de construção.

Não perca uma oportunidade só porque ela está fantasiada com uma roupa enganosa e assemelha-se a um problema.

Segundo, as oportunidades muitas vezes são sensíveis ao tempo. Quando Walt Disney estava planejando a Disneylândia, ofereceu uma oportunidade para um amigo comprar a terra coberta de vegetação rasteira naquele local. Ele sabia que o valor daquela terra aumentaria dramaticamente de valor. O amigo lhe disse que pensaria sobre o assunto. Mas como Walt Disney precisava de uma resposta rápida, seu amigo perdeu a oportunidade, e a chance de ganhar uma fortuna. Se você não agarrar a oportunidade que Deus põe diante de você, isso não quer dizer que ele desistirá de você. Mas, provavelmente, ele buscará outra pessoa que aceitará prontamente essa oportunidade.

Você se lembra do que Jesus disse aos líderes judeus quando eles falharam em reconhecer que ele era o Messias que há muito esperavam? "Portanto eu lhes digo que o Reino de Deus será tirado de vocês e será dado a um povo que dê os frutos do Reino" (Mateus 21:43). Como resultado da relutância da nação de Israel de atravessar a porta da salvação que estava diante dela, Deus se voltou para os gentios e lhes ofereceu o evangelho. Israel ainda terá uma oportunidade para abraçar Jesus, mas apenas muitos séculos, longos e sombrios, depois de perderem a primeira oportunidade (Zacarias 12:10).

Não permita que a hesitação se transforme em procrastinação que leva à devastação.

Terceiro, as oportunidades são muitas vezes testadas pela oposição. Algumas pessoas chegaram a atravessar metade da porta aberta, mas, assim que se depararam com as dificuldades, deram meia volta e voltaram atrás. Elas pensaram: "Talvez não tenhamos ouvido Deus corretamente. Essa oposição não pode ser de Deus." Se Paulo esperava a oposição quando atravessava as portas que Deus lhe abria, também devemos esperá-la (1 Coríntios 16:8,9). A oposição pode realmente ser um sinal de que você ouviu a Deus corretamente e de que Satanás está fazendo tudo o que pode para desencorajá-lo e fazer você retroceder.

Paulo e Barnabé avisaram as igrejas da Ásia Menor: "É necessário que passemos por muitas tribulações para entrarmos no Reino de Deus" (Atos dos Apóstolos 14:22). Entrar no reino refere-se não só ao desfrutar da salvação eterna, mas também experimentar todas as bênçãos que Deus reserva para aqueles que o amam (1 Coríntios 2:9). Se Deus quiser que você prospere de alguma maneira, pode ter certeza de que Satanás *não* deseja isso. E nosso inimigo não ficará sentado à toa à espera que você seja abençoado por seu generoso Pai dos céus.

Não perca uma vida cristã abençoada ao tentar levar uma vida cristã livre de problemas.

Por fim, as oportunidades são geralmente perdidas por causa do medo. Não consigo conceber uma oportunidade dada por Deus que eu tenha recebido sem um tremor nas mãos. Mas, deixe-me assegurá-lo de que, muitas vezes, estendi minhas mãos para segurar a mão firme do Senhor enquanto atravessava uma porta aberta por ele — e você também pode fazer isso.

Todas as oportunidades e todas as portas abertas têm uma coisa em comum: elas focam o futuro. E quando olhamos em direção ao futuro, temos duas escolhas — andar pela fé ou andar com covardia. Deus não nos deu um espírito de covardia (2 Timóteo 1:7), mas ele prometeu caminhar conosco sempre que fizermos a sua vontade (Hebreus 13:5). Deus ama nos levar ao local em que nossa força é pequena, para que possamos observar seu majestoso poder. Em Apocalipse, diz-se a uma igreja que havia uma porta aberta diante dela, e o Senhor afirma que sabe que ela "tem pouca força" (Apocalipse 3:8). E Deus também disse a Paulo que o poder do Senhor se aperfeiçoava na fraqueza humana (2 Coríntios 12:9).

Portanto, existe, neste exato momento, uma oportunidade diante de você que o deixa nervoso, fraco, amedrontado e sem fé? Ótimo! Você está exatamente onde precisa estar para ver Deus segurar essa porta aberta enquanto você a atravessa. Encoraja-o a não permitir que o medo abafe sua expectativa de um futuro vitorioso.

Sempre que existe uma resposta cheia de temor de sua parte, existe a fiel renovação da confiança da parte de Deus.

Meu caro, você não precisa se preocupar sobre como ou quando a próxima porta de sua vida se abrirá. As portas que Deus abre para você têm maçanetas apenas de um lado... O lado do Senhor! Portanto, você pode ter certeza de que o Deus único, verdadeiro, santo e poderoso abrirá a porta certa no momento certo. A maçaneta está na mão do Senhor.

Essa porta pode dizer respeito a seu trabalho, ao local em que você mora, aos estudos, ao cônjuge ou a uma oportunidade no ministério. Não limite Deus! Desenvolva os olhos de fé para que estejam constantemente buscando as portas que o Senhor abre para você. Utilize os quatro pontos apresentados acima para examinar qualquer oportunidade e para ver se Deus está tentando conseguir sua atenção. Se você concluir que ele está, então dê um passo de fé e agarre essa oportunidade. Assim que você cruzar o limiar dessa porta aberta, descobrirá que as mãos de Deus, do outro lado, estão estendidas para você.

Sinais de vida

Sinal de vida: Atravesso corajosamente as portas abertas que o Senhor põe diante de mim.

Versículo de vida: *O próprio SENHOR irá à sua frente e estará com você; ele nunca o deixará, nunca o abandonará. Não tenha medo! Não desanime!* — Deuteronômio 31:8.

Vida em ação: Que oportunidade — posta diante de mim neste exato momento — preciso agarrar?

Dia 27

O efeito em cascata

Temos a segurança de nossa salvação hoje por causa do efeito em cascata posto em movimento alguns anos atrás pela fidelidade de outros.

Às 5h16 do dia 9 de novembro de 1965, puseram-se em movimento os eventos que paralisaram totalmente as áreas mais populosas do mundo ocidental. Um pequeno comutador cortou o fluxo de energia em uma das principais linhas de vazão, provocando assim a abertura do comutador de segurança na estação de energia Sir Adam Beck, em Niagara Falls, Ontário, Canadá. Esse comutador não fora atualizado para manter o ritmo de crescentes transmissões de energia e, em menos de três segundos, toda a rede de energia do noroeste da América do Norte, afetando os Estados Unidos e o Canadá, entrou em colapso.

Os resultados foram inimagináveis. Não havia energia elétrica para aquecedores, iluminação, comunicação, operação das bombas que fazem o esgoto, a água e o gás escoar, funcionamento de qualquer tipo de máquina ou de todos os tipos de maquinários de hospitais que ajudam a sustentar a vida. Cerca de 800.000 mil pessoas ficaram presas nos metrôs. Apenas metade dos 150 hospitais tinha geradores disponíveis. Os 250 vôos programados para pousar no aeroporto John F. Kennedy tiveram de ser redirecionados — e alguns aviões estavam pousando quando as luzes se apagaram. Sem luz, aquecimento e telefone, trinta milhões de pessoas ficaram em um mundo escuro, silencioso e amedrontador. Tudo porque um fuso, em uma pequena taça de metal em uma pequena caixa, fez contato com algum metal.

Essa história é uma das centenas que James Burke, autor e historiador britânico, cita em sua série de livros e vídeos *Connections* [Conexões].[1] Ele fez carreira ao demonstrar como a vida faz conexões das formas mais inesperadas — como o menor ato ou incidente pode causar um efeito em cascata muito além de qualquer expectativa.

Felizmente, nem todos os efeitos em cascata são negativos. Tanto as Escrituras como a história pós-bíblica estão repletas de exemplos do efeito em cascata que ajudou a disseminar o evangelho de Jesus Cristo em todo o mundo. Entender o poder do efeito em cascata espiritual é tornar-se capacitado para aproveitar as oportunidades postas em movimento que resultam no compartilhar do evangelho e na salvação eterna das pessoas.

A realidade do efeito em cascata espiritual deve levar o cristão a fazer a seguinte pergunta:

— Que tipos de efeitos em cascata e ondas ponho em movimento com minhas palavras e obras em nome de Cristo?

As pessoas que jogam pedrinhas em uma lagoa nem sempre vêem quem ou o que é tocado pelas ondas que essas pedrinhas fazem, mas as ondas se propagam assim mesmo. Da mesma forma, nem sempre sabemos quem é tocado por nossas palavras e nossas obras em nome de Cristo. No entanto, nossa tarefa não é questionar se nossas palavras ou nossas obras estão causando certo impacto. Antes, nossa tarefa é nos jogar continuamente sobre as águas para pôr em movimento aquelas ondas que Deus pode direcionar de maneira perfeita a fim de alcançar resultados perfeitos.

Pondere por um momento no maior efeito em cascata da história — o impacto de uma "única vida solitária", a de Jesus de Nazaré. O autor deste pequeno trecho de prosa — escrita no século passado — expressa isso muito bem:

> Eis aqui um homem que nasceu em um obscuro vilarejo, o filho de uma camponesa. [...] Ele nunca teve uma casa. Nunca escreveu um livro. Nunca teve um escritório. Nunca teve família. Nunca estudou na universidade. Nunca pôs os pés em uma grande cidade. Nunca chegou a nenhuma que ficasse a mais de 320 quilômetros do lugar em que nasceu. [...] Quando ele morreu, foi enterrado em um sepulcro emprestado, porque um de seus amigos se compadeceu dele. Dezenove séculos se iniciaram e findaram, e hoje ele é o centro da raça humana, um líder da coluna do progresso. Acho que acerto em cheio quando afirmo que todos os exércitos que já marcharam, todas as esquadras que já foram construídas, todos os parlamentos que já existiram e todos os reis que já reinaram, todos juntos jamais afetaram a vida dos seres humanos na face da Terra como essa única vida solitária.[2]

O evangelho cristão é a história da vida, da morte e da ressurreição de um homem que viveu há dois mil anos, e, desde aquela época, o relato da vitória de Jesus sobre o pecado e a morte foi abraçado por centenas de milhões de pessoas. Você e eu somos beneficiários desse efeito em cascata do evangelho. Aqueles de nós a quem as ondas da graça de Deus nos lavaram são responsáveis por infundir o evangelho com nova força para fazer o efeito em cascata continuar a impactar outras pessoas.

Não encontramos a expressão *efeito em cascata* nos quatro evangelhos, mas fica muito claro que o próprio ministério que Jesus tinha, na verdade, um efeito em cascata. Um exemplo de círculos de influência que se expandem sem cessar (visualize a pedra jogada na lagoa) começa com o discípulo João que parece ter o relacionamento mais íntimo com Jesus (João 13:23,25; 19:26; 20:2; 21:7,20). A influência de João parece impactar Pedro e Tiago (irmão de João), e os três formaram um círculo mais fechado em meio aos Doze (Mateus 17:1; Marcos 5:37; 13:3; 14:33). A seguir, vinha aquele círculo de doze discípulos que viajavam e ministraram com Jesus por três anos. Eles eram o âmago do grupo maior de cento e vinte discípulos que, após a ressurreição, reuniram-se em Jerusalém para esperar o dom do Espírito Santo (Atos dos Apóstolos 1:1-8,15). Como resultado da pedra que Pedro lançou do púlpito no mar de judeus reunidos em Jerusalém para o dia de Pentecoste, as ondas do Espírito alcançaram três mil almas, um número que rapidamente cresceu para cinco mil homens e, sem dúvida alguma, muito mais mulheres e crianças (Atos dos Apóstolos 2:41; 4:4).

Portanto, pelo menos em termos de influência, se não também de cronologia, Jesus teve um discípulo, depois três, depois doze, depois cento e vinte, depois três mil, depois mais de cinco mil... E o resto, como o povo costuma dizer, é história, a história de Jesus. Os discípulos, ao seguir as instruções dadas por Jesus, em Atos dos Apóstolos 1:8, fizeram ondas com a mensagem do evangelho, e as boas novas saíram de Jerusalém e alcançaram toda a Judéia e Samaria, depois Damasco e Antioquia (a Síria moderna), Galácia (Ásia Menor), Macedônia (Grécia), Roma (Itália) e daí, possivelmente, foi para a Espanha (Europa) (veja Romanos 15:24,28). E o apóstolo Paulo, ao ser usado como o foi João, fez com que o efeito em cascata continuasse nas vidas que ele tocava.

Muitos cristãos podem dizer:

— Posso entender muito bem o impacto de João, Pedro, Tiago, dos Doze e de Paulo. Eles eram apóstolos! Mas a minha vida jamais causa esse efeito em cascata.

Espere aí! O que esses homens eram antes de se transformarem em apóstolos? Como você e eu, eles eram pessoas extremamente comuns. Eram pessoas cujos nomes jamais ganhariam uma nota de rodapé na história caso não tivessem respondido ao chamado de Cristo.

Mas como a história seria diferente se um homem comum, André, não fosse procurar seu irmão, Simão (Pedro), para lhe dizer: "Achamos o Messias" (João 1:40,41). E se outro homem comum, Filipe, não procurasse Natanael para lhe contar: "Achamos aquele sobre quem Moisés escreveu na Lei, e a respeito de quem os profetas também escreveram: Jesus de Nazaré, filho de José" (João 1:45)? E se um pescador comum, Pedro, não respondesse ao chamado de Cornélio, um gentio, para ir a sua casa compartilhar o evangelho (Atos dos Apóstolos 10:1-48)?

E se um menino de cinco anos, John Wesley, não fosse resgatado de uma casa em chamas? E se seu irmão, Charles, não tivesse ficado doente e, durante o período em que esteve acamado, não tivesse lido o comentário de Martinho Lutero sobre a carta aos Gálatas em que aprendeu que a salvação é pela graça por meio da fé? E se a mãe deles, Susanna, não fosse uma mulher piedosa que ensinou os dezenove filhos sobre as coisas de Deus e sempre orou por eles?

E se os mártires e reformadores como Policarpo, Ignácio, Huss, Savonarola, Latimer, Ridley e Cranmer tivessem declinado de sua fé diante das chamas? E se um desconhecido professor da Escola Dominical, Edward Kimball, não fosse ao encalço de um camarada recalcitrante, Dwight L. Moody, ganhando-o para Cristo em uma loja de sapatos de Chicago? E se um fazendeiro que produzia leite e laticínios em Charlotte na Carolina do Norte não ensinasse fielmente o evangelho, desde a mais tenra idade, a seu jovem filho, Billy Graham? Você e eu temos a segurança de nossa salvação hoje por causa do efeito em cascata posto em movimento alguns anos atrás, ou até mesmo gerações atrás, pela fidelidade de outros. Mas e quanto àquelas pessoas que ainda não ouviram o evangelho? Quem falará as palavras e fará as obras que porá em movimento os eventos que levarão essas pessoas a ser salvas? Pela graça de Deus e por intermédio de sua obediência ao chamado do Espírito Santo, você e eu devemos pôr em movimento esse efeito em cascata.

Inicie poderosos efeitos em cascata

Com grande efeito, os missionários e os evangelistas do século 20 tiraram proveito da dinâmica apresentada nas Escrituras, e essa dinâmica é *oikos*, evangelismo. Na verdade, *oikos* é a palavra grega para "casa" ou "família", e ela refere-se à forma como o evangelho tende a viajar ao longo das linhas familiares e relacionais. O carcereiro de Filipos, por exemplo, trouxe toda sua família para o Senhor assim que ouviu o evangelho (Atos dos Apóstolos 16:31-34). Da mesma forma, muitos no mundo todo são alcançados para Cristo a partir de um círculo de influência, *oikos*, em que o evangelho penetrou.

Agora, dê uma olhada (abaixo) à sempre em expansão lagoa de influências em que o efeito em cascata iniciado por Deus trabalha em sua vida e pode se propagar, se você aproveitar as oportunidades dadas pelo Senhor para que você fale e aja em nome de Cristo:

1. **Família** — Aqueles de sua família imediata são o campo mais fértil para plantar as sementes do evangelho.
2. **Família estendida** — Parentes com quem você tem contato e que observam sua vida podem necessitar de ouvir o evangelho — por seu intermédio.
3. **Amigos pessoais** — Essas amizades podem se desenvolver de muitas formas, mas é a confiança e a intimidade que você compartilha com os amigos que torna sua influência relevante.
4. **Colegas de trabalho** — A família está no topo da lista, mas podemos gastar a maior parte de nosso tempo com outras pessoas relacionadas ao nosso contexto de trabalho e de estudo.
5. **O próximo, nossos vizinhos** — A maior colheita armazenada nos campos dos Estados Unidos é a vizinhança. Quando teremos tempo para abrir e estabelecer linhas de comunicação em que o evangelho pode se disseminar?
6. **Contatos públicos e na comunidade** — Manifestar os valores bíblicos de integridade, compaixão e generosidade na comunidade abrirá portas inesperadas de oportunidades.
7. **Estranhos** — "Os encontros divinos" que parecem irrelevantes para nós podem causar um impacto transformador de vida em qualquer pessoa que encontre Cristo em nós.

A questão para o cristão não é se nossa vida representa um efeito em cascata nas pessoas à nossa volta — mas que *tipo* de efeito representamos para essas pessoas. Desafio cada um de vocês — como desafio a mim mesmo — a pedir a Deus por um ano em que possa causar muitos efeitos em cascata para o evangelho. Talvez você não veja a praia em que cada onda chega, mas a praia em que você está neste momento é onde a onda deve se iniciar.

Sinais de vida

Sinal de vida: Minha vida produz ondas que alcançam aqueles que estão à minha volta.

Versículo de vida: *Ninguém o despreze pelo fato de você ser jovem, mas seja um exemplo para os fiéis na palavra, no procedimento, no amor, na fé e na pureza* — 1 Timóteo 4:12.

Vida em ação: Que efeitos em cascata ou ondas ponho em movimento com as palavras que profiro e as obras que faço para Cristo?

Dia 28

As mangas arregaçadas de Jesus

Esse homem humilde estava disposto a liderar pelo exemplo e a pôr os outros adiante dele.

Conta-se uma história de um soldado que estava morrendo e do pregador que veio atendê-lo.

— Posso ajudá-lo de alguma forma? — perguntou o jovem pregador.

— Estou com frio — respondeu o homem que estava à beira da morte.

Em silêncio, o jovem pregador retirou seu casaco e o estendeu sobre o homem. O homem moribundo olhou fixamente para ele por algum tempo.

— Meu pescoço está doendo — gritou ele em meio à sua dor.

E lá estava o ministro retirando mais uma peça de roupa para servir de travesseiro para o homem que ali estava prostrado.

Alguns momentos mais de olhar fixo e, a seguir, a voz falou em um tom mais suave:

— Gostaria de fumar.

O pregador encontrou um cigarro, ascendeu-o e o pôs na boca do soldado.

Por fim o soldado disse para o pregador compassivo:

— Senhor, se você tiver algo na Bíblia que o leva a agir assim, leia esse trecho para mim.[1]

§

Essa história me traz à lembrança algo que aconteceu com um amigo meu quando ele era estudante no seminário, em Dallas, no Texas. Como parte de seu curso sobre habilidades do ministério pastoral, ele teria de passar uma noite de sábado na agitada sala de emergências de um grande hospital de Dallas. Sob a supervisão do pessoal da capelania do hospital, meu amigo tinha de ministrar da forma que pudesse — oração, encorajamento e aconselhamento — para aqueles que davam entrada na sala de emergências e para seus familiares.

Mais tarde, naquela noite de sábado, uma ambulância trouxe uma mulher para a sala de emergências; ela tentara tirar a vida cortando os pulsos. Ela já havia passado da meia-idade e era muito magra. Em sua face, transpareciam os anos de desespero e de vida difícil. Os pulsos foram enfaixados, e os medicamentos conseguiram estabilizar sua situação precária. Portanto, ela já não corria mais o perigo de morrer. Mas ela estava em um estado de agitação tamanha que precisava de alguém para confortá-la. Assim, meu amigo ficou ao lado dela enquanto os médicos trabalhavam em seu pulso — pulsos que traziam as marcas de inúmeros atos de desespero cometidos antes daquele dia.

Depois de o médico terminar o curativo e sair do quarto, meu amigo começou a escutar a história da mulher com certa medida de compaixão, algo que, sem sombra de dúvida, ela desconhecia. Sem julgamento, sem tentar evangelizá-la, sem tentar apontar em quê ela errara. Quando teve a oportunidade de falar, contou-lhe o quanto Deus a amava, importava-se com ela e entendia a dor que ela sentia.

Quando chegou a hora de a mulher sair da sala de curativos, ela olhou para ele e perguntou:

— Você é Jesus?

O Jesus que as pessoas amam

Muitas pessoas no mundo não gostam de religião, em geral, ou do Cristianismo (ou dos cristãos), em particular, mas é difícil encontrar alguém que tenha algo ruim para falar de Jesus. O que eles poderiam dizer? Jesus era gentil, humilde, sábio, firme e disposto a sacrificar-se pelos outros e a associar-se com todos. Não há nenhum registro em que ele faça algo que pudesse ser considerado uma perversidade ou descortesia. Até mesmo quando ele falava ou agia de forma enérgica, as pessoas concordavam que suas ações eram necessárias ou justificadas (Mateus 23:1-39; João 2:13-16).

As únicas pessoas que não gostavam de Jesus na Bíblia eram aquelas que tinham ciúmes de sua popularidade com o povo comum. Essas pessoas percebiam que havia algo de bom em Jesus. Ele era o tipo de pessoa que qualquer um de nós gostaria de ter como amigo. As mulheres ficavam tocadas por sua gentileza, os homens ficavam perplexos com sua força, e as crianças encontravam amor e conforto em seus braços.

Embora houvesse muitas razões na vida cotidiana para as pessoas se sentirem atraídas por Jesus, algo que ele fez por seus discípulos, na noite antes da crucificação, passou a definir quem ele era: um servo humilde. Talvez você esteja muito familiarizado com a cena...

Jesus e os Doze apóstolos haviam se reunido para celebrar a Páscoa. Quando Jesus mencionou que um dos que ali ceavam com ele o trairia, iniciou-se de imediato uma discussão para que descobrissem qual deles seria o traidor. E isso, o que não é de surpreender, iniciou uma discussão para saber qual deles poderia ser considerado o maior — ou seja, aquele que teria a menor possibilidade de ser o traidor do Mestre (Lucas 22:22-24). Sem dúvida, esse não foi o momento em que os discípulos elogiaram uns aos outros. Ao contrário, provavelmente cada um deles apontava a si mesmo como o maior — o que teria menos probabilidade de trair Jesus, o tipo de atitude que Pedro demonstraria mais tarde naquela noite (Mateus 26:33; João 18:25-27).

Bem, essa não foi a primeira vez que os apóstolos se envolveram nesse tipo de especulação sobre a santidade e o valor pessoal de cada um deles. Mais cedo, em Cafarnaum, Jesus percebeu que os discípulos estavam discutindo entre eles quem era o maior. É interessante notar que essa discussão também aconteceu após Jesus ensinar que um dia seria traído e morto (Marcos 9:30-34). Nesse ponto, os discípulos pareciam ter a intenção de provar que serviriam Jesus até o fim. Após esse primeiro argumento sobre qual deles era o maior, Jesus sentou-se com eles para uma conversa: "Se alguém quiser ser o primeiro, será o último, e servo de todos" (Marcos 9:35).

Mas, retornemos à celebração de Páscoa. Dessa vez, quando a discussão sobre qual deles era o maior começou, Jesus teve uma abordagem distinta para tratar a questão. Em vez de *falar* aos discípulos sobre o servir, ele *demonstrou* isso a eles. Como nenhum escravo estava presente no recinto, Jesus mesmo assumiu o papel do escravo (como o apóstolo Paulo explicou posteriormente na carta aos Filipenses 2:7). O Filho de Deus pegou uma toalha e uma bacia de água e começou a lavar os pés sujos de seus discípulos para tirar o pó e o encardido. Enquanto os ecos da palavra *maior* ainda reverberava no ambiente, Jesus mostrou a seus discípulos que a natureza da grandeza é... O serviço humilde.

Tenho certeza de que, até mesmo sob a luz fraca da lamparina, a face rubra de vergonha dos discípulos ficou evidente. Você pode imaginar alguma coisa mais embaraçosa do que proclamar a própria grandeza logo antes de o Filho de Deus lavar seus pés calejados e malcheirosos?

Mas é exatamente por causa disso que as pessoas amam Jesus; é por isso que ele era verdadeiramente grandioso. Não havia presunção ou pretensão em relação a ele. Esse homem humilde estava disposto a liderar pelo exemplo e a pôr os outros adiante dele.

Ser como Jesus

Já seria bastante convincente se Jesus lavasse os pés dos discípulos sem falar uma palavra sequer. Mas, quando terminou, disse-lhes: "Pois bem, se eu, sendo Senhor e Mestre de vocês, lavei-lhes os pés, vocês também devem lavar os pés uns dos outros. Eu lhes dei o exemplo, para que vocês façam como lhes fiz" (João 13:14,15).

Fica perfeitamente claro que Jesus queria que seus discípulos (e isso também nos inclui) fossem como ele. Ele não nos chama hoje para realizar um ato que era comum os servos fazerem na sua época. Antes, ele nos chama para sermos pessoas que não se sentem superiores e que, em razão disso, não estão acima de servir os outros. No século XXI, a que esse serviço se assemelharia? Cortar a grama do vizinho? Trocar a fralda de um pai idoso que sofre de incontinência urinária? Limpar a área da igreja depois que uma tempestade de vento deixa o terreno sujo com troncos de árvores e entulhos? Apresentar-se para servir no berçário da igreja quando há falta de cooperadores? Fazer as tarefas domésticas do cônjuge quando você sabe que ele ou ela teve um dia particularmente difícil?

Há um número infinito de maneiras para que nós sirvamos como nosso Senhor serviu. Algumas das maneiras nós podemos planejar, e essas são as oportunidades "fáceis". As situações que não planejamos são as mais desafiadoras — aqueles compromissos divinos que achamos que foram preparados por Deus, como o encontro que meu amigo teve com aquela mulher desesperada na sala de emergências do hospital. Nessas situações, encontramos pessoas desesperadas que anseiam por alguém que as ajude e as sirva como Jesus faria. Nessas situações, encontramos um mundo faminto por Jesus, não por religião ou Cristianismo.

§

Jesus não nos ama só porque precisamos ser amados. Ele nos ama para que também precisemos aprender a amar (servir) uns aos outros (João 13:34). Henry Drummond, em seu clássico sermão, "A maior coisa que pode nos acontecer neste mundo", explicou como essa transformação acontece: se uma peça de aço comum for amarrada em um magneto e deixada ali, depois de algum tempo o magnetismo do magneto passa para o aço de modo que ele também se torna um magneto. A forma como aprendemos a amar os outros, portanto, é ficando tão próximo de Jesus que seu amor se transforme em nosso amor pelos outros.[2]

O Jesus em você pode ser o único Jesus que alguém encontrará em toda sua vida. Certifique-se de que eles vejam o Jesus que as pessoas sempre amaram.

Sinais de vida

Sinal de vida: A humildade é a marca registrada do meu serviço.

Versículo de vida: *Eu lhes dei o exemplo, para que vocês façam como lhes fiz* — João 13:15.

Vida em ação: Que ações — como as de Jesus — eu poderia adotar para viver com humildade perante as pessoas com quem convivo?

Mãos abertas: a vida generosa

Dia 29

Mãos abertas

Você pode viver de forma bem-sucedida com a mão aberta.

De acordo com a tradição, o costume de dar as mãos começou entre os duelistas da antiga Alemanha, um sinal de intenções pacíficas. Os homens não poderiam sacar a espada quando as mãos estivessem estendidas. Portanto, a mão aberta representava que estavam se encontrando como amigos.[1] De modo inverso, punho fechado ou cerrado é sinal de avidez e egoísmo. Ademais, uma mão fechada, com freqüência, representa um coração fechado.

À luz desses fatos, gostaria de sugerir que este ano fosse o ano da Mão Aberta. E o primeiro passo para que isso aconteça em seu mundo pessoal depende de sua resposta à pergunta que Deus fez a Moisés, em Êxodo 4:2: "Que é isso em sua mão?" Quando Moisés lhe disse que era o cajado de pastor — Deus ordenou que ele abrisse a mão e o jogasse no chão. Depois que Moisés o jogou no chão, o Senhor o devolveu a ele com novo poder e propósito.

O que está em *sua* mão? Seus dedos estão abertos, as mãos levantadas para cima, liberando tudo para Deus, e as mãos estão prontas para receber tudo que ele quer lhe dar? Ou você está se apegando à vida com o aperto de mão mortal?

Cuidado! No Congo africano, um caçador que prepara armadilhas para caçar animais bolou uma armadilha inteligente para pegar macacos. Ele usou uma cabaça oca onde colocou amendoins através de um pequeno buraco. O macaco poria a mão na abertura e seguraria os amendoins, mas essa abertura era muito pequena e seria impossível o macaco conseguir tirar a mão, se esta estivesse fechada. E, por não querer abrir a mão, o macaco seria capturado.[2]

Quais são as coisas que você segura com firmeza... Tentando manter sob controle... E que não quer entregar para o Senhor? Talvez, um relacionamento? Um bem material? Um plano? Um objetivo? Um sonho? Talvez seja uma atitude de amargura ou uma mágoa que já deveria ter deixado aos pés do Senhor meses atrás? Talvez Deus não esteja disposto a abençoar você porque sua mão não está aberta para receber suas bênçãos.

Uma mão fechada fundamenta-se no falso pressuposto de que sabemos melhor que ninguém, até mais que nosso Deus todo-poderoso, cuja sabedoria é insondável, o que é melhor para nós. Entretanto, as mãos abertas refletem a consciência humilde de que o Senhor Jesus pode fazer mais do que nós e de que seu plano para nós é melhor que qualquer coisa que possamos conceber. As mãos abertas dizem o seguinte: "Meu Deus, o Senhor sabe como essa coisa é preciosa para mim, mas reconheço que o Senhor é mais precioso para mim do que isso. O Senhor tem um plano grandioso para minha vida, e não quero perdê-lo por estar agarrada a meus tesouros maculados. Abro minhas mãos para o Senhor em rendição e confiança."

§

Bill, um executivo do fundo de pensão, conhecido meu, contou-me, recentemente, sobre o período em que seu filho esteve afastado do Senhor. Ele disse:

— Finalmente percebi que teria de abrir minhas mãos e deixá-lo partir. Por algum tempo, tentei controlar, manipular, fazer pressão, influenciar os eventos, mas meus esforços só o faziam se afastar ainda mais. Por fim, apenas abri minhas mãos e entreguei meu filho aos cuidados de Deus. Sabia que o Senhor era capaz de fazer mais do que eu poderia. Com o tempo, o Senhor trouxe meu filho de volta para si e para nós.

Você, como Bill, sente-se sobrecarregado por um problema difícil? Abra suas mãos e entregue esse problema ao Senhor. As mãos do Senhor são maiores que as suas, e ele pode fazer muito mais do que você poderia. Portanto, entregue a ele todos os seus medos, todas as suas preocupações, todas as suas ansiedades. "Lancem sobre ele toda a sua ansiedade, porque ele tem cuidado de vocês" (1 Pedro 5:7).

Também entregue ao Senhor aqueles pecados que parece que você não consegue vencer. Confesse-os a Deus e peça que ele o perdoe e o limpe. E entregue a ele aquelas pessoas e coisas preciosas a que você se agarra. Mãos abertas representam a disposição — sua disposição de abrir mão de seus pecados, de suas lutas e de você mesmo. E. Stanley Jones, missionário, escreveu: "Você tenta realizar seu ego na auto-realização, pois todas as respostas estão em você. Você procura render seu ego a Jesus Cristo em sua auto-rendição, pois todas as respostas estão nele."[3]

Generosidade

Além de refletir uma confiança humilde em Deus, nossas mãos abertas também representam a generosidade. Em Deuteronômio 15:7,8, aprendemos que, se encontrarmos um irmão "pobre em qualquer das cidades da terra", não devemos endurecer nosso coração; ao contrário, o texto nos instrui para que "tenham[os] mão aberta e emprestem[os]-lhe liberalmente o que ele precisar". A mulher sábia de Provérbios 31 "acolhe os necessitados e estende as mãos aos pobres" (versículo 20).

Minha mãe era esse tipo de mulher sábia. Uma das melhores e mais marcantes memórias de minha infância diz respeito ao que ela fazia todos os sábados à noite. Ela separava todas as contas e as colocava sobre a mesa. A seguir, ela abria o talão de cheques, e o primeiro cheque era sempre para a igreja. Via o envelope de ofertas sobre a mesa e a observava, semana após semana, oferecer suas primícias ao Senhor. Ela era como a mulher de Provérbios 31, e cresci com esse testemunho vivo diante de mim.

Seus filhos têm memórias similares? Veja a forma como 2 Coríntios 9:7 explica essa idéia: "Cada um dê conforme determinou em seu coração, não com pesar ou por obrigação, pois Deus ama quem [o Senhor tem prazer nessa pessoa e a valoriza acima de tudo, e não está disposto a abandoná-la nem a ficar sem utilizá-la] dá com alegria [com contentamento, e está sempre pronto a fazer isso]" — o Senhor ama aquele cujo coração está voltado para seu doar.

A doação espiritual começa no coração com estas palavras: "Quero". Elas são traduzidas no cérebro por "Farei". A seguir, essa doação abre as mãos e diz: "Estou fazendo isso." Esse coração e essa mão doadores podem caracterizar exatamente seu próximo ato de obediência e de serviço.

Receptividade

Mãos abertas implicam receptividade e também generosidade, pois é difícil receber uma dádiva quando as mãos estão fechadas. As mãos de Deus, afinal, estão abertas e estendidas em nossa direção: ele está pronto para nos dar tudo de que necessitamos — e muito mais. Conforme lemos em Salmo 145:16: "Abres a tua mão e satisfazes os desejos de todos os seres vivos."

Na história humana, as mãos de Jesus oferecem o exemplo mais inspirador de mãos abertas. O cordeiro imaculado de Deus, no Calvário, ficou com os braços estendidos ao longo da viga de madeira, e suas mãos ficaram totalmente abertas para receber os pregos que o crucificaram ali para que ele nos salvasse. A natureza de Jesus é dar com mãos abertas, furadas pelos pregos. Considere a freqüência com que o verbo *dar*, na Bíblia, está conectado aos nomes de *Deus, Jesus* e *o Senhor.*

> Se vocês, apesar de serem maus, sabem dar boas coisas aos seus filhos, quanto mais o Pai de vocês, que está nos céus, dará coisas boas aos que lhe pedirem! (Mateus 7:11); [...] Porque Deus tanto amou o mundo que deu [...] (João 3:16); como Cristo amou a

> igreja e entregou-se por ela [...] (Efésios 5:25); [ele] se entregou a si mesmo por nossos pecados (Gálatas 1:4); [...] [ele] se entregou por mim (Gálatas 2:20); Aquele que não poupou seu próprio Filho, [...] como não nos dará juntamente com ele, e de graça, todas as coisas? (Romanos 8:32); [...] Deus, que de tudo nos provê ricamente, para a nossa satisfação (1 Timóteo 6:17).

Essas verdades bíblicas penetram até o âmago de nosso relacionamento com Deus por intermédio de Cristo Jesus, nosso Senhor. Jesus quer o tesouro a que você se apega e segura firmemente. Ele quer que você abra as mãos para que possa abençoá-lo. O que Deus pode querer lhe dar e não pode fazê-lo em razão de suas mãos estarem fechadas? O que você poderia entregar a ele? Suas mãos abertas podem representar infindas possibilidades, mas as mãos cerradas, nenhuma. Pense na mulher que Jesus encontrou no poço (João 4). Evidentemente, Jesus tinha a intenção de viajar através de Samaria e parar no poço de Jacó porque, em sua onisciência, ele sabia que ali havia uma mulher cujas mãos — e cujo coração também — estavam prontas para se abrir para ele. E Jesus estava preparado para doar de forma abundante. "Quem beber da água que eu lhe der nunca mais terá sede. Ao contrário, a água que eu lhe der se tornará nele uma fonte de água a jorrar para a vida eterna" (versículo 14). E a mulher respondeu-lhe: "Senhor, dê-me dessa água" (versículo 15).

O Senhor quer nos dar mais paz, mais graça, mais amor por ele, mais amor pelos outros, mais paciência, mais alegria, mais domínio próprio. Ele anseia por lhe dar um novo começo em humildade, generosidade e receptividade. Mas ele está esperando que você lhe estenda as mãos vazias — e ele o ajudará a fazer isso. Apenas peça isso a ele! Diga simplesmente:

— Senhor, não consigo abrir minhas mãos sozinho, mas, com sua ajuda, estou disposto a estender meus dedos para o Senhor.

Deus, nosso bom Pai, o ajudará a abrir seus punhos cerrados. Depois, ele encherá seu mundo com bondade. O Senhor pode ajudar você a viver de forma bem-sucedida com a mão aberta.

O Senhor estendeu suas mãos para mim
Estendidas no cruel Calvário.
Que neste ano eu também possa fazer o sinal:
Mãos estendidas pela graça divina.

Sinais de vida

Sinal de vida: Busco formas de doar generosamente aos outros.

Versículo de vida: *Se houver algum israelita pobre em qualquer das cidades da terra que o* SENHOR, *o seu Deus, lhes está dando, não endureçam o coração, nem fechem a mão para com o seu irmão pobre. Ao contrário, tenham mão aberta e emprestem-lhe liberalmente o que ele precisar* — Deuteronômio 15:7,8.

Vida em ação: Que recursos tenho que posso doar para ajudar outras pessoas?

Dia 30

Viver de bolsos vazios

No Reino de Deus, os bolsos vazios são exaltados.

Os bolsos, da forma como os conhecemos, começaram a existir em algum momento do século XVIII. Mas hoje eles são bem diferentes dos primeiros bolsos que eram uma bolsa pequena pendurada no cinto ou em volta do pescoço. Mas...

- **Problema:** Os bolsos pendurados nos cintos eram um alvo fácil para os ladrões.
- **Solução:** Os bolsos pendurados nos cintos, mas por dentro da roupa, não do lado de fora.
- **Problema:** Essa solução despistava os ladrões, mas também impedia que a pessoa retirasse qualquer coisa com facilidade dos bolsos.
- **Solução:** A idéia seguinte foi abrir uma fenda do lado das calças (pantalonas) para permitir um acesso aos bolsos.

- **Problema:** O acesso pela fenda até o bolso por dentro da roupa era algo muito desajeitado.
- **Solução:** Alguém sugeriu que deveriam costurar o bolso bem junto à fenda aberta nas calças para que a mão da pessoa fosse diretamente para dentro do bolso. Brilhante![1]

A Lei do Bolso

Se ninguém tivesse inventado essa lei espiritual antes, eu a chamaria de Lei do Bolso de Jeremiah e a apresentaria imediatamente: "Posses pessoais se expandem para encher o espaço vazio disponível nos bolsos." À medida que utilizo a metáfora do bolso, veja se você não concorda comigo.

Parece-me que quanto mais espaço temos (quanto mais bolsos temos) na vida, mais coisas acumulamos para encher esse espaço. Por exemplo, pense em como as famílias progridem ao longo da vida. A primeira casa, em geral, é pequena, e o jovem casal mal tem mobília para tanto espaço! Mas, por fim, eles — e isso acontece logo — passam a precisar de mais espaço quando os filhos chegam. Assim, a outra casa é maior que a anterior — talvez ela tenha um porão, um sótão ou um quarto a mais —, e todos os cômodos são muito mais amplos. Eles riem e brincam, gritando: "Oiiii!", para ter a sensação da voz ecoando nos cômodos vazios.

— Jamais conseguiremos mobiliar todos esses cômodos — prediz o jovem casal.

Depois, sem que o casal se dê conta, os dois carros estão estacionados na frente da casa, porque a garagem também está atravancada com um monte de coisas.

Ninguém queria que isso acontecesse, mas acontece. Essa a Lei do Bolso de Jeremiah: "Posses pessoais se expandem para encher o espaço vazio disponível nos bolsos."

Desde o início, o propósito mais importante para os bolsos era carregar dinheiro. Afinal, as pessoas não tinham todos esses aparelhos eletrônicos e papéis para carregar, como acontece hoje em dia. Os ladrões — os batedores de carteira—, com a expectativa de fazer dinheiro fácil com suas mãos ágeis, passaram a ter como objetivo os bolsos. Mas, à medida que progredimos na vida, em vez de nossos bolsos ficarem mais e mais cheios de dinheiro que podemos usar para edificar o Reino de Deus, nossos bolsos ficam cheios das coisas que podemos comprar. Temos de cavar fundo para doar para a obra do Senhor, mas parece que não tem muito dinheiro ali. De alguma forma, parece que sempre estamos sem dinheiro quando se trata de doar dinheiro a Deus.

Portanto, deixe-me sugerir que todos nós tenhamos — ou trabalhemos para ter — cinco tipos distintos de dinheiro em nosso bolso para que possamos usar da forma como Deus nos orientar a fazer.

Divisões em seu bolso

Primeiro tipo de dinheiro é, em certo sentido, o *dinheiro invisível.* Esse é o dinheiro que você tem em mãos, mas que não pode usar como gostaria. Lembro-me da pequena quantia que minha mãe me dava quando ia a um acampamento na época da escola fundamental:

— Bem, David, não perca esse dinheiro nem o gaste. Leve-o para a escola e o dê a sua professora. Entendeu bem?

Por um breve período, aquele dinheiro ficava sob meus cuidados, mas não era meu para eu gastá-lo da forma que quisesse. Ele era designado para um propósito. Por fim, eu recebia o benefício daquela viagem, mas eu perdia o controle sobre aquele dinheiro, assim que o entregava à professora.

Dez por cento do dinheiro de um cristão (de seu salário) deve ser *dinheiro invisível.* Ele fica em posse dele por algum tempo, antes de ser retornado para o Senhor. Esse é o dízimo do Senhor: 10% de tudo que o Senhor lhe dá é dele — e pertence a ele (Levítico 27:30; Deuteronômio 14:22,23; Malaquias 3:10; Lucas 11:42).

O segundo é o *dinheiro miúdo.* Geralmente, achamos que esse dinheiro miúdo se refere aos trocos e às moedas que carregamos no bolso ou na carteira. Todo esse dinheiro miúdo, com freqüência, não chega a somar uma grande quantia, e esse é o dinheiro que sempre nos sentimos confortáveis para dar sem pestanejar — como o presente que, na Antigüidade, os filipenses deram ao apóstolo Paulo (Filipenses 4:10-20).

Deve haver essa categoria de dinheiro que damos além de nosso dízimo, o dinheiro que sentimos liberdade de dar, de forma generosa e com disposição, sempre que uma necessidade surgir. Talvez, uma coleta seja feita para auxiliar a suprir as necessidades de algum aluno da Escola Dominical, ou uma oferta de amor seja levantada para algum missionário que visita nossa comunidade. Quem sabe o filho de um vizinho venha até sua porta para vender doces ou papel de embrulho para ajudar a escola. Esse *dinheiro miúdo* — e a quantia varia para cada um de nós — é o tipo de dinheiro que, sempre que alguém precisar, temos liberdade para dizer:

— Certamente ficarei feliz em ajudar.

O terceiro tipo é o *dinheiro da carteira.* Refiro-me à carteira, pois é ali que guardamos algumas contas... dinheiro dobrado... papéis importantes. Esse dinheiro é algo um pouco mais sério do que o *dinheiro miúdo;* é preciso de um pouco mais de compromisso para gastar o *dinheiro da carteira* do que para gastar o *dinheiro miúdo.*

Em minha mente, esse é o tipo de dinheiro que, todas as semanas, os irmãos coríntios separavam em primeiro lugar para se preparar para a coleta que Paulo estava fazendo para a igreja de Jerusalém (1 Coríntios 16:1-4). Era compromisso de longo prazo, não uma doação espontânea. O *dinheiro da carteira* é, provavelmente, uma dádiva sacrificial, uma que exige que você escolha desistir de algo a fim de alcançar alguma outra coisa.

A próxima categoria é o *dinheiro em cheque* — dinheiro que não carregamos conosco, mas que gastamos ao fazer um cheque. Essa doação tem um custo mais alto.

Talvez, por exemplo, você ore sobre ter um compromisso de dois anos para apoiar um missionário todos os meses — uma decisão que representa algumas centenas de reais. Ou você pode ficar sabendo que a caldeira de calefação da casa de uma viúva de sua igreja quebrou no meio do inverno e deve ser trocada. Você e um amigo decidem que o Senhor quer que vocês supram a necessidade dela. Essa doação não poderá ser deduzida do imposto de renda, além de representar adiar uma reforma em sua própria casa — e não haverá nenhum elogio envolvido nessa transação. Mas você doa além do que normalmente doaria para o benefício de alguém que precisa desse dinheiro — como os macedônios fizeram quando ficaram sabendo que os irmãos de Jerusalém estavam sofrendo (2 Coríntios 8:1-7).

Por fim, temos o *dinheiro sério*. Isso não quer dizer que as quatro categorias anteriores não se refiram a dinheiro sério. Todo nosso dinheiro pertence a Deus, portanto todo ele é sério. Mas quando você doa o *dinheiro sério*, você está dizendo:

— Senhor, tudo pertence ao Senhor. Como escravo de Jesus Cristo, reconheço que tudo vem do Senhor e é seu para o Senhor gastar como quiser. Sinta-se livre para pedir parte ou tudo do que tenho, e obedecerei ao Senhor.

Davi deu *dinheiro sério* quando esvaziou seu tesouro pessoal para construir o primeiro templo em Jerusalém (1 Crônicas 29:1-20). E Paulo deixou para trás algum *dinheiro sério*, junto com tudo o mais que tinha neste mundo, quando transformou o tornar Cristo conhecido no único objetivo de sua vida (Filipenses 3:7,14). Para aqueles que deram sua vida para Cristo, Paulo diz que desistir das coisas terrenas para ganhar as celestiais é um sinal de maturidade (versículo 15).

O que você tem em seu bolso?

O mundo em que vivemos diz que bolsos cheios são um sinal de inteligência, diligência e prosperidade. Mas, no Reino de Deus, os bolsos vazios são exaltados. Jesus jamais exaltou o rico por ele ter os bolsos cheios até mesmo depois de doar, mas ele exaltou a viúva pobre cujos bolsos ficaram vazios depois que ela doou as duas moedinhas de cobre que tinha (Lucas 21:1-4).

Se formos generosos perante o Senhor, nos comprometemos a dar a ele o *dinheiro invisível*. Algumas vezes, ele pedirá que doemos nosso *dinheiro miúdo*, outras o *dinheiro da carteira*, ocasionalmente pedirá o *dinheiro em cheque* e, depois, aquela doação única de *dinheiro sério*. De fato, se invertermos a ordem e dermos primeiro nosso *dinheiro sério* — se dermos a ele tudo que somos e tudo que temos —, o resto das doações fluirão como um rio de água viva através de nós para alcançar os outros.

Portanto, fale com Deus hoje sobre seus bolsos e sobre o que se encontra neles. Peça-lhe para que lhe dê graça para viver com bolsos vazios — ou, até mesmo, com nenhum bolso!

Sinais de vida

Sinal de vida: Dôo aos outros porque Deus doou ricamente para mim.

Versículo de vida: *Ordene aos que são ricos no presente mundo que não sejam arrogantes, nem ponham sua esperança na incerteza da riqueza, mas em Deus, que de tudo nos provê ricamente, para a nossa satisfação. Ordene-lhes que pratiquem o bem, sejam ricos em boas obras, generosos e prontos a repartir. Dessa forma, eles acumularão um tesouro para si mesmos, um firme fundamento para a era que há de vir, e assim alcançarão a verdadeira vida* — 1 Timóteo 6:17-19.

Vida em ação: Como eu encaro o dinheiro? Encaro-o como algo que Deus deu para mim ou como algo que Deus me deu para que desse para os outros?

Dia 31

Homem rico, homem pobre

O discipulado cristão é radical.
Viva como servo de Cristo!

Embora muitos cristãos já tenham ouvido falar *do* finado Dr. Bill Bright, fundador e presidente do Campus Cruzade for Christ International [Campus Cruzada para Cristo Internacional], poucos deles conhecem os detalhes *sobre* ele e sua esposa, Vonette. E o que quero contar-lhe sobre eles, conto como amigo pessoal deles e por causa de minha profunda admiração por esse casal. Eles são exemplos excelentes de pessoas que decidiram não permitir que as coisas deste mundo interferissem em sua busca do céu.

Dr. Bright era um jovem executivo bastante próspero, bem a caminho de seu sucesso financeiro, quando ele e Vonette tiveram um encontro com Cristo. À medida que cresciam na fé, ficaram perplexos com o compromisso total dos discípulos de Jesus e decidiram que deveriam viver da mesma forma. Portanto, fizeram contratos por escrito com Cristo, prometendo entregar todas as posses que tinham — até mesmo os dons, as habilidades e os sonhos que tinham em relação ao futuro — para nosso Salvador para que ele os usasse em seu serviço. Nesse documento escrito, eles literalmente abriram mão de tudo que tinham e tornaram-se escravos de Cristo (Romanos 1:1). Bill Bright, nas vinte e quatro horas após tomar essa decisão, recebeu a inspiração, que lhe foi dada por Deus, para iniciar a organização que passou a ser conhecida de todos nós, o Campus Cruzade for Christ International [Campus Cruzada para Cristo Internacional] (CCC).

E Bill Bright jamais voltou atrás em relação a esse compromisso. Um artigo da revista *Christianity Today* trata a forma como os Bright, escravos de Cristo, lidavam com o dinheiro. Naquele ano, CCC teve uma receita de mais de 300 milhões de dólares, mas Bill e Vonette juntos tinham o salário de 48 mil dólares anuais, que levantam junto a apoiadores individuais, exatamente como todos os membros da equipe do CCC. Quando ele ganhou o prêmio Templeton para o progresso da religião, em 1996, Dr. Bright doou o prêmio todo — mais de um milhão de dólares — para ajudar a desenvolver o ministério no mundo todo para ensinar sobre a oração e o jejum. Ele investiu 50 mil dólares, aproximadamente toda sua modesta conta reservada para a aposentadoria, para iniciar um centro de treinamento em Moscou. Todos os *royalties* que recebia com seus numerosos livros eram doados para CCC; ele não aceitava pagamento pelas palestras que proferia e não tinha nenhuma poupança. Os Bright não tinham carro nem casa própria. Eles pagavam o aluguel mensal para viver em um condomínio doado ao CCC.[1]

Publico essa informação sobre o Dr. Bright e Vonette apenas porque esses dados — com a permissão deles — tornaram-se públicos. Mesmo assim, relato esses fatos com alguma hesitação: tenho consciência do perigo de convidar as pessoas a fazer comparações quando focamos a vida de um determinado cristão que realizou coisas maravilhosas. Mas chamo atenção ao estilo de vida desses amigos, porque isso ilustra a resposta correta àquilo que Jesus pediu que o jovem rico fizesse — embora este não tenha conseguido fazer isso. A fala de Jesus para esse jovem foi tão radical que ele simplesmente não foi capaz de segui-la. Mas creio que Jesus Cristo fez o mesmo desafio para Bill e Vonette Bright — e eles obedeceram.

O discipulado cristão é radical. Viver como servo de Cristo é algo radical. E essa perspectiva radical é algo que está muito em falta em nosso Cristianismo atual. Quando Jesus Cristo pediu que o governante rico lhe desse tudo que tinha e o seguisse, ele hesitou e se perdeu. Bill Bright não hesitou, e creio que o exemplo dos Brights é digno de nota em uma época em que o mundo obstrui o caminho para o céu para muitos discípulos.

Uma questão radical

É relevante o fato de que Mateus, Marcos e Lucas registrem a história do jovem rico (veja Mateus 19:16-30; Marcos 10:17-31; Lucas 18:18-30). O relato se inicia com a pergunta de alguém que tem preocupações sinceras em relação à vida eterna, mas essa conversa acaba em tragédia: o homem perde o reino por causa de seu amor pelas coisas materiais.

Ao juntar o relato dos três escritores do evangelho, conseguimos uma imagem em 3-D desse encontro. Um jovem judeu importante (uma autoridade de algum tipo), alguém muito rico, cai de joelhos diante de Jesus e pergunta-lhe o que deve fazer para herdar a vida eterna. A primeira resposta de Jesus — fundamentada no Decálogo, os Dez Mandamentos — é que ele deveria guardar os seis mandamentos que diziam respeito a amar o próximo (Êxodo 20:12-17). O jovem rico reconhece que ele guarda os mandamentos desde que era jovem, provavelmente desde seu *bar mitzvah* ("filho do mandamento") quando ele completou 13 anos. A resposta dele não foi nada arrogante nem uma demonstração de orgulho; ele simplesmente disse que seu foco sempre fora o cumprimento externo das Leis de Deus, o mesmo que o apóstolo fazia antes de se converter (Filipenses 3:5,6).

A resposta do jovem estimulou, da parte de Jesus, a resposta de amor *agape* — provavelmente uma resposta de compaixão para alguém que, por toda sua vida, passara voltado para a prioridade errada. O jovem rico guardara as exigências externas da Lei, embora ainda sentisse em seu coração que isso não era o suficiente para ganhar a vida eterna. Jesus o amava por sua busca honesta e questionamento transparente.

Mas quando Jesus passou dos requerimentos externos para as prioridades internas, a face do jovem se entristeceu. Jesus focara o elo mais fraco da corrente, aquele em que o jovem achara que ancoraria as portas do céu.

A resposta radical de Jesus

Muitos líderes judeus provavelmente teriam respondido como o jovem rico, afirmando que guardaram fielmente as Leis de Deus. Mais uma vez, temos o testemunho de Paulo de que ele era irrepreensível no que dizia respeito à Lei, e outros, com certeza, também se tinham em alta consideração. Mas quando Jesus proferiu a exigência seguinte para a vida eterna, ele destruiu os fundamentos daquele jovem quanto ao guardar a Lei: "Falta-lhe uma coisa [...]. Vá, venda tudo o que você possui e dê o dinheiro aos pobres, e você terá um tesouro no céu. Depois, venha e siga-me" (Marcos 10:21).

Para ser honesto, a resposta não verbalizada da maioria dos cristãos, provavelmente, seria a mesma do jovem rico:

— Será que ele está falando sério?

Os escritores dos evangelhos sinóticos relatam-nos que o jovem saiu dali com o semblante triste e abatido "porque tinha muitas riquezas" (Mateus 19:22).

Aparentemente, esse jovem rico permitiria que Jesus tivesse tudo em sua vida — as tentações sexuais, o desejo de vingança, a raiva assassina, as inclinações para mentir, a necessidade de honrar os pais —, tudo, exceto sua riqueza. A riqueza era dele — e ele a usaria para coisas boas. Ele a usaria para guardar a Lei. Ele doaria parte dela em suas ofertas. Mas ele não abriria mão dela. Ele não estava preparado para deixar de ser um homem de posses para passar a ser um homem sem posses. E ele não explicou por que não estava preparado para isso. Ele apenas pegou sua riqueza e saiu dali.

E Jesus disse aos discípulos (e a nós também): "Como é difícil aos ricos entrar no Reino de Deus!" (Marcos 10:23).

Nossa resposta radical ou lamentável?

Jesus *falava* sério? Sabemos que sim: Jesus não mentia nem dizia nada que realmente não quisesse dizer. Mas, talvez, aquele teste fosse apenas para aquele jovem rico? Você realmente acha isso? Acho que não. Em Lucas 14:26,27, Jesus se dirigiu para uma grande multidão de seguidores e disse basicamente a mesma coisa:

— Se você não estiver disposto a largar tudo por minha causa, não pode ser meu discípulo.

Se você e eu estivéssemos conversando sobre isso, estaríamos, nesse ponto da conversa, buscando algo profundo para dizer. Nosso silêncio mútuo seria um eco do silêncio do jovem rico, quando ele se virou e foi embora. Há pouco a dizer em face de simplicidade tão radical: "Vá, venda tudo o que você possui e, [...] depois, venha e siga-me."

Você e eu estamos respondendo a Jesus de forma radical ("Sim, Senhor."), ou lamentável ("Não, Senhor.")? Não posso lhe dizer até que ponto as coisas têm de sair de suas mãos ou casa para que você saiba que não está permitindo que as coisas deste mundo obstruam seu caminho para o céu. Você tem de ficar diante do Senhor para fazer o que Bill e Vonette Bright fizeram — ou seja:

— Senhor, somos seus escravos. Tudo que temos é do Senhor. Mostre-nos agora o que, como servos fiéis, devemos fazer com isso.

Se você pedir a ele que lhe mostre o que fazer, ele o fará.

Assuma o compromisso de fazer com que este mundo desobstrua o caminho do céu. Entregue suas riquezas, seus dons, suas habilidades e seus sonhos para Deus para que ele use tudo isso da forma que quiser. Conforme o missionário radical Jim Elliot disse: "Não é tolo aquele que dá o que não pode guardar para ganhar aquilo que ele não pode perder."[2]

Sinais de vida

Sinal de vida: Nada deve representar um obstáculo em nosso caminho para seguir a Jesus.

Versículo de vida: *Como é difícil aos ricos entrar no Reino de Deus!* — Marcos 10:23.

Vida em ação: Existem aspectos de minha vida que representam um obstáculo para a busca das coisas celestiais? O que posso fazer para ficar mais orientado para as coisas do céu?

Dia 32

Abrir caminho

É impossível conhecer o cristão intimamente,
mas podemos abrir nosso coração para qualquer pessoa
que declarar o nome de Cristo como Senhor de sua vida.

Os nomes das pessoas que serviram a Deus de forma importante e, algumas vezes, ilustre aparecem em toda a Bíblia. Você já leu essas histórias ou já ouviu falar de suas lendárias façanhas... Tenho em mente Abraão, Moisés, Débora, Ester, Davi, Pedro, João, Maria Madalena, Gaio e Paulo, isso só para mencionar alguns deles.

Espere aí! Gaio? Quem é Gaio? Ainda bem que você perguntou! Gaio pode ser caracterizado, em vários aspectos, como uma pessoa muito comum, mas uma pessoa não é mencionada na Bíblia por mero acaso. Um nome aparece no texto ou é ali omitido de forma intencional, há um propósito para isso. Alguns camaradas são citados por suas boas obras; outros alcançam a notoriedade por causa de sua desobediência a Deus. E ainda outras pessoas, não fosse por essa menção na Bíblia por um único ato exemplar de fé, levariam uma vida obscura.

O nome de Gaio aparece na Bíblia como testemunho para seus atos espirituais de serviço. Talvez, você não esteja familiarizado com esse nome, mas, sem dúvida, seu trabalho para o reino foi vital e importante. De fato, todo um livro da Bíblia gira em torno do serviço desse homem a Deus. Que ato extraordinário de obediência fez com que Gaio merecesse uma menção na Palavra de Deus?

Para dizer isso de forma simples, Gaio era um homem que abria caminho. Ele não era pregador, nem pastor, tampouco missionário, mas ele aprendeu a abrir caminho para aqueles que eram. Gaio é mencionado na Bíblia — e nós ainda falamos sobre ele hoje em dia —, porque ele sintetiza o tipo de servo que devemos ser para Deus.

Gaio capacitava os outros para o ministério, e você também pode fazer isso.

O costume de Gaio

Gaio era um nome romano comum, portanto, ocasionalmente, nós nos deparamos com ele na Bíblia. Mas esse Gaio em particular, cristão de uma das igrejas da Ásia Menor, é mencionado em 3 João. João endereça sua carta a Gaio, chamando-o de "amado", declarando abertamente seu amor por esse cristão (3 João 1). João, obviamente, tinha Gaio na mais alta estima, porque este exercitava, sem reservas, o dom da hospitalidade em favor dos pregadores itinerantes que passavam por aquela região. Ao fazer isso, ele fazia muito mais do que apenas oferecer cama e café-da-manhã para um viajante. Ele ajudou a pavimentar o caminho para o evangelho.

Nessa passagem, não há qualquer sugestão de que ele tenha saído para o campo missionário, mas seu apoio para aqueles que faziam isso os capacitava para que dessem prosseguimento a esse ministério. Ele mantinha a porta de sua casa aberta para os viajantes cristãos que passavam por ali. Embora outras pessoas não fossem nem de perto tão hospitaleiras — João mencionou alguém que não fez isso para seus irmãos —, o estilo simples de Gaio para expressar seu amor por Deus causara impacto relevante no trabalho do reino.

Não é possível que todos nós saiamos para o campo missionário. Tampouco Deus não chama todos nós para sermos missionários de carreira. Mas qualquer um de nós — literalmente, qualquer um de nós — pode seguir o exemplo de Gaio: podemos pavimentar o caminho de outros.

Eis aqui algumas coisas que você pode fazer para apoiar os mensageiros de Deus.

Abra suas mãos

Não existe forma de contornar isso. A responsabilidade cristã é prover a base financeira para a propagação do evangelho. O mundo secular jamais pagará as contas para ser evangelizado.

João, em sua carta, salienta que os pregadores que passavam pelo caminho de Gaio eram pessoas que haviam abandonado o mundo secular, o mundo dos gentios, e seguiam em frente em nome de Cristo sem levar nada com eles (3 João 7). É possível dizer o mesmo hoje a respeito de missionários e outros ministros do evangelho. A maioria deles deixou de lado oportunidades na carreira profissional, possivelmente bastante lucrativas, para servir a Deus. Assim, a igreja de Jesus Cristo deve assegurar-se de que as necessidades desses mestres e pregadores sejam supridas enquanto eles estiverem na cidade. Gaio abria as mãos para eles enquanto se sacrificava financeiramente.

Talvez você não tenha a oportunidade de visitar um campo missionário estrangeiro. Mas, ao dar apoio financeiro, pode abrir caminho para outros. E você, ao estender ajuda àqueles que realmente saem em missões, torna-se um aliado da verdade e colaborador desses mensageiros. É como se você mesmo estivesse proclamando a verdade para os perdidos, exatamente da forma como Deus deseja. Em 1 Coríntios 3:9, lemos que "somos cooperadores de Deus". Quando abrimos nossas mãos, as dádivas que doamos permitem que, literalmente, tornemo-nos participantes diretos no evangelho.

Abra seu coração

Nessa breve carta de João a Gaio, o termo *amor* e o verbo amar, bem como derivados deles, aparecem muitas vezes. João e Gaio, aparentemente, tinham, no Senhor, laços estreitos. Esse é um dos benefícios de abrir seu coração para os outros. Os cristãos que jamais se viram antes, ou que jamais se venham a ver novamente, podem experimentar a proximidade à medida que estreitam laços por intermédio do evangelho de Jesus Cristo.

Embora esses pregadores itinerantes lhe fossem desconhecidos, conforme em 3 João 5 Gaio os descreve, dava-lhes as boas-vindas. Ele não os conhecia pessoalmente, mas os amava com o amor de Deus. Não só a porta de sua casa sempre estava aberta, mas também seu coração. O amor de Gaio era tão grande que ele se estendia àqueles que amavam a Deus e a quem Deus amava.

Em um mundo com muitas pessoas, é impossível conhecer cada cristão intimamente, mas podemos abrir nosso coração para qualquer pessoa que declarar o nome de Cristo como Senhor de sua vida e permitir acesso imediato a nosso afeto. Além disso, ao orar por eles de forma inteligente e regular, você pode, de modo figurado, ir para o campo missionário com aqueles chamados a fazer isso sem jamais estar ali fisicamente presente. Esse tipo de serviço sincero produz sua própria recompensa. E o mais notável é que isso agrada a Deus. João, em 3 João 5, elogia Gaio por seu ministério. Deus não aprova só os esforços dos pregadores ou cantores. Aqueles que querem ouvir: "Muito bem, servo bom e fiel!" (Mateus 25:21) podem ouvir isso ao seguir o exemplo de Gaio de apoiar os cooperadores e companheiros que temos no reino.

Tal disposição para servir os companheiros cristãos alegra o coração dos líderes. Como pastor, posso atestar a alegria que resulta do observar as pessoas servindo. Já vi pessoas com tamanho coração aberto para o evangelho que, apesar de trabalharem em período integral, elas se entregam ao trabalho do ministério em toda e qualquer oportunidade. Algumas vezes, gostaria de lhes dizer:

— Ei, já basta!

Mas, bem no fundo de meu coração, fico muito feliz ao observá-las. Não há meios humanos para fazer com que abram o coração para os outros como o fazem. Os esforços deles são estimulados pelo amor que dedicam a Deus.

Abra sua casa

Gaio usou o dom da hospitalidade e abriu sua casa quando necessário. Sua expressão de amor não era apenas sincera ou simplesmente financeira. Ela era prática e pessoal. Ele acolhia pessoas sob seu teto, e as alimentava, e lhes dava acomodação.

Talvez você esteja dizendo a você mesmo:

— Espere aí! Realmente não tenho esse dom da hospitalidade.

Talvez não tenha mesmo. Mas lembre-se de que a Bíblia nos instrui sobre a questão da hospitalidade, e Deus não exclui aqueles que não têm um dom especial para isso. Em 1 Pedro 4:9, lemos que todos nós devemos ser "hospitaleiros, sem reclamação". (Com que freqüência nos esquecemos dessa última parte!) Em Romanos 12:13, lemos que devemos praticar "a hospitalidade". Não existe nenhuma cláusula para que aqueles sem um dom espiritual especial para isso escapem dessa obrigatoriedade, e a necessidade para esse tipo de hospitalidade é tão importante hoje como o era na época de Gaio.

E posso atestar que tal hospitalidade traz bênçãos. Quando iniciamos os estudos de Bíblia em Shadow Mountain Community Church, precisávamos de anfitriões e anfitriãs para nos ajudar. Uma mulher veio até mim enquanto nos organizávamos e disse:

— Preciso dar minha casa para Deus para que o Senhor a use no ministério.

Essa mulher, que recentemente ficou viúva, sentia-se só e buscava maneiras de superar a solidão. Ainda vejo essa mulher com freqüência, e o sorriso em sua face é um sinal para mim de que ela foi abençoada por causa de sua hospitalidade.

Capacitar a nós mesmos

O costume de Gaio é dele — mas também pode ser nosso. Quando nos recusamos, de forma abnegada, a cuidar apenas de nós mesmos ou de nossa propriedade, damos a Deus a liberdade de fazer prosperar nossa alma. Quando servimos em qualquer que seja a capacidade que encontramos, não apenas capacitamos os outros para o ministério, mas recebemos o benefício de saber que obedecemos a nosso Pai amoroso.

Algumas vezes, retraímo-nos por medo, porque mal conseguimos cuidar de nós mesmos. Nossas próprias necessidades prementes e as de nossos familiares forçam-nos a ter algum fundo de reserva. Ou também, às vezes, somos tão consumidos pelas ocupações de nossa vida que parece que, praticamente, não temos nada de sobra para dar aos outros.

Entretanto, aprendi que o alimento que, talvez, nossa alma empobrecida necessita seja oferecer aquilo que nos restou para outra pessoa. Talvez precisemos ser como aquela viúva do Antigo Testamento que deu até a última gota de azeite ao profeta Elias. Mas depois Deus, como a viúva bem aprendeu, a reabasteceu totalmente.

Também descobri que Deus, realmente, parece se agradar quando sentimos que não temos nada para oferecer, pois, dessa forma, ele pode trabalhar por nosso intermédio, e não temos a menor dúvida de quem está fazendo o quê. Em nossa vacuidade, Deus nos usa.

Realmente é necessário um chamado especial para ser missionário de carreira ou pastor. Mas o poder que sustenta os mensageiros de Deus é alimentado, em parte, por pessoas fiéis como Gaio, pessoas que, em vários aspectos, parecem ser muito comuns... Até que você note as mãos abertas, o coração aberto e a casa aberta, tudo para ajudar a abrir caminho para o evangelho.

Sinais de vida

Sinal de vida: Deus é livre para usar qualquer área de minha vida para fazer a sua vontade.

Versículo de vida: *Compartilhem o que vocês têm com os santos em suas necessidades. Pratiquem a hospitalidade* — Romanos 12:13.

Vida em ação: O que posso fazer para me tornar mais disponível para o ministério, tanto individualmente quanto por intermédio de minha igreja?

Dia 33

Monopólio: a busca por mais

O vazio no coração humano não tem a forma de dinheiro, mas a de Deus.

Em 1934, o povo norte-americano tinha o monopólio da depressão. A bolsa de valores quebrou em 1929, e milhões de trabalhadores ficaram sem emprego. A criatividade tomou conta à medida que cidadãos laboriosos tentavam encontrar maneiras de alimentar a si mesmos e a suas famílias.

Charles B. Darrow de Germantown, na Pensilvânia, por exemplo, apresentou um jogo de tabuleiro para os executivos da Parker Brothers, uma companhia que quase fechou as portas por causa da grande depressão. Darrow chamava seu jogo de *Monopoly®*, *Banco Imobiliário* no Brasil, mas a companhia o rejeitou por causa de "52 erros de projeto"!

Darrow não se sentiu intimidado e, com a ajuda de um amigo impressor, produziu cinco mil jogos produzidos à mão. Ele os vendeu para uma loja de departamento da Filadélfia, e ali o jogo se tornou uma sensação da noite para o dia. Em 1935, Parker Brothers percebeu o engano e começou a produzir o jogo. Desde essa época, estima-se que cerca de 500 milhões de pessoas, no mundo todo, já jogaram esse famosíssimo Banco Imobiliário.[1]

Assim, eis aqui algumas trivialidades sobre Banco Imobiliário para contar a seu oponente quando você estiver querendo impedi-lo de ocupar algum local importante no jogo.

- Mais de 200 milhões de jogos foram vendidos.
- Mais de 5 bilhões de pequenas casas verdes já foram produzidas.
- Uma cópia do jogo feita com casas de ouro puro e hotéis de prata pura foi vendida por 25 mil dólares.
- O jogo mais longo da história durou 70 dias.
- Um jogo que os jogadores disputaram debaixo da água durou 45 dias; e um jogo em que estavam de cabeça para baixo durou 36 horas.
- A quantia total de dinheiro em um jogo de Banco Imobiliário é de 15.140 dólares.

Interessante o fato de um jogo que trata de passar a viver como um bem-sucedido financista das altas esferas tenha sido apresentado em um momento em que o país tentava se recuperar de sua pior depressão econômica. As pessoas, até mesmo com suas lutas particulares reais com as finanças, conseguiam achar dois dólares para começar a fazer parte da novíssima mania. Parker Brothers começou a produzir 24 horas por dia e vendia 20 mil jogos por semana![2] As pessoas, provavelmente, pensavam o seguinte:

— Se não tenho dinheiro e propriedades na vida real, posso, pelo menos, fingir que tenho se jogar Banco Imobiliário.

Embora talvez achemos compreensível que as pessoas sonhem e fantasiem sobre a riqueza material em tempos de depressão econômica, o que dizer desse comportamento durante períodos mais confortáveis no aspecto econômico? Será que algum de nós é alguém que se sente realmente livre dos anseios materialistas? Será que todos nós já não fomos tentados a pensar que o dinheiro, a riqueza e o poder seriam a solução de todos os problemas da vida?

Quanto é necessário para a solução de todos os problemas?

Uma pesquisa realizada pelo jornal *Chicago Tribune* revelou que as pessoas que ganham menos que 30.000 dólares por ano disseram que 50 mil dólares as fariam felizes. Entretanto, as pessoas que ganham 100 mil dólares por ano disseram que precisariam de 200 mil dólares para se sentirem satisfeitas.[3] Essas descobertas apóiam o que os psicólogos chamam de "escalada das expectativas". As pessoas, caso trabalhem para alcançar um determinado nível de prosperidade achando que se sentirão felizes quando estiverem nesse patamar, rapidamente se acostumam com a prosperidade, o descontentamento aumenta, e elas voltam a lutar para alcançar o patamar seguinte. À medida que nossas expectativas aumentam, eleva-se continuamente a barra que indica o que é necessário para nos fazer feliz.

Estrategistas do crescimento da igreja e especialistas em missões descobriram que o mesmo fenômeno ocorre no campo missionário. Em uma sociedade primitiva, na terceira geração após a aceitação do evangelho, considerando-se que esse fato resultou no aumento da riqueza e na elevação do padrão de vida, as pessoas começam a perder o interesse exatamente pelas verdades que as tiraram da pobreza. Um pouco de dinheiro cria o anseio por mais. E isso é verdade até mesmo para aqueles que têm muito dinheiro.

Na época em que John D. Rockfeller era o homem mais rico do mundo, perguntaram-lhe:

— O quanto é suficiente?

— Apenas um pouco mais — e essa reposta valida o fenômeno da "escalada das expectativas".[4]

O que Salomão descobriu

Em Eclesiastes, Salomão relembra-nos que "não há nada novo debaixo do sol" (1:9), e isso inclui o fato de que a riqueza não satisfaz — e, realmente, não pode satisfazer — os anseios mais profundos do coração humano. E, mesmo assim, ele tentou fazer isso.

Podemos dizer que Salomão exercitou um dos primeiros monopólios na história humana. Como rei de Israel, ele controlava a maioria da riqueza e do comércio do Oriente Médio. Ele acumulou quantias fabulosas de ouro e prata, resultado de seus empreendimentos comerciais com outras nações da região (1 Reis 10:14,15). Seus navios atravessavam os mares (2 Crônicas 8:17,18) e voltavam "trazendo ouro, prata, marfim, macacos e pavões" (2 Reis 10:22). Os governantes estrangeiros vinham para ver a grandeza e magnificência de seu reinado e traziam ainda mais riqueza e presentes exóticos (2 Crônicas 9:1-12,22-24).

Para usar os termos do jogo Banco Imobiliário, Salomão era dono de todas as propriedades, facilidades e estações de trem; ele tinha tantos hotéis que mal cabiam no tabuleiro; e suas pilhas de dinheiro quase encobriam o tabuleiro, obstruindo a visão dos oponentes.

E eis aqui a grande ironia: Salomão, apesar de toda a riqueza, era uma pessoa insatisfeita. Ele descobriu que o dinheiro e o poder não são os segredos da felicidade. Todas as expectativas que ele tinha eram mais altas que a de qualquer outra pessoa na história, e ele alcançou todas elas... Apenas para descobrir que o dinheiro não poderia suprir suas expectativas para a felicidade.

Como Salomão poderia comprar qualquer coisa, ele fez isso. Ele tentou saciar a si mesmo com vinho e comidas exóticas servidas em vasilhas de ouro puro, mas isso não funcionou (1 Reis 4:22,23; 2 Crônicas 9:20; Eclesiastes 2:3). Depois, tentou encontrar a felicidade ao gastar dinheiro na construção de projetos: ele construiu casas; plantou vinhas, pomares e jardins; construiu reservatórios de água para irrigar as plantações (Eclesiastes 2:4-6). E nada de felicidade. Então ele começou a acumular tudo que pudesse: servos, esposas, concubinas, rebanhos, manadas, corais de cantores e, é claro, mais ouro e prata (1 Reis 11:3; Eclesiastes 2:7,8). Mas a dor maçante do vazio não o abandonava.

Como Pascal, filósofo francês do século XVII, observou, o vazio no coração humano — no coração de Salomão, como também no seu e no meu — não tem a forma de dinheiro, mas a de Deus. Salomão, ao tentar encher esse vazio com outras coisas que não Deus, só ficou cada vez mais insatisfeito. O livro de Eclesiastes relata a busca pesarosa de Salomão pelo sentido da vida, e a conclusão a que ele chega é que esse sentido só pode ser encontrado em Deus (Eclesiastes 12:13,14).

Classificação das moedas correntes

Portanto, qual o propósito da riqueza? Se Deus deve suprir nosso coração, o que devemos fazer com o dinheiro?

Primeiro: sejamos biblicamente claros: o dinheiro não é a raiz de todos os males. O "amor ao dinheiro é a raiz de todos os males" (1 Timóteo 6:10). A Bíblia não menciona em nenhum lugar que o dinheiro é a raiz do mal, ou que ter dinheiro, até mesmo em grandes quantidades, é inapropriado, e, certamente, isso não é pecado. O dinheiro é amoral — não é bom nem ruim.

O que concebemos como dinheiro, a moeda corrente que usamos, não passa de uma forma de troca criada pelo homem. Para falar a verdade, esse sistema só funciona porque todos nós temos fé nesse sistema que estabelece que, se eu entregar um pedaço de papel azul, você me dará um pãozinho francês. Depois, o padeiro entrega outros pedaços de papel para o fazendeiro para ter a farinha para fazer mais pão. O fazendeiro, por sua vez, dá pedaços de papel para a companhia de sementes para ter mais sementes — e assim por diante. O pão, a farinha e a semente são as coisas que têm valor, não os pedaços de papel —, e não há nada de errado em ter esses pedaços de papel. Eles são a moeda corrente deste mundo e, em sua natureza, são temporais.

Segundo: o problema começa quando tentamos usar a moeda corrente temporal (dinheiro) como um meio de troca no reino eterno. Como cidadãos do reino eterno, precisamos de uma moeda corrente eterna. Usamos o dinheiro para fazer negócios no reino temporal deste mundo. O que utilizamos para fazer negócios no reino eterno?

As moedas correntes no Reino de Deus são amor, alegria, paz, paciência, amabilidade, bondade, fidelidade, mansidão e domínio próprio. Você reconhece tudo isso como fruto do Espírito Santo (Gálatas 4:22,23). E isso vem só de Deus.

Os economistas referem-se às "armas e manteiga" como as mercadorias para as quais há demanda constante, ou seja, os principais bens consumíveis deste mundo, e eles só podem ser adquiridos com dinheiro. Mas, no reino eterno de Deus, as mercadorias para as quais há mais demanda são os tesouros que "a traça e a ferrugem não destroem, e que os ladrões não arrombam nem furtam" (Mateus 6:20).

A síndrome de Salomão

Para fazer negócio neste mundo, é preciso ter uma carteira cheia de dinheiro. Mas para fazer negócio com Deus, é preciso um coração cheio de amor, alegria, paz... O fruto do Espírito Santo. Quando confundimos as moedas correntes e tentamos comprar paz com dinheiro... Bem, é aí que acabamos sofrendo por causa da síndrome de Salomão.

Uso o termo *Síndrome de Salomão* para me referir àquela aflição da alma que nos leva a buscar as coisas eternas com os meios temporais. Recomendo firmemente que você nem mesmo tente isso, ou acabará por sentir-se infeliz como aconteceu com aquele rei da Antigüidade.

Portanto, não tente monopolizar tudo aquilo que representa um suprimento finito, como o dinheiro. Pois, como o fruto do Espírito é ilimitado, você e eu temos liberdade de acumular o tanto que quisermos! Essa tentativa de monopólio é perfeitamente legal no Reino de Deus.

Sinais de vida

Sinal de vida: Sou administrador fiel de tudo que Deus me deu.

Versículo de vida: *Quem é fiel no pouco, também é fiel no muito, e quem é desonesto no pouco, também é desonesto no muito* — Lucas 16:10.

Vida em ação: De que maneiras a preocupação com o dinheiro interfere em meu relacionamento com Deus?

Dia 34

Viver a fé pepita de ouro

Não somos ricos por causa das bênçãos de Deus;
somos ricos por causa de Deus mesmo.

Se algum dia estiver na Califórnia atrás de um carro em que lê o seguinte na placa, "GDL FVR", você sabe que ele pertence aos exploradores de ouro da atualidade, Don e Annie Robinson. Parece que a corrida do ouro na Califórnia ainda não acabou. Ninguém sabe ao certo quantos mineiros de ouro, que trabalham em tempo integral, existem atualmente na Califórnia, mas a melhor estimativa considera que esse número chega a cinco mil — e há outros cinqüenta mil classificados como exploradores que fazem isso por *hobby*. Esses entusiastas descobrem possíveis veios de ouro, com o uso de detectores de metais especializados para buscar veios de ouro nas montanhas e nos vales.

Um explorador dos dias atuais disse:

— É um tipo de euforia. O sangue começa a ser bombeado com mais força. O pulso fica acelerado. Não sei se já fiquei suando alguma vez, mas já vi pessoas com a febre do ouro ficarem tontas e atordoadas.[1]

Quem não ficaria empolgado se encontrasse ouro? Uma boa pepita leva a outra e mais outra. A corrida do ouro de 1849 iniciou tudo, e as pessoas se lembram dela como a maior migração em massa na história, em que mais de trezentas mil pessoas viajaram para a direção oeste, para a Califórnia. O chamariz era quase irresistível e acabou por mudar o cenário demográfico dos Estados Unidos. Um historiador disse:

— Quando a Califórnia descobriu o ouro, o mundo descobriu a Califórnia.[2]

E se a *febre do ouro* se equiparasse com a nossa *febre do ouro*?

§

A carta aos Efésios descreve a seguinte mina de ouro: conhecer a Deus. Ela fala sobre "as riquezas da graça de Deus" (Efésios 1:7) que são derramadas sobre nós, "as riquezas da gloriosa herança dele nos santos" (Efésios 1:18), "a incomparável riqueza de sua graça" (Efésios 2:7) e "as insondáveis riquezas de Cristo" (Efésios 3:8).

Não somos ricos por causa das bênçãos de Deus; somos ricos por causa de Deus mesmo. *Ele* é nosso tesouro e nossa recompensa que excede a toda expectativa. Não é possível levar nem uma moedinha sequer para a eternidade, e até mesmo os metais mais lindos da Terra são temporários e perecíveis. Mas nosso Senhor Jesus é o Alfa e o Ômega, o Início e o Fim, aquele cujas origens são eternas. Ele é nosso tesouro eterno. Não deveríamos ter um desejo ardente e santo por ele? Não deveriam nossas aspirações pelo Senhor ser maiores que nossos anseios por qualquer coisa terrena?

Consideremos como podemos minerar as profundezas da graça de Deus. Eis aqui algumas pepitas para aguçar sua *febre do ouro*.

Orações de afirmação

Primeiro, ofereça orações de afirmação: todos os dias, dedique a si mesmo de novo ao Senhor, diga-lhe que você o ama e peça-lhe para ajudar seu desejo por um relacionamento mais profundo com ele e um caminhar mais próximo dele. E, depois, busque a face do Senhor para que você, como o salmista, também diga: "A teu respeito diz o meu coração: Busque a minha face! A tua face, Senhor, buscarei" (Salmo 27:8).

Quando leio algumas das orações oferecidas pelos heróis espirituais do passado, fico envergonhado por causa das orações superficiais de nossa época. Ouça essa oração oferecida por Henry Martyn (1781-1812): "Ó, envie sua luz e sua verdade para que eu possa sempre viver próximo do Senhor, meu Deus. Ó, permita que eu sinta o seu amor, que eu já possa estar, por assim dizer, no céu, e que eu possa fazer todo meu trabalho como os anjos fazem o deles."[3]

Outro santo antigo, Ashton Oxenden, escreveu esta oração: "Aqueça meu coração frio, meu Deus, imploro ao Senhor. Retire tudo que me impeça de me entregar ao Senhor Jesus. Molde-me de acordo com a sua imagem [...]. Não quero viver para mim, mas para o Senhor."[4]

Sua febre do ouro pode crescer se escrever orações como essas em que você afirma seu amor pelo Senhor — e, a seguir, registra suas orações em seu diário. Buscamos o Senhor melhor durante nosso período de oração, e fica mais fácil descobri-lo quando estamos de joelhos. Quando nossas orações ficam mais profundas, ficamos mais ricos em nosso Senhor.

Hinos de inspiração

Precisamos considerar a mina de ouro de nossos hinos e redescobrir a alegria de cantar e fazer melodia em nosso coração ao Senhor. Se você folhear alguns dos hinários, descobrirá a seção intitulada "Hinos de inspiração". Encontrará ali os hinos que refletem desejos dos anseios da alma por um caminhar mais profundo com o Senhor. Um bom exemplo é o antigo hino *Higher Ground* [Regiões mais altas], que diz:

> Caminho para o alto,
> Novas alturas, galgo a cada dia;
> Oro enquanto sigo em frente
> Senhor, plante meus pés em regiões mais altas.[5]

Acho que é uma boa idéia cada cristão ter um hinário à mão. À medida que mais igrejas projetarem as palavras das canções de louvor nas telas, mais nós, os cristãos, deveremos guardar nosso hinário com nossa Bíblia. Nada enriquece o tempo de devoção pessoal que cantar um hino mansamente diante da presença do Senhor. E se o hino for de inspiração, ele nos ajuda a expressar o desejo de nosso coração de estar mais próximo do Senhor.

Palavras de contemplação

Também podemos encontrar ricas pepitas nas palavras de grandes escritores devocionais da história cristã. Li uma série de livros novos sobre assuntos atuais, mas também gosto de retornar aos clássicos — àquelas palavras que passaram no teste do tempo.

Considere, por exemplo, este conselho de William Law (1686-1761): "Se alguém lhe disser qual o caminho mais curto e mais certo para toda felicidade e perfeição, ele precisa lhe dizer para que você passe a ter como regra agradecer e louvar a Deus por tudo que acontece com você. Pois é certo que, qualquer que seja a calamidade que possa vir lhe acontecer, se agradecer e louvar a Deus por ela, você a transforma em uma bênção."[6]

É uma boa idéia encontrar um local sossegado de vez em quando, pedir uma xícara de chá e alimentar-se com essa sabedoria dos santos do passado, pois eles sabiam algo sobre caminhar para regiões mais altas. Eles sabiam como, por assim dizer, garimpar para encontrar a Deus.

Você precisa de algumas sugestões sobre onde encontrar essas afirmações? Tente minerar em *O peregrino*, de John Bunyan, nos sermões de Charles Spurgeon, em *Praticando a presença de Deus*, do irmão Lourenço, em *Spiritual Secret* [Segredo espiritual], de Hudson Taylor, nos livros de oração de E. M. Bounds e em uma variedade de velhos livros devocionais, como *Mananciais do deserto* e *Daily Strength for Daily Needs* [Força diária para necessidades diárias]. Comece uma pequena biblioteca com clássicos espirituais e, assim, descobrirá que eles são boas picaretas, machados e pás para que você extraia o ouro espiritual.

Tempos de meditação

Entretanto, nenhum outro aspecto da mineração se compara à prática da meditação sobre as Escrituras. O salmista escreveu: "Para mim vale mais a Lei que decretaste do que milhares de peças de prata e ouro. [...] São mais desejáveis do que o ouro, do que muito ouro puro; são mais doces do que o mel, do que as gotas do favo. [...] Eu amo os teus mandamentos mais do que o ouro, mais do que o ouro puro" (Salmos 119:72; 19:10; 119:127). Cada versículo da Bíblia é uma pepita brilhante, e nós, quando meditamos sobre a Palavra de Deus, armazenamos ouro nos tesouros de nosso coração.

§

Quando o missionário Geoffrey Bull foi preso pelos comunistas chineses, eles tiraram-lhe a Bíblia e o submeteram à tortura mental e psicológica. Posteriormente, ele mencionou a única coisa que o impediu de enlouquecer. Embora ele não tivesse o texto das Escrituras na prisão, ele estudara a Bíblia a vida toda. Portanto, ele começou a revisar a Palavra de Deus sistematicamente em sua memória. Demorou cerca de seis meses para ele repassar em sua mente a Bíblia toda. Ele começou em Gênesis e recordou cada história e cada incidente da melhor forma possível, primeiro concentrando no conteúdo e, depois, ponderando sobre certos pontos, sempre pedindo a Deus para que o ajudasse e o iluminasse em seu esforço. Ele continuou a rever todo o Antigo Testamento, reconstruindo os livros e os capítulos da melhor forma que conseguia para, logo depois, iniciar o Novo Testamento e seguir até Apocalipse. Depois, ele começou tudo de novo. Posteriormente, ele escreveu o seguinte: "A força que recebi por intermédio dessa meditação foi, creio eu, um fator vital para fazer com que suportasse o cativeiro e guardasse a fé até o fim."[7]

Nada é mais benéfico para seu crescimento cristão do que a meditação consistente e diária sobre as Escrituras — e, com isso, não me refiro apenas à leitura da Palavra de Deus ou ao estudo dela, mas ao guardá-la em nosso coração, armazenando-a em nossa mente, meditando sobre ela, visualizando-a e personalizando-a até que as palavras consigam abrir caminho para se instalar em nosso estilo de vida diário.

Ansiar por Cristo e confiar nele e em sua Palavra são alguns dos tesouros genuínos do cristão, e devemos sempre escavar para encontrar a pepita seguinte. É maravilhoso fazer uma retrospectiva para ver tudo o que alcançamos, mas temos de focar o presente e prosseguir para o futuro, procurando sempre ir mais alto e mais adiante em direção a Cristo, aprofundando nosso conhecimento e nossa intimidade com ele.

Portanto, busque o ouro que existe em sua vida cristã! Não se contente com o lugar em que está, mas procure seguir em frente em direção ao mais sublime objetivo: ganhar o prêmio do chamado de Deus em Cristo Jesus.

Sinais de vida

Sinal de vida: Separo um período do dia para fazer escavações em busca de tesouros na Palavra de Deus.

Versículo de vida: *Para mim vale mais a Lei que decretaste do que milhares de peças de prata e ouro* — Salmo 119:72.

Vida em ação: Em quais áreas de minha vida deveria fazer mais esforço para realizar escavações em busca de tesouros que durem por toda a eternidade?

Dia 35

Vida em suas lágrimas no inverno da vida

O maior segredo para viver uma vida gratificante é guardar nossa paixão, nosso fardo e nossas lágrimas para as necessidades dos outros à nossa volta e também para o mundo todo.

A ex-primeira dama Barbara Bush conta uma história que aconteceu com um grupo de mulheres mais maduras que jogavam *bridge*. Uma disse à amiga:

— Gostei tanto deste jogo que gostaria de chamá-la para que possamos planejar outro. Mas, infelizmente, não consigo me lembrar de seu nome.

— Você precisa dessa informação neste exato minuto? — perguntou a outra mulher, após um breve momento de silêncio.[1]

§

Quando envelhecemos, preocupamo-nos com a possível perda da capacidade mental e física, mas gosto da atitude do poeta que escreveu este poema:

> A juventude, dizem-me, já passou;
> A força de minha vida já passou.
> Nada permanece, exceto o declínio.

Nada, exceto a idade e a decadência.
Mas não é bem assim, sou a filhinha de Deus,
Apenas começando a viver.

Que venham os dias de meu apogeu
Que venha a força de minha vida,
Que venha a visão de Deus,
Que venham minha exuberância e meu poder![2]

Dr. V. Raymond Edman costumava dizer:

— É muito cedo para desistir.[3]

E esse é um bom conselho quando envelhecemos. Afinal, de acordo com a Bíblia, podemos decair exteriormente, mas nosso íntimo é renovado dia após dia.

§

Em 1990, Robertson McQuilkin renunciou à presidência da faculdade Columbia Bible College a fim de cuidar de sua esposa doente, Muriel. E ele fez isso até ela morrer, em 2003. A motivação desse homem foi sua crença de que Deus planejou para que a força e a beleza da idade fossem espirituais.[4] Perdemos gradualmente a força, e a beleza é temporária, para que possamos nos concentrar no desenvolvimento da força e da beleza que dura para toda a eternidade.

Podemos perder parte de nosso vigor, mas nada de nosso zelo. Nossa força pode diminuir, mas nosso entusiasmo pelo reino deve ficar cada vez mais forte com o tempo. Podemos ter anos e lágrimas de inverno, mas devemos nos lembrar de que o ouro é precioso e altamente valorizado.

A missionária Bertha Smith serviu o Senhor fielmente na China até completar 70 anos, quando foi forçada a se aposentar, por causa das diretrizes do corpo de administradores da agência missionária à qual pertencia. Ela realmente não estava preparada para se aposentar. Ela escreveu isto: "Que dor! Jamais imaginei que alguma coisa nesta vida pudesse doer mais do que abandonar o trabalho com os chineses para voltar para casa.

Ainda trabalhava cerca de quinze horas diárias e jamais fiquei tão cansada a ponto de não acordar totalmente repousada no dia seguinte."

Bertha aceitou sua aposentadoria como algo vindo do Senhor, mas ela estava convencida de que Deus tinha um novo trabalho para ela começar. Não demorou muito para que os convites começassem a ser feitos para que ela ministrasse palestras para compartilhar os princípios do reavivamento que ela vivenciou e aprendeu na China. Assim, Bertha viajou muito, todos os Estados Unidos e o mundo, dando prosseguimento a um exaustivo ministério em que contava a história do reavivamento. Por mais de trinta anos, serviu o Senhor durante seu ministério de aposentadoria e, depois, passou para a glória cinco meses antes de completar 100 anos.[5]

Ela me traz à lembrança o escritor de Salmo 71:18 que orou: "Agora que estou velho, de cabelos brancos, não me abandones, ó Deus, para que eu possa falar da tua força aos nossos filhos, e do teu poder às futuras gerações."

§

O jornal semanal *Florida Baptist Witness*, recentemente, contou a história de Virginia Tebby, uma avó de 95 anos que ainda sai com a equipe de visitas para dar testemunho do Senhor. Quando sua igreja foi pioneira em um novo programa para alcançar outras pessoas, ela participou de todas as sessões de treinamento e começou a agendar visitas com sua equipe todas as semanas.

— Amo fazer essas visitas — ela falou. — Especialmente quando visitamos pessoas pela primeira vez ou pela segunda vez, e, depois, elas vêm para a igreja. Fico feliz por ainda conseguir fazer tudo isso.[6]

John Wesley concordaria com ela. Quando completou 71 anos, escreveu o seguinte: "Como pode ser que ainda sinto que tenho a mesma força que tinha trinta anos atrás? Que, agora, minha visão está muito melhor, e meus nervos, mais firmes?" Nove anos depois, quando completou 80 anos, ele disse:

— Senhor, não permita que eu me torne inútil.

E Wesley continuou a ser útil ao Senhor até o fim de sua vida, e ele morreu com 87 anos. Os últimos anos foram os mais plenos, e todos os que o viam ficavam maravilhados com a beleza de sua face, o brilho dos olhos e os longos cabelos brancos que caíam sobre os ombros.[7]

§

O maior segredo para viver uma vida gratificante é guardar nossa paixão, nosso fardo e nossas lágrimas para as necessidades dos outros à nossa volta e também para o mundo todo. O Salmo 126:5,6 afirma o seguinte:

> Aqueles que semeiam com lágrimas,
> com cantos de alegria colherão.
> Aquele que sai chorando
> enquanto lança a semente,
> voltará com cantos de alegria,
> trazendo os seus feixes.

- O apóstolo Paulo, impelido pela paixão e constrangido pelo amor de Cristo, prosseguiu para o alvo até o fim de sua vida.
- Bob Pierce, fundador da Visão Mundial, orou: "Que o meu coração fique partido com as coisas que partem o coração de Deus."[8]
- O missionário J.G. Morrison, durante a grande depressão, falou para sua denominação e implorou a eles, perguntando: "Vocês não conseguem fazer um pouco mais?"[9]

Se você se sente ansioso com a idéia do envelhecimento, gostaria de encorajá-lo a pedir ao Senhor por uma promessa específica que renove sua confiança durante esse período da vida. Warren W. Wiersbe, popular professor de Bíblia, em sua autobiografia, descreve que, em um dia de garoa, sentiu-se perturbado com as dores da artrite. De alguma forma, aquilo lhe trouxe à mente as conseqüências deformadoras do envelhecimento. Naquele dia, durante sua devocional, ele pediu que o Senhor lhe entregasse a promessa de sustentá-lo durante seus anos de "declínio", conforme ele mesmo disse. Naquela manhã, no decorrer de sua leitura regular, ele chegou a Isaías 58:11. Wiersbe leu a passagem e disse:

— É isso aí! Obrigado, Senhor![10]

Isaías 58:11 diz o seguinte:

> O SENHOR o guiará constantemente;
> satisfará os seus desejos
> em uma terra ressequida pelo sol
> e fortalecerá os seus ossos.
> Você será como um jardim bem regado,
> como uma fonte cujas águas
> nunca faltam.

Depois Wiersbe escreveu estas palavras:

> Depois de participar de minha última reunião e pregar meu último sermão, de escrever meu último livro e responder a minha última carta, de contar minha última piada e dar meu último adeus, e eu acordar na presença de meu Senhor, quero ser capaz de dizer a ele o que Jesus disse quando seu ministério terreno terminou: "Eu te glorifiquei na Terra, completando a obra que me deste para fazer" (João 17:4).[11]

Amém!

§

Percebemos facilmente que nossos recursos terrenos são limitados e preciosos. Nossos dias estão contados, devemos, portanto, gastá-los de forma mais sábia. Não podemos levar nosso dinheiro para o céu, assim seria mais sábio investir mais nas obras eternas. Nossa energia é menor, devemos, desse modo, concentrar-nos na essência do desejo de Deus para nós. Mas se nosso coração estiver partido, se tivermos paixão pelas almas e compromisso com Cristo, faremos um investimento do qual jamais nos arrependeremos; e os anos e as lágrimas do inverno de nossa vida serão ferramentas úteis para o uso do Mestre.

§

O filme *A lista de Schindler* relata os esforços heróicos de um industrial alemão durante a Segunda Guerra Mundial, pois ele ficara sabendo o que estava acontecendo em Auschwitz. Assim, ele começou uma manobra sistemática para salvar o maior número possível de judeus. Descobriu que poderia "comprar" judeus para trabalhar em sua fábrica, supostamente parte da máquina militar da Alemanha, embora Schindler estivesse sabotando deliberadamente a produção de munição em sua fábrica. Em conseqüência disso, quando a guerra se iniciou, ele era um rico industrial, mas, no fim dela, estava praticamente falido.

Quando os alemães se entregaram, Schindler encontrou-se com seus empregados e disse que, à meia-noite, todos estariam livres e poderiam ir embora. Quando ele se despediu do gerente financeiro da fábrica, um judeu e amigo querido do industrial alemão, ele abraçou o homem e começou a chorar:

— Eu poderia ter feito mais — ele disse.

Ao olhar para o seu automóvel, ele fez o seguinte comentário:

— Por que fiquei com isto? Poderia ter comprado dez judeus com ele.

Pegou outro objeto pessoal e berrou:

— Isso teria salvado outra vida. Por que eu não fiz mais?[12]

Essas são perguntas pungentes para todos nós. Afinal, algum dia Jesus virá e cortará o céu do oriente ao ocidente para buscar os seus. Naquele momento, não nos interessará quanto dinheiro teremos guardado ou quantas casas estarão em nosso nome, mas quem recuperamos para o Reino de Deus.

Portanto, peça a Deus que use você — qualquer que seja sua idade, quaisquer que sejam suas lágrimas ou seus medos. Peça para que ele não desista de você até que declare o louvor do Senhor para a geração seguinte e dê os frutos para seu reino nos anos de inverno de sua vida. Continue apaixonado por ele durante todos os dias que ele reservou para você. Afinal...

> Pois esta vida logo passa
> E só o que fazemos para Cristo permanece.

Sinais de vida

Sinal de vida: Sempre há mais que eu possa fazer para o Reino de Deus.

Versículo de vida: *Aqueles que semeiam com lágrimas,* com cantos de alegria colherão. Aquele que sai chorando enquanto lança a semente, voltará com cantos de alegria, *trazendo os seus feixes* — Salmo 126:5,6.

Vida em ação: Quero acabar-me — e não me enferrujar — em meu serviço em nome do Senhor; portanto, pedirei a ele que me mostre em que precisa de mim hoje.

Braços estendidos: a vida compassiva

Dia 36

Braços estendidos

O mundo conhecerá a compaixão de Cristo
ao ver os braços estendidos de seus seguidores.

Conheço um homem que, quando era um jovem pastor, alguém, em sua congregação, ofereceu-lhe uma viagem para a Terra Santa. Aquela fora sua primeira viagem para fora do país, e ele sentiu que não estava preparado para as diferenças radicais entre seu estilo de vida afluente nos Estados Unidos e a realidade com a qual se deparou no Oriente Médio, no início da década de 1980.

Certo dia, quando esse grupo de turismo estava em Jerusalém, ele aventurou-se na parte da cidade chamada Cidade Velha onde a vida — com as ruas estreitas, as alamedas sombrias, as aglomerações de pessoas e os vendedores dos bazares, não fosse pela eletricidade e água potável — parecia não ter mudado nada desde os tempos bíblicos. Quando atravessou um cruzamento amplo, ficou chocado com aquela figura que vinha em sua direção. Era uma mulher pequena, bem magra e frágil, coberta da cabeça aos pés com uma veste negra e suja. Era possível ver apenas as mãos, os olhos e os pés descalços, mas era óbvio que, em razão da pele enrugada e endurecida, totalmente sem viço, era uma mulher idosa — ou talvez sua vida difícil a tivesse envelhecido muito, aparentando mais idade do que tinha.

Quando meu amigo parou para vê-la se aproximar, ele pensou consigo mesmo:

— Esta é a pessoa mais pobre que já vi em toda minha vida.

Inclinada para a frente, os olhos no chão, a veste segura firmemente com as mãos e os pés descalços mal tocando a rua de pedras, enquanto ela passava silenciosamente por meu amigo, ele notou que ela caminhava rapidamente, como se tivesse vergonha de ser vista em público.

Esse homem, à medida que a viu desaparecer em meio a multidão, sentiu, de imediato, um grande conflito. Ali estava ele, com roupas da moda, mais do que adequadas, e bons sapatos, uma câmara cara pendurada em um ombro, uma bolsa de viagem cheia de itens para o cuidado pessoal no outro, e dinheiro no bolso. E ele acabara de deixar a pessoa mais pobre e mais lastimável que já vira passar por ele como se fosse um trecho de vídeo do noticiário noturno. Mas ele não estava nos Estados Unidos assistindo a uma história sobre a pobreza no Oriente Médio no noticiário. Aquela pobre mulher passara tão próximo dele que ele poderia tê-la tocado se tivesse estendido o braço. Mas ele não fez isso — e a mulher já desaparecera.

Portanto, ele orou:

— Meu Deus, se o Senhor permitir que eu veja aquela mulher de novo, eu a ajudarei. Por favor, permita que ela cruze pelo meu caminho antes que eu saia deste lugar.

Ele acabou seu passeio pela Cidade Velha e estava voltando para o hotel. Os olhos examinavam as multidões para ver se tinha um vislumbre da mulher que vira antes — e ali estava ela! Ele a assustou quando fez menção para que ela parasse, e os seus olhos se encontraram com os dele. Ele não conhecia nenhuma palavra em hebraico ou árabe e também não achava que a mulher conhecesse o inglês. Assim, ele estendeu a mão e disse simplesmente:

— Jesus.

Ela pegou o dinheiro que ele lhe oferecera e começou a balançar a cabeça e a murmurar, sons que foram abafados por sua veste. Os olhos da mulher estavam sorrindo enquanto ela puxava novamente sua veste firmemente em redor do seu corpo e, com as solas endurecidas, tão grossas quanto as de seus sapatos, desapareceu novamente em seu mundo limitado.

Compaixão diz respeito ao momento

Será que meu amigo encontraria aquela mulher de novo? De forma alguma. Ele teria alguma forma de saber que o dinheiro que ele lhe deu foi usado para um bom propósito? De jeito nenhum. Será que isso importava para ele naquele momento? Não. E deveria importar? Também não!

O que importava para ele naquele momento era que ele, uma pessoa bem alimentada, abençoada por Deus, encontrara por acaso uma mulher realmente pobre que parecia estar passando fome. Ela, assim parecia, tinha muitas e muitas necessidades, e ele tinha a habilidade de suprir, pelo menos, algumas dessas necessidades por alguns dias. Portanto, ele fez o que importava naquele momento: ele teve compaixão por alguém que Deus fizera cruzar o caminho de meu amigo...

§

Em um sermão que ouvi Haddon Robinson, professor de seminário, pregar sobre a história do bom samaritano que Jesus contou àqueles que o ouviam (Lucas 10:25-37), ele respondeu a esta pergunta de um advogado:

— Quem é o meu próximo?

— Seu próximo é qualquer pessoa que tenha necessidades as quais você é capaz de suprir — foi a resposta de Haddon Robinson.

Entretanto, para ver essas necessidades, temos de ver o mundo através das lentes dos ósculos da compaixão-piedade. Conforme a história de Jesus, nosso Salvador disse que foi a compaixão que levou o samaritano a parar e ajudar o homem que estava caído à beira da estrada: "Mas um samaritano, estando de viagem, chegou onde se encontrava o homem e, quando o viu, teve piedade dele" (Lucas 10:33).

Assim, a compaixão diz respeito ao momento. Isso mesmo. Há expressões de longo prazo da compaixão, e devemos nos envolver com elas. Mas nesse conjunto de leituras, quero focar aqueles momentos em nossa vida em que a intenção de Deus é que sejamos a pessoa que cura... Que ajuda... Que sustenta... O herói na vida de outra pessoa, aqueles momentos em que Deus espera que nossos braços se estendam, estendendo o conforto e cuidado a um amigo ou estranho...

§

William Blake foi um poeta e pintor inglês que tinha um relacionamento com Deus difícil de ser analisado. Embora sua teologia talvez seja suspeita em alguns pontos, sua compreensão da responsabilidade que o homem tem de ser a mão compassiva de Deus era extremamente sólida:

> Por que ficar aqui tremendo,
> Pedindo a ajuda de Deus, em vez de nós mesmos, em quem
> Deus habita,
> Estendermos nossos braços para salvar o homem caído?[1]

Esse versículo me traz à memória uma história sobre um líder cristão que foi convidado a falar em uma grande reunião de mulheres em uma igreja abastada. Antes de falar, a mulher que liderava a reunião ficou sabendo de uma necessidade urgente que um missionário enfrentava. Ela pediu que o palestrante liderasse o grupo em oração e pedisse a Deus para suprir aquela necessidade. Ele foi até o púlpito e deixou o grupo chocado quando disse que não o lideraria naquele pedido de oração; em vez disso, faria outra coisa. Para suprir as necessidades do missionário, ele contribuiria com todo o dinheiro que tinha em seus bolsos, se todas as mulheres do grupo também fizessem o mesmo. Se, depois de o dinheiro ser coletado e contado, ainda faltasse fundos para suprir as necessidades do missionário, ele ficaria feliz em liderar o grupo em oração para que Deus suprisse o restante.

Certamente, você consegue adivinhar o que aconteceu. Quando o dinheiro foi recolhido, havia mais que o suficiente para suprir as necessidades emergenciais do missionário.

Compaixão é algo que diz respeito ao momento! Diz respeito ao usar o que você tem à mão — dinheiro, talento, encorajamento ou um ombro amigo — para suprir a necessidade de outra pessoa.

Compaixão diz respeito às lágrimas do céu

A ciência nos diz que existem três tipos de lágrimas. As lágrimas *basais* fluem continuamente em nossos olhos para lubrificar o globo ocular e retirar qualquer sujeira que ali tenha se instalado. As lágrimas *reflexas* fluem em resposta à dor ou em contato com algo que irrite os olhos (como quando você está cortando cebola!). E o terceiro tipo, as lágrimas *emocionais* — que só os seres humanos têm.[2] E é por isso que apenas os seres humanos foram criados à imagem de Deus (Gênesis 1:26,27). Apenas os seres humanos podem ver a situação do outro e derramar lágrimas de compaixão.

§

Quando Jesus chegou ao sepulcro de seu amigo Lázaro, ele chorou (João 11:35). As lágrimas de Jesus ilustram vividamente o sentido da compaixão: sofrer (*paixão*) com alguém. As lágrimas de nosso Salvador refletem tanto a tristeza desencadeada pela perda de um amigo como a participação no sofrimento e na tristeza daqueles que amavam Lázaro. Deus estava disposto a misturar suas lágrimas com as lágrimas daqueles seus amigos terrenos, e somos chamados para fazer o mesmo.

Fica claro nas Escrituras que Deus espera que seus filhos tragam as lágrimas do céu para a terra por intermédio do exercício da compaixão pelos outros. A compaixão demonstrada por Jesus (Mateus 15:32; 20:34; Marcos 1.4; 6:34; Lucas 7:3) deve ser estendida por intermédio daqueles que crêem nele:

- "Tenham todos o mesmo modo de pensar, sejam compassivos, amem-se fraternalmente" (1 Pedro 3:8).
- "Sejam bondosos e compassivos uns para com os outros" (Efésios 4:32).
- "Sejam completamente humildes e dóceis, e sejam pacientes, suportando uns aos outros com amor" (Efésios 4:2).
- "Chorem com os que choram" (Romanos 12:15).
- "Levem os fardos pesados uns dos outros" (Gálatas 6:2).

William Penn, quacre do tempo em que os Estados Unidos ainda eram uma colônia, disse: "Embora a paixão de nosso Salvador tenha acabado, sua compaixão ainda não acabou."[3] E o mundo conhecerá a compaixão de Cristo ao ver e sentir os braços estendidos e confortadores de seus seguidores.

Sinais de vida

Sinal de vida: Compaixão é minha paixão.

Versículo de vida: *Sejam bondosos e compassivos uns para com os outros, perdoando-se mutuamente, assim como Deus os perdoou em Cristo* — Efésios 4:32.

Vida em ação: O que posso fazer para ter mais consciência das pessoas ao meu redor que têm necessidades que posso suprir? Que mudanças de estilo de vida são precisas em minha vida para que tenha tempo de cuidar das pessoas feridas que Deus pôs em meu caminho?

Dia 37

Pietà: *"Eu me importo"*

Jesus espera que você seja um canal de sua compaixão para aqueles que necessitam dele hoje.

Uma das fotos mais comoventes tiradas no Marco Zero, na cidade de Nova York, em 11 de setembro de 2001, passou a ser conhecida como a *Pietà* Norte-americana. Na foto, quatro bombeiros e um policial carregam o corpo do padre Mychal Judge, capelão do Corpo de Bombeiros de Nova York e a primeira vítima oficialmente reconhecida daquele ataque terrorista na cidade de Nova York.

A foto chama-se "*Pietà* Norte-americana", por causa da forma como o corpo do padre Mychal Judge estava posicionado na cadeira que os homens do resgate usaram para transportá-lo e tirá-lo dos destroços. Lembra muito a *Pietà* de Michelangelo que está na Basílica de São Pedro, em Roma. É fácil ver como a "*Pietà* Norte-americana" foi nomeada segundo o trabalho de Michelangelo. Na escultura do artista italiano, Maria, a mãe de Jesus, está sentada segurando o corpo sem vida de seu Filho, enrolado em panos, deitado sobre seu colo.[1]

No grande período da Renascença, muitas imagens da *pietà* foram esculpidas, mas a mais famosa é a de Michelangelo, completada em

1500 d.C., quando o jovem prodígio tinha apenas 22 anos. Essas esculturas de Maria sofrendo e chorando sobre o corpo sem vida de seu Filho recebeu o nome da palavra italiana para compaixão: *pietà*. *Pietà* também pode ser traduzida para o português por *misericórdia, piedade* e *compaixão*, e todos esses sentidos, quando alguém olha atentamente a notável escultura de Michelangelo, são transmitidos por essa obra de arte.

Em termos práticos, expressamos *pietà* uns pelos outros quando dizemos: "Eu me importo", e agimos com compaixão. Quando olhamos a suave expressão da face de Maria nessa escultura de Michelangelo, vemos a que se assemelha a compaixão humana.

Infelizmente, é fácil aparentar uma expressão de compaixão ou *pietà*. Como atores no drama grego, os convidados de um baile de máscaras ou os participantes do Mardi Gras, carnaval de Nova Orleans, podemos facilmente usar a máscara da compaixão e fazer com que nossa indiferença não seja notada no mundo de hoje em que a superficialidade reina. Até mesmo nós, os cristãos — as pessoas que são abençoadas pela verdade e pela sensível compaixão de Deus —, somos tentados a *aparentar* compaixão quando nosso coração está totalmente voltado para outra direção.

Deixe-me contrastar a máscara da *Pietà* com a verdadeira compaixão, ao lhe contar a história de dois tipos distintos de homem. O primeiro usou a máscara da *pietà* a vida toda.

A máscara da *pietà*

Examine o sentido da palavra *casanova* em seu dicionário e descobrirá que se refere a um "indivíduo que se dedica com grande empenho a conquistas amorosas; mulherengo" (Dicionário eletrônico Houaiss da língua portuguesa). E essa definição resume de forma apropriada a vida de Giovanni Jacopo Casanova de Seingalt, o filho de um ator e de uma atriz do século XIX.

É mais fácil enumerar os papéis que Casanova *não representou* do que os que ele *representou*. Casanova, ao longo de seus setenta anos de vida, foi advogado, estudante seminarista, noviço na Igreja Católica, violonista, praticante de mágica cabalista, maçom, escritor, fugitivo da prisão, gerente da loteria estatal, negociante de títulos, empresário, cavaleiro de Seingalt, *persona non grata* em vários países, editor e bibliotecário.

Para que você não ache que Casanova é um notório homem renascentista que deve de ser elogiado por sua habilidade em todas as artes liberais, considere novamente quem foi esse homem. Sua vida cheia de aventuras era o resultado de sua propensão camaleônica para redefinir a si mesmo a fim de ser estimado pelas outras pessoas que poderiam apoiá-lo financeiramente (ou mais precisamente, *insinuar a si mesmo a elas*), especialmente as mulheres ricas, a igreja e as autoridades governamentais. A Europa era o palco, enquanto ele passava de um amor a outro.[2]

A personificação da *pietà*

Por outro lado, algumas pessoas não usam máscara alguma. Encontramos esse homem na Bíblia, e ele era o foco de uma história que Jesus contou. Dois dos três personagens principais dessa história usavam a máscara da *pietà*, mas o terceiro era uma inesperada *pietà*.

A história, em Lucas 10:30-37, é sobre um homem que viajava de Jerusalém a Jericó quando alguns assaltantes o espancaram, roubaram tudo que tinha e o deixaram, sem roupa e "quase morto", à beira do caminho. Logo, alguém passou por ali, e esse homem, conforme se esperaria, poderia demonstrar compaixão por aquele pobre viajante: esse sacerdote judeu, provavelmente, estava a caminho do templo de Jerusalém para ali servir a Deus. Infelizmente, ele usou a máscara da compaixão — a máscara da *pietà*, uma face compungida por causa de um coração verdadeiramente cheio de compaixão —, mas ele passou para o outro lado enquanto passava pelo viajante que estava ferido.

A outra pessoa a passar por ali — um levita — poderia também, conforme se esperaria, ajudar o viajante ferido. O descendente de Levi, tribo separada em Israel para só servir a Deus, deveria ter demonstrado mais compaixão que todas as outras pessoas. Em Números 3:12, Senhor disse: "Os levitas são meus." Mas o levita, quando passou pelo homem que estava morrendo, "o viu [e] passou pelo outro lado" (Lucas 10:32). Muitos que conheciam esse levita, provavelmente, o consideravam um homem compassivo. Na realidade, o que eles viam era sua máscara da *pietà*.

Por fim, passou por ali a última pessoa que qualquer um esperaria que demonstrasse compaixão por um viajante judeu. Ao olhar para seu rosto, um nativo da região poderia ter detectado os traços do samaritano e ter certeza de que não poderia esperar que ele estendesse sua compaixão a qualquer judeu. Judeus e samaritanos não se amavam nem demonstravam compaixão uns pelos outros. E essa verdade tornou a mensagem da história de Jesus bastante contundente, pois foi o samaritano que salvou a vida do viajante judeu. Esse samaritano compassivo não usava máscara. Ao contrário, ele era a personificação da *pietà* — o próximo compassivo que Jesus nos chama a ser.

O Cristo compassivo

Entretanto, em ninguém a compaixão foi manifestada de forma tão pura e profunda como em Jesus Cristo. É por causa da compaixão amorosa de Cristo, demonstrada em sua vida até seu último suspiro, que, ao longo da história, ele tem sido reverenciado até mesmo por líderes e membros de outras religiões. Ninguém jamais acusou Jesus de usar uma máscara — de buscar servir a si mesmo, de ter segundas intenções, de ser hipócrita ou de ter duas caras. Ele é o modelo eterno para o casamento de um coração compassivo com mãos compassivas. Com Jesus, você vê a verdadeira compaixão e obtém a verdadeira compaixão.

Pense em todas as pessoas por quem quem Jesus sentiu compaixão *e* agiu com compaixão:

- O espiritualmente perdido (Mateus 9:36): Jesus ficou com o coração partido por causa das ovelhas perdidas de Israel.
- O doente (Marcos 1:41): Jesus curou as aflições físicas de inúmeras pessoas, possibilitando que iniciassem uma nova vida.
- O necessitado (Mateus 15:32): Jesus era compassivo em relação aos famintos, aos cansados, aos que choram; em relação a todos que não tinham suas necessidades básicas supridas.
- Viúvas e mães (Lucas 7:13): Jesus sentiu a tristeza de uma viúva que perdera seu único filho, e ele devolveu a essa mulher aquele ser que ela tanto amava.

O cristão compassivo

O mundo tem o direito de esperar que os seguidores de Cristo sejam como seu Mestre. Por essa razão, Pedro admoestou-nos da seguinte forma: "Sejam compassivos, amem-se fraternalmente, sejam misericordiosos e humildes" (1 Pedro 3:8). Isso não quer dizer que, meramente, temos de agir de forma compassiva ou aparentar compaixão — temos de *ser* compassivos. Temos de ser compassivos como Cristo o foi, e isso do fundo do coração, permitindo que essa compaixão flua através de nossas mãos.

Talvez você não seja capaz de curar os doentes nem de alimentar o faminto da forma como Jesus o fez. Mas isso é compreensível, pois nosso Salvador não espera que você consiga fazer isso. Ele simplesmente espera que você seja um canal de sua compaixão para aqueles que necessitam dele hoje, e não é possível fazer isso se você apenas usar uma máscara. Só é possível ser um canal da compaixão de Jesus se a pessoa realmente tiver um coração cheio da compaixão verdadeira, aquela que brota por ele morar em seu coração. Quando Jesus enche o coração de alguém, não é preciso mais usar a máscara da *pietà*, aquela por que esse indivíduo luta para tentar manter no lugar.

Portanto, se estiver usando a máscara da *pietà* — se estiver vivendo por trás de uma camada de verniz de compaixão, em vez de viver a coisa real —, por que não você tira a máscara hoje?

Sinais de vida

Sinal de vida: Importo-me... Sem levar em consideração a situação.

Versículo de vida: *Quanto ao mais, tenham todos o mesmo modo de pensar, sejam compassivos, amem-se fraternalmente, sejam misericordiosos e humildes* — 1 Pedro 3:8.

Vida em ação: Que temores me impedem de alcançar as pessoas que precisam de um toque de compaixão? O que posso fazer para superar esses temores e ser um corajoso bom samaritano?

Dia 38

Nossa identidade básica

Nós, os cristãos, somos conhecidos por nosso amor.
Essa é nossa identidade básica.

Olhe para sua camisa por um momento. Tem algum emblema no bolso? Ou talvez seus tênis tenham a marca de algo que foi espirrado neles ou há uma tachinha especial em seus *jeans*. Se você estiver bebendo café enquanto lê este capítulo, tem um círculo verde na xícara? Se estiver sentado à mesa da cozinha, Tony, o tigre,[1] está por perto?

§

Há exemplos de construção de marcas junto ao mercado — uma estratégia de *marketing* por meio da qual as companhias criam identidades características para seus produtos. Uma marca é uma coleção de imagens e idéias que simbolizam um produto ou uma companhia em particular. O que lhe vem à mente quando pensa em um conjunto de arcos dourados, uma pequena maçã com uma pequena mordida ou, se for fã de futebol, listas rubras e negras?

As companhias já não estão mais interessadas em criar um produto; elas querem estabelecer uma marca — uma característica que se torna a identidade instantaneamente reconhecida e que aciona as cordas positivas do consumidor, e que pode ser estendida a novos produtos. A construção de marcas junto ao mercado tenta vender um sentimento junto com um produto, e as companhias gastam milhões de dólares só para estabelecer o símbolo, o *slogan* e o desenho do pacote corretos para a construção da marca de um produto, de um autor, de uma companhia ou de um conceito junto ao mercado.

E quanto à marca chamada VOCÊ?

O que é característico sobre você? Que sentimentos os outros têm quando pensam em você? O que sua aparência, atitudes e atividades comunicam aos outros? O que o torna diferente do resto?

Muito antes das grandes e famosas companhias, como a IBM, Apple computadores, Nike e muitas outras, Jesus Cristo compreendeu a importância da construção de uma marca, e ele planejou uma "aparência" para todos os seus discípulos. Ele queria lhes dar uma identidade definitiva, conforme explicou em João 13:34,35: "Um novo mandamento lhes dou: Amem-se uns aos outros. Como eu os amei, vocês devem amar-se uns aos outros. Com isso todos saberão que vocês são meus discípulos, se vocês se amarem uns aos outros."

O amor de Jesus é uma marca mais poderosa que qualquer outra planejada pelos grandes centros comerciais do mundo, e esse amor que se assemelha ao amor de Cristo é tão importante que, sem ele, nada mais parece verdade em nossa vida...

§

Considere a história que o Dr. Harry Ironside contou sobre um missionário na China que estava traduzindo a Bíblia para o chinês. Um renomado estudioso chinês confucionista, que jamais fora exposto ao cristianismo, o auxiliava. Semana após semana, e mês após mês, eles se sentaram lado a lado, trabalhando com o texto bíblico.

Quando o projeto estava quase completo, o missionário falou a seu amigo:

— O senhor foi de grande ajuda para mim. Jamais conseguiria fazer esse trabalho sem sua ajuda. Agora gostaria de lhe fazer uma pergunta. À medida que caminhamos juntos ao longo do Novo Testamento, a beleza do Cristianismo o tocou de alguma forma? O senhor gostaria de se tornar cristão?

— Gostaria sim — respondeu o confucionista. — O Cristianismo me atrai. Acho que ele apresenta o sistema de ética mais maravilhoso que conheço. Creio que se eu vir algum cristão talvez possa me interessar mais em me tornar um cristão.

— Mas — exclamou o missionário — eu sou cristão!

— O senhor? — retrucou o estudioso, perplexo. — O senhor, cristão? Espero que não se ofenda, mas preciso lhe dizer que observei o senhor e o ouvi desde o início. Se entendi o Novo Testamento, o cristão é aquele que segue a Jesus, e o Mestre disse: "Com isso todos saberão que vocês são meus discípulos, se vocês se amarem uns aos outros." (João 13:35)

E o confucianista prosseguiu:

— O senhor não pode ser cristão, pois o ouvi quando falava sobre os outros de forma descortês. Também observei que, embora o Novo Testamento diga que Deus supre todas as suas necessidades, o senhor não confia nele. O senhor se preocupa com isso e com aquilo e, quando seu pagamento atrasa um dia, fica terrivelmente preocupado. Não, o senhor não pode ser cristão. Mas acho que, se algum dia encontrar algum, talvez eu queira ser um.

O missionário, trespassado até o fundo de sua alma, soluçou uma confissão, e pediu que Deus o perdoasse. Pediu que o estudioso o perdoasse também. Esse homem ficou tão transtornado e contrito, que o confucionista fez o seguinte comentário algum tempo depois:

— Bem, parece que, afinal, vi um cristão...[2]

O mundo conhece os cristãos não por todos eles se vestirem da mesma forma, usarem o mesmo tipo de penteado ou votarem da mesma forma. Nós, os cristãos, somos conhecidos por nosso amor. Essa é nossa identidade básica.

Ao recordar as palavras que ele ouviu nosso Senhor falar (João 13), o apóstolo João as confirmou em sua primeira epístola: "Sabemos que já passamos da morte para a vida porque amamos nossos irmãos. [...] Nisto conhecemos o que é o amor: Jesus Cristo deu a sua vida por nós, e devemos dar a nossa vida por nossos irmãos" (1 João 3:14,16).

Essa afirmação quer dizer que, se alguém disparar uma arma de fogo contra alguma pessoa, devemos nos colocar na frente da bala? Bem, é isso mesmo, mas isso não acontece com muita freqüência — graças a Deus! João explicou no versículo seguinte o que ele estava pensando a respeito de nossa obrigação cristã diária de negar a nós mesmos a fim de suprir as necessidades uns dos outros: "Se alguém tiver recursos materiais e, vendo seu irmão em necessidade, não se compadecer dele, como pode permanecer nele o amor de Deus? Filhinhos, não amemos de palavra nem de boca, mas em ação e em verdade" (1 João 17,18).

§

Durante a guerra do Vietnã, os aviões de dois homens foram abatidos no Vietnã do Norte, em incidentes separados que ocorreram mais ou menos ao mesmo tempo. Um desses homens era Porter Halyburton, um homem branco do sul dos Estados Unidos que era um tanto racista. O outro era Fred Cherry, o primeiro oficial negro capturado pelos norte-vietnamitas.

Os dois homens foram jogados na mesma cela no meio da sordidez do infame Hanoi Hilton. Não dava a impressão de que Fred Cherry sobreviveria. Ele estava seriamente ferido, e Porter logo descobriu que teria de cuidar de Fred de uma forma muito pessoal, retirando a roupa que grudara à pele por causa do pus, limpando as feridas naquela carne supurada e em decomposição, ajudando-o a chegar até o balde, que usavam como toalete, lavando-o, dando-lhe banho e comida na boca e ajudando-o a se trocar. Quando parecia que Fred estava à beira da morte, Porter ficou ao lado dele dia e noite, cuidando das feridas repugnantes e exortando-o a continuar lutando pela vida.

Em algum momento durante a prisão deles, Fred percebeu que já não lavava os cabelos havia meses, e, quando passou os dedos através de seu cabelo afro e denso, retirou uma bola de gordura e jogou-a no chão. No mesmo instante, um exército de formigas, proveniente de várias rachaduras na cela, apareceu e começou a subir no corpo de Fred para chegar a seu cabelo. Os dois homens tentaram espantá-las, mas parecia haver milhões delas, uma verdadeira praga. Porter, por fim, persuadiu um guarda a permitir que ele levasse Fred ao chuveiro.

Ao chegar, eles descobriram que tudo ali era repulsivo. Frio, escuro e sujo. O chão estava coberto de lesmas, e eles ficaram de pé em um pedacinho de limo. Fred não conseguia mover seus braços por causa do ferimento; e Porter, portanto, teve de ajudá-lo a tirar a roupa e posicioná-lo debaixo da água fria. Depois, Porter esfregou o sabonete nas mãos e começou a lavar o cabelo de Fred. De início, não aconteceu nada, mas, por fim, a sujeira, a oleosidade e a gordura viraram uma pasta que começou a se soltar do couro cabeludo e escorrer pelo corpo.

— É difícil de acreditar como seus cabelos estão sujos — disse Porter. — Vou lavá-los de novo.

E ele lavou os cabelos do companheiro de cela de novo, e mais uma vez, e de novo, até que, por fim, toda a gordura e todo encardido desaparecessem.

Depois que os dois homens foram soltos, Fred Cherry disse que ele não teria sobrevivido sem Porter Halyburton. Mas Porter disse que o oposto também era verdade. Cuidar de Fred deu-lhe um senso de missão e de propósito, e isso o capacitou a se esquecer de seus próprios problemas para servir outra pessoa. E essa experiência o ensinou a amar um irmão em necessidade. E, de acordo com o relato de Porter, foi isso que o ajudou a sobreviver à experiência no Hanoi Hilton.[3]

Dar a nossa vida por alguém nem sempre quer dizer a morte em sentido literal, embora Cristo tenha feito exatamente isso por nós. Dar a nossa vida quer dizer que morremos para nós mesmos — para nossos anseios, desejos e planos — a fim de viver para suprir as necessidades dos outros em nome de Cristo. Como seguidores de Cristo, como poderíamos fazer menos que isso?

Afinal, esse tipo de amor é nossa identidade. É o âmago de nossa semelhança em Cristo. Conforme Zacarias 3:2, cada um de nós é como um "tição [ou marca] tirado do fogo". E o mundo saberá que somos cristãos por causa de nosso amor.

Sinais de vida

Sinal de vida: Os outros sabem que sou cristão por causa de meu amor.

Versículo de vida: *Filhinhos, não amemos de palavra nem de boca, mas em ação e em verdade* — 1 João 3:18.

Vida em ação: Que características do amor de Jesus falho em demonstrar? O que posso fazer para incorporar essas características em minha vida?

Dia 39

Um retrato cor de carmim

Quando armamos o cavalete de nossa alma em frente do Calvário, aprendemos a imitar o amor perfeito do Mestre.

Quem esperaria que um cemitério fosse uma das atrações turísticas mais procuradas? Em 1917, Dr. Hubert Eaton queria mudar a forma como os norte-americanos concebiam a morte. Assim, ele desenvolveu o Forest Lawn em Glendale, o primeiro parque memorial dos Estados Unidos, um lugar que combinava beleza, arte, paisagismo, capelas, museus, fontes, cisnes, esculturas e, obviamente, espaço para duzentos e cinqüenta mil túmulos.

Todos os anos, mais de um milhão de pessoas visitam o parque de seiscentos acres. Afinal, em Forest Lawn você consegue ficar a menos de dois metros de algumas superestrelas como Clark Gable, Jimmy Stewart, Humphrey Bogart, Walt Disney, Red Skelton, George Burns e Gracie Allen. Visitantes também podem ver réplicas exatas das maiores obras de Michelangelo, incluindo-se *Davi, Moisés* e *Pietà*. A *Última ceia*, de Leonardo da Vinci, foi recriada em vitral. Forest Lawn é, até mesmo, um local procurado para casamentos.

Dentre os destaques encontrados em Forest Lawn, podemos mencionar também duas das maiores pinturas existentes, *A crucificação* e *A ressurreição*, as duas obras são do artista polonês Jan Styka.

A crucificação, a maior dessas duas pinturas, é tão grande que chega a nos tirar o fôlego, medindo quase sessenta metros de comprimento por quase quatorze metros de altura. Sem dúvida, é a maior e a mais dramática pintura em tela. Foi enviada para os Estados Unidos em 1904, para a Feira Mundial de St. Louis, mas ela foi apreendida por questões relacionadas às taxas que deveriam ser pagas. Como não havia um local amplo o suficiente para exibi-la, essa pintura ficou guardada em depósitos por muitos anos, até que uma capela, com um saguão bastante amplo, foi construída para abrigá-la.[1]

Talvez, a maior mensagem do artista seja que a crucificação é maior que a vida, maior que a morte e maior que nossa habilidade para compreendê-la totalmente. A crucificação revela um amor tão vasto, profundo, amplo e longo que nossa mente não pode sondá-lo. O amor de Deus é maior que o que as palavras, faladas ou escritas, ou as pinceladas de um artista, podem revelar.

Ao admirar essa imensa obra de arte que dá testemunho do amor de Deus — a pintura *A crucificação,* de Jan Styka —, podemos aprender algo sobre nossas duas principais tarefas na vida: amar a Deus e amar uns aos outros. Explicarei isso, mas antes farei uma pergunta. Você já visitou um museu e viu os artistas armarem o cavalete em frente das telas famosas para copiá-las? Da mesma forma, quando armamos o cavalete de nossa alma em frente ao Calvário, aprendemos a imitar o amor perfeito do Mestre. Ali, enquanto visualizamos o corpo alquebrado de Jesus naquela rude cruz, vemos a natureza do amor de Deus — intencional, abnegado, incondicional e sacrificial.

Amor intencional

O amor de Deus não é um sentimento vaporoso que aumenta e diminui por causa de propensões imprevisíveis e tendências incertas. O amor de Deus é um atributo divino tão forte como o aço, tão sólido como o granito e tão intencional quanto um exército em marcha. Seu facho de raio *laser* localiza as necessidades e sugere, em nosso coração e em nossa mente, formas de supri-las. Jesus disse: "Ninguém tem maior amor do que aquele que dá a sua vida pelos seus amigos" (João 15:13).

Recentemente, em Charleston, West Virginia, Mike Overton, eu estava atravessando uma ponte para ir até o local em que cortava o cabelo. Ao ver uma mulher pôr uma das pernas sobre a murada de proteção, ele brecou, saiu do carro e conseguiu segurá-la. Ela estava chorando, e seu murmúrio, que ela repetia como se fosse um refrão, era de que ninguém a amava. Ironicamente, enquanto ele a segurava, o telefone celular tocou duas vezes: uma chamada era da filha, e a outra do marido, pois os dois estavam preocupados com ela. Ainda assim, em sua tristeza e depressão, a mulher sentia-se totalmente só.[2]

§

O amor de Deus nos alcança e nos arrebata no Calvário — e há graça suficiente no Calvário para se estender a todas as pessoas que já viveram, que estão vivas e que viverão. Jesus morreu por todos nós.

Richard Baxter, escritor puritano, costumava dizer: "Se Deus dissesse que havia misericórdia para Richard Baxter, pensaria, por eu ser um pecador tão vil, que ele cometeu um engano e que se referia a outro Richard Baxter. Mas, quando ele disse 'todo' (em João 3:16), sei que eu também estava incluído ali, o pior de todos os Richard Baxters que já existiram."[3]

Bem, já que Jesus nos amou com amor tão intencional e deliberado, nós também não deveríamos amar com esse mesmo tipo de amor? Quanto a amar os outros com o amor de Jesus, o exemplo dele significa notar, descobrir e suprir as necessidades dos outros. Quanto a amar a Deus, o exemplo de Jesus significa obedecer ao Senhor. Jesus disse: "Se vocês me amam, obedecerão aos meus mandamentos. [...] Se alguém me ama, obedecerá à minha palavra. [...] Aquele que não me ama não obedece às minhas palavras" (João 14:15,23,24).

Que pecado, se é que existe algum, você tolera em sua vida? A que hábito não confessável você ainda se apega? Você tem alimentado a amargura por alguém por quem Cristo morreu? Aprenda a pintar os pecados das pessoas com o pincel perdoador do Calvário. Obedeça a Jesus de forma plena e sirva aos outros de forma intencional.

Amor abnegado

O amor de Cristo, além de ser intencional, é abnegado, e isso contrasta de forma clara com o mero amor humano.

Hoje, quando olhamos à nossa volta, vemos o amor humano falhar vez após vez. Na verdade, o índice de fracasso está se tornando astronômico. Vemos casamentos destruídos, e crianças sem pais. O amor de Cristo está obscurecido pelo desejo sexual barato e pobre, e esse tipo de desejo não passa de cobiça egoísta que mal se esconde sob uma fina camada de uma mão de tinta prateada. Mas quando o amor de Deus enche nosso coração, começamos a amar com a divina dimensão do amor. Passamos a ficar mais e mais preocupados com os outros — e menos e menos preocupados com nossas necessidades.

Os cristãos, em quem o Espírito de Deus habita, são mais capazes de agir e reagir como Cristo o fez quando andou por esta Terra. Em nossa humanidade, não conseguimos ser gentis com quem é descortês conosco. Mas o Senhor, quando temos o amor de Deus em nós, ama as pessoas por nosso intermédio. Se amamos uma pessoa apesar de seu espírito equivocado e sua língua afiada, começamos a entrar no amor de Jesus. Quando amamos nosso cônjuge, mesmo quando ele ou ela é descortês... Quando amamos nossos filhos, mesmo quando eles são rebeldes... Quando amamos nossos amigos, mesmo quando eles nos desapontam... Demonstramos que estamos aprendendo as pinceladas do amor de Deus.

Amor incondicional

Deus, além de nos amar de forma intencional e abnegada, ama-nos sem reservas. A. W. Tozer, certa vez, orou desta maneira:

> Se não há nada em nós que possa conquistar seu amor, ó Deus, nada no universo pode impedi-lo de nos amar. Seu amor existe sem que haja causas ou méritos para isso. O Senhor mesmo é a razão para o amor que nos é dedicado. Ajude-nos a crer na intensidade e eternidade do amor que nos achou. Quando conseguirmos crer nisso, o amor lançará fora o medo, e nosso coração atribulado ficará em paz.[4]

Não sei se isso já passou por sua mente, mas lembro-me de quando comecei a entender o evangelho por mim mesmo. Fui criado na verdade de Deus, mas, na adolescência, lutei com alguns aspectos do evangelho. Lembro-me de lutar para compreender como uma pessoa poderia morrer por todas as outras pessoas da história humana. Esse é um conceito bastante difícil de entender, não é mesmo?

Depois, percebi que *o mundo* — em trechos como "Deus tanto amou o mundo" — era um termo coletivo que simplesmente queria dizer eu e todos os outros indivíduos. Pensava no ladrão ali no Calvário. Enquanto Jesus estava pendurado à cruz pelos pecados do mundo todo, ele virou-se para um único indivíduo, pendurado na cruz ao lado da sua, e perdoou os pecados daquele homem, dizendo: "Eu lhe garanto: Hoje você estará comigo no paraíso" (Lucas 23:43). Era como se Deus estivesse falando para todos nós: "Amo o mundo, mas amo cada um de vocês como se cada um fosse a única pessoa que eu tivesse para amar."

Você ama o mundo? Sua família? Sua igreja? Esses termos são coletivos que implicam que você ama os indivíduos existentes ali abrangidos. O amor — o amor semelhante ao de Cristo é incondicional — é pessoal e íntimo. É um retrato cor de carmim que toca até mesmo o coração mais solitário.

Amor sacrificial

Por fim, à medida que imitamos as pinceladas do amor de Jesus, vemos sua cor sacrificial.

Quando Donna, minha esposa, e eu estivemos em Londres, visitamos a Catedral St. Paul's. Jamais me esquecerei da imagem em tamanho natural de Jesus Cristo. Na realidade, era uma imagem feia e perturbadora — uma escultura de Cristo convulsionado pela angústia. Abaixo, era possível ler estas palavras: "Esta é a forma como Deus ama o mundo." Jamais podemos sondar totalmente o preço de seu amor por nós, não é mesmo?

Desse modo, como se espera que nós possamos amar como ele amou? Primeiro, podemos receber o amor de nosso Mestre Artista em nosso coração. Também podemos permitir que seu Espírito desenvolva seu trabalho artístico em nosso coração. Podemos aprender a pintar nosso mundo com as ricas cores da compaixão de Jesus. Seu Espírito pode moldar as cenas de minha vida com toques de seu amor intencional, abnegado, incondicional e sacrificial. Se, neste mundo, você quiser deixar uma marca feita com o pincel do amor de Jesus, arrume seu cavalete nas encostas do Calvário. Ali, você verá "o amor tão maravilhoso, tão divino, [amor que] exige minha alma, minha vida, e todo meu ser" (Isaac Watts).

Sinais de vida

Sinal de vida: Meu amor pelos outros não é condicional, pois independe do fato de eles alcançarem meu padrão.

Versículo de vida: *Ninguém tem maior amor do que aquele que dá a sua vida pelos seus amigos* — João 15:13.

Vida em ação: O que faço pode expressar minha apreciação do amor sacrificial e incondicional de Deus?

Dia 40

Agraciado e gracioso

Devemos distribuir livremente a mesma graça que Deus demonstrou por nós.

Na dinastia Manchu, Christiana Tsai foi uma das vinte crianças que nasceram em uma família influente do governo. Ela teve boa educação e servos só para ela, mas vivia isolada, sem jamais se aventurar para fora dos muros do palácio de sua família. O pai de Christiana, no entanto, apesar de suas convicções budistas, queria que a filha fosse para uma escola cristã de missionários norte-americanos.

— Só para me certificar de que você não engolirá o Cristianismo! — ele disse, traduzindo sua intenção de que não queria que a filha se convertesse para a religião estrangeira.

No internato, Chritiana ouviu o evangelho e aceitou a Jesus Cristo, como também aconteceu com sua colega de classe, Miss Wu. A conversão desta chocou tanto a família, que um parente dessa jovem foi enviado para trazê-la de volta para casa. Na viagem de volta, enquanto ainda estavam no barco, esse parente lhe entregou uma corda e uma faca.

— Você desgraçou sua família ao engolir a religião cristã — disse-lhe, avisando-a que, se não renunciasse a sua fé, ela teria de escolher entre enforcar-se, matar-se com a faca ou afogar-se naquele canal.

Christiana também enfrentou a fúria de sua família, que rasgou barbaramente a Bíblia e o hinário que ela trazia consigo, atirando os pedaços em sua face. Ela foi mantida prisioneira. Conforme Christiana escreveu algum tempo depois: "Mas não discuti, apenas orei para que tivesse sabedoria, e Deus deu-me graça."

Certo dia, um irmão lhe pediu:

— Conte-me sobre o Cristianismo e por que você se tornou cristã.

Após Christiana lhe contar tudo que pedira, ele retrucou:

— Mas essa foi uma experiência notável. E reparei que você, apesar da forma como a tratamos agora, parece mais feliz do que costumava ser. Acho que também acreditaria.

Com o tempo, cinqüenta e cinco parentes aceitaram Jesus, até mesmo o irmão que rasgara a Bíblia e o hinário. Christiana Tsai descobriu o segredo de como transmitir aos outros a graça que ela mesma recebera: seu espírito gracioso levou sua família a Cristo.[1]

§

Infelizmente, nem todo aquele que recebe a graça é um transmissor dessa graça. Caso típico. Você já conversou com algum jovem que trabalha aos domingos em algum restaurante popular? Quase todos eles reclamam que "o pessoal da igreja" é o grupo mais exigente e o mais difícil de servir — e são os que deixam menos gorjetas.

Por que nós, freqüentemente, falhamos em distribuir livremente a mesma graça que Deus demonstrou por nós? Por que nós, que recebemos esse favor imerecido, falhamos em estender o favor imerecido às pessoas que o Senhor permitiu que entrassem em nossa vida? Algumas vezes, ficamos desgostosos com a ação de algumas pessoas não cristãs e, em vez de permitir que a graça transborde, ficamos irritados com a justa indignação (o que nem sempre é inapropriado). Outras vezes, temos medo de que os outros se aproveitem de nós e não estendemos a graça.

Outras vezes ainda, não temos certeza de como e quando devemos estender a graça. E, é claro, também há ocasiões em que estamos totalmente fora de prumo...

Ao ler essas palavras, talvez você pense consigo mesmo: *Preciso ter mais paciência! Preciso ser mais gentil e mais gracioso!* Talvez esteja pensando: *Preciso perdoar meu amigo por ele ter ferido meus sentimentos. Preciso perdoar meus colegas de trabalho pela ferida que me causou.*

Um espírito amargo é como uma colher cheia de ácido em seu estômago, pois, vagarosamente, corrói seu órgão vital. A Bíblia nos adverte para que "ninguém se exclua da graça de Deus; que nenhuma raiz de amargura brote e cause perturbação, contaminando muitos" (Hebreus 12:15). Portanto, pergunto: como podemos nos tornar um doador de graça para os outros?

Estude Jesus

O mais importante é estudar Jesus e aprender com seu exemplo. Esse é o tema salientado em 1 Pedro, pois esse livro da Bíblia nos diz repetidamente que devemos responder à perseguição e ao ataque pessoal da forma como Jesus o fez — com graça, dignidade e perdão. Pedro escreveu: "Para isso vocês foram chamados, pois também Cristo sofreu no lugar de vocês, deixando-lhes exemplo, para que sigam os seus passos.

"'Ele não cometeu pecado algum, e nenhum engano foi encontrado em sua boca.' Quando insultado, não revidava; quando sofria, não fazia ameaças, mas entregava-se àquele que julga com justiça" (1 Pedro 2:21-23).

Se sua atitude é crítica e exigente, encorajo-o a ler 1 Pedro — com apenas cinco capítulos — e a estudar o que Pedro diz sobre Jesus. Descubra mais versículos e cole-os em sua geladeira e em cartões para memorização. Como, por exemplo, sua atitude seria diferente se você memorizasse e, depois, tentasse seriamente viver de acordo com 1 Pedro 3:8,9?

> Quanto ao mais, tenham todos o mesmo modo de pensar, sejam compassivos, amem-se fraternalmente, sejam misericordiosos e humildes. Não retribuam mal com mal, nem insulto com insulto;

> ao contrário, bendigam, pois para isso vocês foram chamados, para receberem bênção por herança.

É difícil moldar novamente um pedaço de argila que já se endureceu e, algumas vezes, sentimos que nossa personalidade e atitudes já estão "preparadas", que "somos assim mesmo". Mas o cristão é sempre moldável, está sempre em obras e é capaz de se tornar mais como Cristo. Você pode se tornar um transportador da graça de Deus para os outros à medida que mantém os olhos no Senhor, estuda a sua vida e se compromete a se tornar mais e mais parecido com ele.

Perdoe intencionalmente

Também faríamos um melhor trabalho se fôssemos um canal para a graça de Deus — como Cristo o foi — e perdoássemos intencionalmente aqueles que pecaram contra nós.

Pela graça de Deus, Fanny Crosby, compositora de hinos, foi capaz não só de perdoar o médico que arruinou sua vista, mas também de agradecer a Deus por sua cegueira. Ela escreveu a oração a seguir: "Oro, abençoado Salvador, para que eu seja mais semelhante ao Senhor. Oro para que seu Espírito possa repousar sobre mim, como se fosse uma pomba."[2]

E o abençoado Salvador dessa mulher — e nosso também — contou, certa vez, a história de um servo que devia uma enorme soma de dinheiro a seu mestre. Era impossível para esse servo pagar seu mestre, assim ele perdoou graciosamente o mestre. Mas o devedor, livre de sua obrigação, quando encontrou um homem que lhe devia uma pequena quantia de dinheiro, jogou-o na prisão por não ter saldado a dívida. Quando o mestre ficou sabendo do que acontecera, ele chamou seu servo e lhe disse: "Servo mau, cancelei toda a sua dívida porque você me implorou. Você não devia ter tido misericórdia do seu conservo como eu tive de você?" (Mateus 18:32,33). O mestre entregou seu servo aos torturadores.

Depois Jesus proferiu estas palavras bastante sérias: "Assim também lhes fará meu Pai celestial, se cada um de vocês não perdoar de coração a seu irmão" (Mateus 18:35).

§

Os psicólogos estão descobrindo como o ato de perdoar realmente melhora nossa saúde mental e física. Em um estudo recentemente publicado, os participantes de um *workshop* de seis horas explicaram como a mágoa pode causar danos psicológicos e físicos; eles também aprenderam técnicas para perdoar os outros. A maioria das pessoas que escolheram perdoar relatou que houve uma relevante melhoria nos relacionamentos pessoais como também na saúde física e emocional.[3]

Como o conselho bíblico é relevante!

Pratique a empatia

Uma ferramenta eficaz para perdoar os outros é a empatia, e a empatia surge quando nos detemos por um longo tempo para observar os outros através das lentes de sua própria experiência...

§

F. W. Boreham, escritor, certa vez perdeu a paciência com um homem difícil, Crittingden, que lhe fizera muitas críticas. Boreham escreveu uma carta inflamada para responder às críticas feitas. Ele foi até a caixa de correio para enviar a carta. Como a noite estava muito agradável para um passeio, ele passou pela caixa de correio, mas não depositou a carta, pois decidiu fazer isso na volta. Um pouco mais adiante, encontrou um amigo que lhe deu esta notícia:

— Coitado do Crittingden, morreu.

Boreham ficou chocado:

— Verdade? Quando isso aconteceu?

— Ah, ele morreu de repente, no início da tarde. E acho que para ele foi melhor assim. Ele estava passando por um momento difícil. Imagino que você saiba de tudo que o afligia.

— Não, não sei.

— Ah, achei que todo mundo soubesse. Ele tinha dois filhos. O filho foi morto logo depois que a esposa faleceu, e a filha ficou louca e está em um asilo. Coitado do Crittingden, ele jamais superou tudo isso. Ele ficou muito amargurado com esses acontecimentos.

Boreham retornou para junto de sua lareira, humilhado e envergonhado. Ele rasgou a carta e queimou-a. Enquanto se ajoelhava diante das chamas, ele orou para que, nos dias por vir, ele encontrasse graça para lidar de forma gentil e amorosa com as pessoas difíceis.[4]

§

Thomas a Kempis certa vez escreveu: "Conheça tudo e perdoará tudo."[5]

Devemos ser mais pacientes, mais graciosos e mais alegres com os outros. Devemos sorrir mais e reclamar menos. Devemos construir, em vez de destruir. E devemos perdoar os outros da mesma forma como nós mesmos recebemos a graça do perdão de Deus. Quando compreendermos totalmente a maravilhosa bondade da graça de Deus, passamos a ser doadores da graça — e é exatamente isso que o mundo precisa.

Portanto, devemos tomar uma decisão e ser "bondosos e compassivos uns para com os outros, perdoando[-nos] mutuamente, assim como Deus [n]os perdoou em Cristo" (Efésios 4:32).

Sinais de vida

Sinal de vida: Sou um canal da graça de Deus para os outros.

Versículo de vida: *O seu falar seja sempre agradável e temperado com sal, para que saibam como responder a cada um* — Colossenses 4:6.

Vida em ação: O que posso fazer para que seja capaz de lidar de forma mais gentil e amável com as pessoas difíceis em minha vida?

Quarenta dias
para mudar o mundo

Minhas palavras e ações dão evidência de que Cristo habita em meu interior.

Minha fé se expressa por intermédio de minhas palavras.

Sou a fonte de luz em um mundo obscuro.

Todo momento de minha vida é um *momento vivo* com Deus.

Estou consciente de que influencio aqueles que estão à minha volta.

Aqueles que testemunham minha vida vêem Jesus.

A marca de minha vida cristã permanecerá por toda a eternidade.

Estou disposto a ficar com os pés empoeirados nas ruas de minha comunidade.

Meu andar apóia meu falar.

Oportunidades para compartilhar Cristo são compromissos divinos.

A coisa mais importante que posso dizer é: "Jesus ama você."

As necessidades dos outros são tão importantes como as minhas.

Sou uma propaganda ambulante para o Senhor.

Todos os dias crio uma evidência para provar que sou seguidor de Cristo.

O ouvir a direção de Deus começa com a oração.

Estou aberto e pronto para ouvir as direções de Deus.

A rendição incondicional a Deus traz a vitória espiritual.

Meu amor por Deus é maior que minha afeição por qualquer outra coisa neste mundo desejável, mas mortal.

Minha vida não está contaminada com a inquietação, pois seguro com firmeza nas mãos de Deus.

Estou disposto a ser flexível nas mãos de Deus.

Participo de um ministério que causa impacto em minha comunidade.

O mundo vê o coração de Deus por intermédio do trabalho de minhas mãos.

O maior tema de minha vida é o amor.

Meu comportamento reflete os ensinamentos de Jesus.

Aqueles que entram em contato comigo são encorajados.

Atravesso corajosamente as portas abertas que o Senhor põe diante de mim.

Minha vida produz ondas que alcançam aqueles que estão à minha volta.

A humildade é a marca registrada do meu serviço.

Busco formas de doar generosamente aos outros.

Dôo aos outros porque Deus doou ricamente para mim.

Nada deve representar um obstáculo em nosso caminho para seguir Jesus.

Deus é livre para usar qualquer área de minha vida para fazer a sua vontade.

Sou administrador fiel de tudo que Deus me deu.

Separo um período do dia para fazer escavações em busca de tesouros na Palavra de Deus.

Sempre há mais que eu possa fazer para o Reino de Deus.

Compaixão é minha paixão.

Importo-me... sem levar em consideração a situação.

Os outros sabem que sou cristão por causa de meu amor.

Meu amor pelos outros não é condicional, pois independe do fato de eles alcançarem meu padrão.

Sou um canal da graça de Deus para os outros.

Apêndice: O pobre

As Escrituras contêm mais de 150 versículos que se referem diretamente aos pobres. Alguns são promessas de Deus aos pobres; outros, promessas que Deus faz àqueles que cuidam dos pobres; e outros ainda, alertas para aqueles que maltratam os pobres.

Providência do Senhor

> *O SENHOR é quem dá pobreza e riqueza; ele humilha e exalta* (1 Samuel 2:7).

> *Não é verdade que ele não mostra parcialidade a favor dos príncipes, e não favorece o rico em detrimento do pobre, uma vez que todos são obra de suas mãos?* (Jó 34:19).

> *O rico e o pobre têm isto em comum: o Senhor é o Criador de ambos* (Provérbios 22:2).

O pobre e o opressor têm algo em comum: o Senhor dá vista a ambos (Provérbios 29:13).

Pois vocês conhecem a graça de nosso Senhor Jesus Cristo que, sendo rico, se fez pobre por amor de vocês, para que por meio de sua pobreza vocês se tornassem ricos (2 Coríntios 8:9).

Prevalência do pobre

Sempre haverá pobres na Terra. Portanto, eu lhe ordeno que abra o coração para o seu irmão israelita, tanto para o pobre como para o necessitado de sua terra (Deuteronômio 15:11).

Pois os pobres vocês sempre terão consigo, mas a mim vocês nem sempre terão (Mateus 26:11).

Pois os pobres vocês sempre terão com vocês, e poderão ajudá-los sempre que o desejarem. Mas a mim vocês nem sempre terão (Marcos 14:7).

Pois os pobres vocês sempre terão consigo, mas a mim vocês nem sempre terão (João 12:8).

Promessas no Antigo Testamento

Doar obediente

Para que os levitas, que não possuem propriedade nem herança, e os estrangeiros, os órfãos e as viúvas que vivem na sua cidade venham comer e saciar-se, e ***para que o Senhor, o seu Deus, os abençoe em todo o trabalho das suas mãos*** (Deuteronômio 14:29; grifo do autor).

Doar compassivo

No final de cada sete anos as dívidas deverão ser canceladas. Isso deverá ser feito da seguinte forma: todo credor cancelará o empréstimo que fez ao seu próximo. Nenhum israelita exigirá pagamento de seu próximo ou de seu parente, porque foi proclamado o tempo do SENHOR para o cancelamento das dívidas. Vocês poderão exigir pagamento do estrangeiro, mas terão que cancelar qualquer dívida de seus irmãos israelitas. Assim, não deverá haver pobre algum no meio de vocês, ***pois na terra que o SENHOR, o seu Deus, lhes está dando como herança para que dela tomem posse, ele os abençoará ricamente*** (Deuteronômio 15:1-4; grifo do autor).

Doar generoso

Se houver algum israelita pobre em qualquer das cidades da terra que o SENHOR, o seu Deus, lhes está dando, não endureçam o coração, nem fechem a mão para com o seu irmão pobre. Ao contrário, tenham mão aberta e emprestem-lhe liberalmente o que ele precisar. Cuidado! Que nenhum de vocês alimente este pensamento ímpio: 'O sétimo ano, o ano do cancelamento das dívidas, está se aproximando, e não quero ajudar o meu irmão pobre'. Ele poderá apelar para o SENHOR contra você, e você será culpado desse pecado. Dê-lhe generosamente, e sem relutância no coração; ***pois, por isso, o SENHOR, o seu Deus, o abençoará em todo o seu trabalho e em tudo o que você fizer.*** *Sempre haverá pobres na Terra. Portanto, eu lhe ordeno que abra o coração para o seu irmão israelita, tanto para o pobre como para o necessitado de sua terra* (Deuteronômio 15:7-11; grifo do autor).

Doar generoso

Se o homem for pobre, não vá dormir tendo com você o penhor. Devolva-lhe o manto ao pôr-do-sol, para que ele possa usá-lo para dormir, e lhe seja grato. Isso será considerado um ato de justiça pelo SENHOR, o seu Deus (Deuteronômio 24:12,13).

Vida abnegada

Quando vocês estiverem fazendo a colheita de sua lavoura e deixarem um feixe de trigo para trás, não voltem para apanhá-lo. Deixem-no para o estrangeiro, para o órfão e para a viúva, ***para que o SENHOR, o seu***

Deus, os abençoe em todo o trabalho das suas mãos (Deuteronômio 24:19; grifo do autor).

Como é feliz aquele que se interessa pelo pobre! O Senhor o livra em tempos de adversidade. O Senhor o protegerá e preservará a sua vida; ele o fará feliz na Terra e não o entregará ao desejo dos seus inimigos. O Senhor o susterá em seu leito de enfermidade, e da doença o restaurará (Salmo 41:1-3).

Feliz é o homem que empresta com generosidade e que com honestidade conduz os seus negócios. O justo jamais será abalado; para sempre se lembrarão dele. Não temerá más notícias; seu coração está firme, confiante no Senhor. O seu coração está seguro e nada temerá. No final, verá a derrota dos seus adversários. Reparte generosamente com os pobres; a sua justiça dura para sempre; seu poder será exaltado em honra (Salmo 112:5-9).

Quem despreza o próximo comete pecado, mas como é feliz quem trata com bondade os necessitados! (Provérbios 14:21).

Quem trata bem os pobres empresta ao Senhor, e ele o recompensará (Provérbios 19:17).

Quem é generoso será abençoado, pois reparte o seu pão com o pobre (Provérbios 22:9).

Quem dá aos pobres não passará necessidade, mas quem fecha os olhos para não vê-los sofrerá muitas maldições (Provérbios 28:27).

Se o rei julga os pobres com justiça, seu trono estará sempre seguro (Provérbios 29:14).

O jejum que desejo não é este: soltar as correntes da injustiça, desatar as cordas do jugo, pôr em liberdade os oprimidos e romper todo jugo? Não é partilhar sua comida com o faminto, abrigar o pobre desamparado, vestir o nu que você encontrou, e não recusar ajuda ao próximo? Aí sim, a sua luz irromperá como a alvorada, e prontamente surgirá a sua cura; a sua retidão irá adiante de você e a glória do Senhor estará na sua retaguarda. Aí sim, você clamará ao Senhor, e ele responderá; você gritará por socorro, e ele dirá: Aqui estou (Isaías 58:6-9).

Se com renúncia própria você beneficiar os famintos e satisfizer o anseio dos aflitos, então a sua luz despontará nas trevas, e a sua noite será como o meio-dia. O Senhor o guiará constantemente; satisfará os seus desejos em uma terra ressequida pelo sol e fortalecerá os seus ossos. Você será como um jardim bem regado, como uma fonte cujas águas nunca faltam. Seu povo reconstruirá as velhas ruínas e restaurará os alicerces antigos; você será chamado reparador de muros, restaurador de ruas e moradias (Isaías 58:10-12).

Portanto, ó rei, aceita o meu conselho: Renuncia a teus pecados e à tua maldade, pratica a justiça e tem compaixão dos necessitados. Talvez, então, continues a viver em paz (Daniel 4:27).

Punição para quem maltratar o próximo

Sim, pois ele tem oprimido os pobres e os tem deixado desamparados; apoderou-se de casas que não construiu. Certo é que a sua cobiça não lhe trará descanso, e o seu tesouro não o salvará. Nada lhe restou para devorar; sua prosperidade não durará muito (Jó 20:19-21).

Quem fecha os ouvidos ao clamor dos pobres também clamará e não terá resposta (Provérbios 21:13).

Tanto quem oprime o pobre para enriquecer-se como quem faz cortesia ao rico, com certeza passarão necessidade (Provérbios 22:16).

Não explore os pobres por serem pobres, nem oprima os necessitados no tribunal, pois o SENHOR será o advogado deles, e despojará da vida os que os despojarem (Provérbios 22:22,23).

O S*ENHOR* *entra em juízo contra as autoridades e contra os líderes do seu povo. "Vocês arruinaram a vinha, e o que foi roubado dos necessitados está nas suas casas"* (Isaías 3:4).

Ai daqueles que fazem leis injustas, que escrevem decretos opressores, para privar os pobres dos seus direitos e da justiça os oprimidos do meu povo, fazendo das viúvas sua presa e roubando dos órfãos! Que farão vocês no dia do castigo, quando a destruição vier de um lugar distante? Atrás de quem vocês correrão em busca de ajuda? Onde deixarão todas as suas riquezas? (Isaías 10:1-3).

Assim diz o S*ENHOR*: *"Por três transgressões de Israel,e ainda mais por quatro,não anularei o castigo. Vendem por prata o justo, e por um par de sandálias o pobre"* (Amós 2:6).

Vocês oprimem o pobre e o forçam a dar-lhes o trigo. Por isso, embora vocês tenham construído mansões de pedra, nelas não morarão; embora tenham plantado vinhas verdejantes, não beberão do seu vinho (Amós 5:11).

Ouçam, vocês que pisam os pobres e arruínam os necessitados da terra, dizendo: "Quando acabará a lua nova para que vendamos o cereal? E quando terminará o sábado para que comercializemos o trigo, diminuindo a medida, aumentando o preço, enganando com balanças desonestas e comprando o pobre com prata e o necessitado por um par de sandálias, vendendo até palha com o trigo?" O S*ENHOR* *jurou contra o orgulho de Jacó: "Jamais esquecerei coisa alguma do que eles fizeram."Acaso não tremerá a Terra por causa disso, e não chorarão todos os que nela vivem?"* (Amós 8:4-8a).

"Não oprimam a viúva e o órfão, nem o estrangeiro e o necessitado. Nem tramem maldades uns contra os outros." Mas eles se recusaram a dar atenção; teimosamente viraram as costas e taparam os ouvidos. [...] "Quando eu os chamei, não me deram ouvidos; por isso, quando eles me chamarem, também não os ouvirei", diz o S*ENHOR* *dos Exércitos* (Zacarias 7:10,11,13).

Promessas ao pobre

O Senhor *é quem dá pobreza e riqueza; ele humilha e exalta. Levanta do pó o necessitado e do monte de cinzas ergue o pobre; ele os faz sentar-se com príncipes e lhes dá lugar de honra* (1 Samuel 2:7,8a).

Fizeram chegar a ele o grito do pobre, e ele ouviu o clamor do necessitado (Jó 34:28).

Mas aos que sofrem ele os livra em meio ao sofrimento; em sua aflição ele lhes fala (Jó 36:15).

Mas os pobres nunca serão esquecidos, nem se frustrará a esperança dos necessitados (Salmo 9:18).

"Por causa da opressão do necessitado e do gemido do pobre, agora me levantarei", diz o Senhor. *"Eu lhes darei a segurança que tanto anseiam"* (Salmo 12:5).

Vocês, malfeitores, frustram os planos dos pobres, mas o refúgio deles é o Senhor (Salmo 14:6).

Os pobres comerão até ficarem satisfeitos; aqueles que buscam o Senhor o louvarão! Que vocês tenham vida longa! (Salmo 22:26).

Todo o meu ser exclamará: Quem se compara a ti, Senhor*? Tu livras os necessitados daqueles que são mais poderosos do que eles, livras os necessitados e os pobres daqueles que os exploram* (Salmo 35:10).

Já fui jovem e agora sou velho, mas nunca vi o justo desamparado, nem seus filhos mendigando o pão. Ele é sempre generoso e empresta com boa vontade; seus filhos serão abençoados (Salmo 37:25,26).

Quanto a mim, sou pobre e necessitado, mas o Senhor preocupa-se comigo. Tu és o meu socorro e o meu libertador; meu Deus, não te demores! (Salmo 40:17).

O Senhor *ouve o pobre e não despreza o seu povo aprisionado* (Salmo 69:33).

Quanto a mim, sou pobre e necessitado; apressa-te, ó Deus. Tu és o meu socorro e o meu libertador; Senhor, não te demores! (Salmo 70:5).

Defenda ele os oprimidos entre o povo e liberte os filhos dos pobres; esmague ele o opressor! (Salmo 72:4).

Pois ele liberta os pobres que pedem socorro, os oprimidos que não têm quem os ajude. Ele se compadece dos fracos e dos pobres, e os salva da morte (Salmo 72:12,13).

Mas tira os pobres da miséria e aumenta as suas famílias como rebanhos (Salmo 107:41).

Pois ele se põe ao lado do pobre para salvá-lo daqueles que o condenam (Salmo 109:31).

Ele levanta do pó o necessitado e ergue do lixo o pobre (Salmo 113:7).

Abençoarei este lugar com fartura; os seus pobres suprirei de pão (Salmo 132:15).

Sei que o Senhor defenderá a causa do necessitado e fará justiça aos pobres (Salmo 140:12).

Mas com retidão julgará os necessitados, com justiça tomará decisões em favor dos pobres. Com suas palavras, como se fossem um cajado, ferirá a terra; com o sopro de sua boca matará os ímpios (Isaías 11:4).

Que resposta se dará aos emissários daquela nação? Esta: "O Senhor estabeleceu Sião, e nela encontrarão refúgio os aflitos do seu povo" (Isaías 14:32).

Tens sido refúgio para os pobres, refúgio para o necessitado em sua aflição, abrigo contra a tempestade e sombra contra o calor quando o sopro dos cruéis é como tempestade contra um muro (Isaías 25:4).

O pobre e o necessitado buscam água, e não a encontram! Suas línguas estão ressequidas de sede. Mas eu, o SENHOR, *lhes responderei; eu, o Deus de Israel, não os abandonarei* (Isaías 41:17).

Cantem ao Senhor! Louvem o Senhor! Porque ele salva o pobre das mãos dos ímpios (Jeremias 20:13).

Proíbe-se a parcialidade

Ao testemunhar em um processo, não perverta a justiça para apoiar a maioria, nem para favorecer o pobre em um processo (Êxodo 23:2,3).

Não perverta o direito dos pobres em seus processos (Êxodo 23:6).

Os ricos não contribuirão com mais, nem os pobres darão menos que seis gramas, quando apresentarem a oferta ao SENHOR *como propiciação por sua vida* (Êxodo 30:15).

Se, todavia, for alguém pobre, sem recursos para isso, pegará um cordeiro como oferta pela culpa, para ser movido e para fazer propiciação por ele, juntamente com um jarro da melhor farinha, amassada com óleo, como oferta de cereal, uma caneca de óleo e duas rolinhas ou dois pombinhos, conforme os seus recursos, um como oferta pelo pecado e o outro como holocausto (Levítico 14:21,22).

Não cometam injustiça em um julgamento; não favoreçam os pobres, nem procurem agradar os grandes, mas julguem o seu próximo com justiça (Levítico 19:15).

Provisão para as necessidades físicas

Mas no sétimo deixem-na descansar sem cultivá-la. Assim os pobres do povo poderão comer o que crescer por si, e o que restar ficará para os animais do campo. Façam o mesmo com as suas vinhas e com os seus olivais (Êxodo 23:11).

Não passem duas vezes pela sua vinha, nem apanhem as uvas que tiverem caído. Deixem-nas para o necessitado e para o estrangeiro. Eu sou o SENHOR, *o Deus de vocês* (Levítico 19:10).

Quando fizerem a colheita da sua terra, não colham até as extremidades da sua lavoura, nem ajuntem as espigas caídas da sua colheita. Deixem-nas para o necessitado e para o estrangeiro. Eu sou o SENHOR, *o Deus de vocês* (Levítico 23:22).

Se alguém do seu povo empobrecer e vender parte da sua propriedade, seu parente mais próximo virá e resgatará aquilo que o seu compatriota vendeu (Levítico 25:25).

Se alguém do seu povo empobrecer e não puder sustentar-se, ajudem-no como se faz ao estrangeiro e ao residente temporário, para que possa continuar a viver entre vocês. Não cobrem dele juro algum, mas temam o seu Deus, para que o seu próximo continue a viver entre vocês. Vocês não poderão exigir dele juros nem emprestar-lhe mantimento visando ao lucro. Eu sou o SENHOR, *o Deus de vocês, que os tirou da terra do Egito para dar-lhes a terra de Canaã e para ser o seu Deus* (Levítico 25:35-38).

Pois os israelitas são meus servos, a quem tirei da terra do Egito; não poderão ser vendidos como escravos (Levítico 25:42).

Os perigos de maltratar os pobres

Em sua arrogância o ímpio persegue o pobre, que é apanhado em suas tramas (Salmo 10:2).

Que o SENHOR *se lembre da iniqüidade dos seus antepassados, e não se apague o pecado de sua mãe. Estejam os seus pecados sempre perante o* SENHOR, *e na terra ninguém jamais se lembre da sua família. Pois ele jamais pensou em praticar um ato de bondade, mas perseguiu até a morte o pobre, o necessitado e o de coração partido* (Salmo 109:14-16).

Oprimir o pobre é ultrajar o seu Criador, mas tratar com bondade o necessitado é honrar a Deus (Provérbios 14:31).

Quem zomba dos pobres mostra desprezo pelo Criador deles; quem se alegra com a desgraça não ficará sem castigo (Provérbios 17:5).

Quem fecha os ouvidos ao clamor dos pobres também clamará e não terá resposta (Provérbios 21:13).

Tanto quem oprime o pobre para enriquecer-se como quem faz cortesia ao rico, com certeza passarão necessidade (Provérbios 22:16).

Quem aumenta sua riqueza com juros exorbitantes ajunta para algum outro, que será bondoso com os pobres (Provérbios 28:8).

Quem dá aos pobres não passará necessidade, mas quem fecha os olhos para não vê-los sofrerá muitas maldições (Provérbios 28:27).

O SENHOR *entra em juízo contra as autoridades e contra os líderes do seu povo. "Vocês arruinaram a vinha, e o que foi roubado dos necessitados está nas suas casas. Que pretendem vocês, ao esmagarem o meu povo, e ao moerem o rosto dos necessitados?" Quem pergunta é o* SENHOR, *o* SENHOR *dos Exércitos* (Isaías 3:14,15).

Ora, este foi o pecado de sua irmã Sodoma: ela e suas filhas eram arrogantes, tinham fartura de comida e viviam despreocupadas; não ajudavam os pobres e os necessitados (Ezequiel 16:49).

Oprime os pobres e os necessitados. Comete roubos. Não devolve o que tomou como garantia. Volta-se para os ídolos e comete práticas detestáveis. Empresta visando ao lucro e cobra juros. Deverá viver um homem desses? Não! Por todas essas práticas detestáveis, com certeza será morto, e ele será responsável por sua própria morte (Ezequiel 18:12,13).

Princípios do Novo Testamento

Bem-aventurados os pobres em espírito, pois deles é o Reino dos céus (Mateus 5:3).

Os cegos vêem, os mancos andam, os leprosos são purificados, os surdos ouvem, os mortos são ressuscitados, e as boas novas são pregadas aos pobres (Mateus 11:5).

Jesus respondeu: "Se você quer ser perfeito, vá, venda os seus bens e dê o dinheiro aos pobres, e você terá um tesouro nos céus. Depois, venha e siga-me" (Mateus 19:21).

Então, uma viúva pobre chegou-se e colocou duas pequeninas moedas de cobre, de muito pouco valor. Chamando a si os seus discípulos, Jesus declarou: "Afirmo-lhes que esta viúva pobre colocou na caixa de ofertas mais do que todos os outros" (Marcos 12:42,43).

O Espírito do Senhor está sobre mim, porque ele me ungiu para pregar boas novas aos pobres. Ele me enviou para proclamar liberdade aos presos e recuperação da vista aos cegos, para libertar os oprimidos (Lucas 4:18).
Olhando para os seus discípulos, ele disse: "Bem-aventurados vocês, os pobres, pois a vocês pertence o Reino de Deus" (Lucas 6:20).

Dêem, e lhes será dado: uma boa medida, calcada, sacudida e transbordante será dada a vocês. Pois a medida que usarem também será usada para medir vocês (Lucas 6:38).

Então ele respondeu aos mensageiros: "Voltem e anunciem a João o que vocês viram e ouviram: os cegos vêem, os aleijados andam, os leprosos são purificados, os surdos ouvem, os mortos são ressuscitados e as boas novas são pregadas aos pobres" (Lucas 7:22).

Vendam o que têm e dêem esmolas. Façam para vocês bolsas que não se gastem com o tempo, um tesouro nos céus que não se acabe, onde ladrão algum chega perto e nenhuma traça destrói (Lucas 12:33).

Mas, quando der um banquete, convide os pobres, os aleijados, os mancos, e os cegos. Feliz será você, porque estes não têm como retribuir. A sua recompensa virá na ressurreição dos justos (Lucas 14:13,14).

O servo voltou e relatou isso ao seu senhor. Então o dono da casa irou-se e ordenou ao seu servo: "Vá rapidamente para as ruas e becos da cidade e traga os pobres, os aleijados, os cegos e os mancos" (Lucas 14:21).

Ao ouvir isso, disse-lhe Jesus: "Falta-lhe ainda uma coisa. Venda tudo o que você possui e dê o dinheiro aos pobres, e você terá um tesouro nos céus. Depois venha e siga-me" (Lucas 18:22).

Vocês mesmos sabem que estas minhas mãos supriram minhas necessidades e as de meus companheiros. Em tudo o que fiz, mostrei-lhes que mediante trabalho árduo devemos ajudar os fracos, lembrando as palavras do próprio Senhor Jesus, que disse: "Há maior felicidade em dar do que em receber" (Atos dos Apóstolos 20:34,35).

Pois a Macedônia e a Acaia tiveram a alegria de contribuir para os pobres dentre os santos de Jerusalém (Romanos 15:26).

> *Aquele que supre a semente ao que semeia e o pão ao que come, também lhes suprirá e multiplicará a semente e fará crescer os frutos da sua justiça. Vocês serão enriquecidos de todas as formas, para que possam ser generosos em qualquer ocasião e, por nosso intermédio, a sua generosidade resulte em ação de graças a Deus* (2 Coríntios 9:10,11).

Notas

Introdução

1. http://www.stlawrenceatur.com/thesaint.html.
2. Isaac Leib Peretz e Ruth Wisse. *Isaac Leib Peretz Reader* (New Have:Yale University Press, 2002), p. 178.

Dia 2

1. "Tumble from Tightrope Injures Performer". *The New York Times*, 7 de abril de 2004.
2. Alvin J. Schmidt. *How Christianity Changed the World* (Grand Rapids, MI: Zondervan, 2004), p. 130.
3. Charles Allen. *You Are Never Alone* (Old Tappan: Revell, 1978), p. 143-144.
4. Manfred George Gutzke. *Plain Talk on James* (Grand Rapids, MI: Zondervan, 1969), p. 81.

Dia 3

1. Ace Collins. *Stories Behind the Great Traditions of Christmas* (Grand Rapids: Zondervan, 2003), p. 199-120.
2. http://www.pastorjeff.com/QuotesJ.html, acessado em 11 de junho de 2007.
3. *Voices of the Faithful: Inspiring Stories of Courage from Christians Serving Around the World*, compiladas por Kim P. Davis e Beth Moore (Brentwood, TN: Integrity, 2005), p. 164.

Dia 4

1. http://www.ecommercetimes.com/story/44502.html.

Dia 5

1. Newt Gingrich. *Rediscovering God in America: Reflections on the Rule of Faith in Our Nation's History* (Nashville, TN: Thomas Nelson, 2006), p. 74.

2. R. Kent Hughes. *Acts: The Church Afire,* Preaching the Word Series (Wheaton, IL: Crossway, 1996), p. 16.

3. R. Kent Hughes. *The Sermon on the Mount: The Message of the Kingdom,* Preaching the Word Series (Wheaton, IL: Crossway, 2001), p. 80.

Dia 6

1. "Courtroom Artist Looks Back at Some Famous Trials and Drawings". CNN.com transcripts 3/31/00. http://transcripts.cnn.com/TRANSCRIPTS/0003/31/wt.09.html.

2. Jay Kesler. *Tem Mistakes Parents Make with Teenagers: And How to Avoid Them* (Brentwood, TN: Wolgemuth and Hyatt, 1988), p. 29-30.

3. Edgar Guest, citado em Patrick M. Morley e David Delk. *The Dad in the Mirror: How to See Your Heart for God Reflected in Your Children* (Grand Rapids, MI: Zondervan, 2003), p. 128.

4. William Mitchell Ramsay. *Second Corinthians* (Louisville, KY: Westminster John Knox Press, 2004), p. 21-22.

5. Phillip W. Keller. *A Layman Looks at the Lord's Prayer* (Minneapolis: World Wide Publications, 1976), p. 66-67.

6. Keller. *A Layman Looks at the Lord's Prayer*, p. 66-67.

7. Annie Johnson Flint em *The Speaker's Treasury of 400 Quotable Poems,* compilado por Croft M. Pentz (Grand Rapids, MI: Zondervan, 1963), p. 24.

Dia 7

1. Colin Wilson e Damon Wilson. *Written in Blood: A History of Forensic Detention* (New York: Carroll & Graff Publishers, 2003), p. 130-132.

2. Eugene Myers Harrison. "John Geddie: Messenger of the Love of Christ in Eastern Melanesia", http://www.wholesomewords.org/missions/biogeddie.html.

3. http://www.donelson.org/pocket/pp-980809.html.

4. Allen C. Emery. *A Turtle on a Fencepost* (Minneapolis: World Wide Publications, 1979), p. 27,29.

5. http://www.sermonillustrations.com/a-z/p/prayer.html, acessado em 18 de junho de 2007.

6. David Roach. "Dentist commits life to Christ after 24-year spiritual journey", *Batist Press,* 8 de setembro de 2003.

7. *Augsburg Sermons 3: Gospels: Series C3* (Minneapolis: Augsburg Fortress, 1994), p. 218.

8. Letra e música de Jon Mohr; Birdwing Music (uma divisão da Sparrow Corp./Jonathan Mark Music, com permissão de Gaither Copyright Management - ASCAP), 1987.

Dia 8

1. Josiah Strong. *The New Era: or, The Coming Kingdom* (Charlotte, NC: Baker & Taylor, 1898), p. 351.

2. Janet Benge e Geoff Benge. *William Booth: Soup, Soap, and Salvation* (Seattle, WA: YWAM, 2002), p. 165.
3. Edward Harvey McKinley. *Marching to Glory: The History of the Salvation Army in the US, 1880-1980* (New York: Harper & Row, 1980), p. 53.
4. http://www.salvationarmydanecounty.org/links/.
5. McKinley. *Marching to Glory*, p. 45.
6. http://www.salvationarmydanecounty.org/links/.
7. Roy Hattersley, "Faith does breed charity", *The Guardian,* 9/12/05. http://www.guardian.co.uk/comment/story.

Dia 9

1. Carolly Erickson. *To the Scaffold: The Life of Marie Antoinette* (New York: St. Martin's Griffin, 2004), p. 14.
2. A. W. Tozer. *The Knowledge of the Holy: The Attributes of God: Their meaning in the Christian Life* (New York: Harper & Row, 1961), p. 78.
3. William Revell Moody. *The life of Dwight L. Moody* (Old Tappan: Revell, 1900), p. 42.
4. http://www.Dukemednews.duke.edu/news/article, acessado em 12 de janeiro de 2004.

Dia 10

1. http://www.thespeakersgroup.com/speaker_243.html.

Dia 11

1. Wilbur M. Smith. *Before I Forget* (Chicago: Moody, 1971), p. 8-9.
2. Lorne C. Sanny. *The Art of Personal Witnessing* (Chicago: Moody, 1957), p. 23.
3. *The Gideon* (Nashville, TN: Gideons International), janeiro 2007.

Dia 13

1. Seth Livingstone. "Plenty Goes into Designing NASCAR Paint Jobs", em *USA Today,* 3 de maio de 2006, http://www.usatoday.com/sports/motor/nascar/2006-05-03-sw-paint-cover_x.htm, acessado em 13 de junho de 2007.
2. http://mns.foxsports.com/nascar/story/3489526, acessado em 23 de julho de 2007.
3. Lewis Drummond e Betty Drummond. *Women of Awakening: The Historic Contribution of Women to Revival Movements* (Grand Rapids, MN: Kregel, 1997), p. 215-216.
4. Sam James. *Servant on the Edge of History: Risking All for the Gospel in War-Ravaged Vietnam* (Garland, TX: Hannibal, 2005), p. 24.
5. Bob Latford. *Built for Speed: The Ultimate Guide to Stock Car Racetracks* (Philadelphia: Running Press, 2002), p. 52, 74, 64.
6. Arthur T. Pierson. *The Heart of the Gospel: Sermons no the Life-Changing Power of the Good News* (Grand Rapids, MI: Kregel, 1996), p. 229.

Dia 14

1. http://www.pubmedcentral.nih.gov/articlerender.fcgi?artid=228486, acessado em 17 de julho de 2007.
2. Richard Saferstein. *Criminalistics: An Introduction to Forensic Science*, 6ª edição (Englewood, NJ: Prentice Hall, 1994), p. 36.
3. Paul Leland Kirk. *Crime Investigation* (New York: Wiley & Son, 1974), p. 2.
4. http://72.14.253.104/search?q=cache:qHNRPZyLy6UJ:info.ci.ftlaud.fl.us/Focus/03augsep.pdf+Tom+Hill+Ft.+Lauderdale+%22physical+evidence%22&hl=en&ct=clnk&cd=3&gl=us&lr=lang_en.

Dia 15

1. Stephen Van Dulken. *Inventing the 19th Century: 100 Inventions That Shaped the Victorian Age from Aspirin to the Zeppelin* (New York: New York University, 2001), p. 36.
2. William Cowper. "Exhortation to Prayer", *The Poetical Works* (London: Macmillan, 1889), p. 32.
3. Catherine Marshall. *Adventures in Prayer* (Old Tappan, NJ: Spire Books, 1975), p. 30-31.
4. Elmer L. Towns. "Praying in Tune", *Pray!,* janeiro/fevereiro 2003, p. 17.
5. Rosalind Goforth. *How I Know God Answers Prayer* (Grand Rapids, MI: Zondervan, 1921), p. 16.
6. David Martyn Lloyd-Jones. *Studies in the Sermon on the Mount, vol. 2* (London: Inter-Varsity Fellowship, 1962), p. 45.
7. Charles H. Spurgeon. "Comfort for Those Whose Prayers Are Feeble", *Sword and the Trowel* 5/1872.http//www.spurgeon.org/s_and_t/feeble.htm.
8. John N. Hamblin. *Fire in the Pulpit* Murfreesboro, TN: Sword of the Lord, s.d.), p. 82.

Dia 16

1. Robert J. Morgan. "Praying of the Wrong Frequency", 16 de março de 2003, http://www.donelson.org/pocket/pp-030316.html.
2. James Stalker. *Imago Christi: The Example of Jesus Christ* (Cincinnati: Cranston & Curts, 1894), p. 31.
3. Oswald Sanders. *The Incomparable Christ* (Chicago: Moody, 1952), p. 135-136.
4. Christian History Institute, http://chi.gospelcom.net/DAILYF/2002/06/daily-06-11-2002.shtml.
5. William Walford. "Sweet Hour of Prayer", 1845, http://www.hymnsite.com/lyrics/umh496.shtml.

Dia 17

1. *O último dos moicanos*, dirigido por Michael Mann, Morgan Creek Productions, 1992.

Dia 18

1. http://quote.robertgenn.com/auth_search.php?name=Andy%20Warhol, acessado em 13 de junho de 2007.
2. http://landscapingabout.com/library/bl_goldenrod.thm.
3. Billy Graham. *How to Be Born Again* (Waco: Word, 1977), p. 77-78.

Dia 19

1. Donald Grey Barnhouse. *Let Me Illustrate* (Tarrytown, NY: Fleming H. Revell, 1994), p. 253-254.
2. Rosalind Goforth. *How I Know God Answers Prayer* (Grand Rapids, MI: Zondervan, 1921), p. 50-52.
3. Joseph Parker. *A Preacher's Life: An Autobiography and an Album* (London: Hodder & Stoughton, s.d.), p. 99.

Dia 20

1. Anne Graham Lotz. *Why?: Trusting God When You Don't Understand* (Nashville, TN: W Publishing, 2004), p. 22.
2. Robert J. Morgan. *Then Sings My Soul* (Nashville, TN: Thomas Nelson, 2006), p. 519.
3. Adelaide Pollard. "Have Thine Own Way", 1906, http://www.hymnsite.com/lyrics/umh382.sht.

Dia 21

1. Philip Yancey. *Prayer: Does It Make Any Difference?* (Grand Rapids, MI: Zondervan, 2006), p. 120.
2. Victor Hugo. *Les Miserables* (New York: Signet Classic, 1987), p. 932.
3. *Science Desk Reference American Scientific* (New York: Wiley, 1999), p. 180.
4. Harald Ellingsen. *Homiletic Studies in the Gospels*, vol. 3 (Grand Rapids, MI: Baker, 1950), p. 209.
5. Adaptado de John Phillips, *Exploring the Gospel of John,* John Phillips Commentary Series (Grand Rapids, MI: Kregel, 1989), p. 271.

Dia 22

1. Deirdre M. Maloney. *American Catholic Lay Groups and Transatlantic Social Reform in the Progressive Era* (Chapel Hill, NC: University of North Carolina Press, 2002), p. 182.
2. "Gallauder's Silent Treatment". 10/3/1852. http://chi.gospelcom.net/DAILYF/2001/10/daily-10-03-2001.shtml.
3. John Burke. *No Perfect People Allowed* (Grand Rapids, MI: Zondervan, 2005), p. 193.
4. http://www.nhlink.net/plainpress/html/stories/2007-06/parentsafetypatrol.htm.

5. Kay Adkins. "*More than a clinic: Churches team up for unique outreach*". http://www.baptist press.ortg/bpnews.asp?id=260066. Acessado em 23 de julho de 2007.
6. Rebecca Santana Associated Press "Soldiers in Iraq Need More Silly String", 7 de dezembro de 2006.
7. Franklin Graham. *Bob Pierce: This One Thing I Do* (Dallas: Word, 1983), p. 180.

Dia 23

1. Helmut T. Lehmann ed., *Luther's Works*, vol. 54 (Minneapolis, MN: Augsburg Fortress, 1967), p. 292.

Dia 24

1. Wayne Petherick. *Criminal Profiling: How It Got Started and How It Is Used@crimelibrary.com/criminal_mind/profiling.*
2. Petherick. *Criminal Profiling@crimelibrary.com/criminal_mind/profiling.*
3. http://www.fbi.gov/hp/td/academy/bsu/bsu.htm.

Dia 25

1. Wayne Rice. *Hot Illustrations for Youth Talks: 100 Attention-Getting Stories, Parables and Anecdotes* (Grand Rapids, MI: Zondervan, 1993), p. 151.
2. *Mensagem para você*, dirigido por Nora Ephron, Warner Bros. Pictures, 1998.

Dia 26

1. Pat Williams. *The Paradox of Power* (New York: Warner Faith, 2004), p. 12-13.
2. Roy B. Zuck. *Speaker's Quote Book: Over 4.500 Illustrations and Quotes for All Occasions* (Grand Rapids, MI: Kregel, 1997), p. 275.

Dia 27

1. James Burke. *Connections*, série de documentários para TV, episódio 1, "The Trigger Effect", BBC, 1978.
2. Adaptado de um sermão pelo Dr. James Allan Francis em *The Real Jesus and Other Sermons* (Valley Forge, PA: Judson Press, 1926), p. 123.

Dia 28

1. Jim McGuiggan. *Jesus, Hero to Thy Soul: Impressions Left by the Savior's Touch* (West Monroe, LA: Howard Publishing, 1998), p. 97-98.
2. Henry Drummond. *The Greatest Thing in the World* (Kila, MT: Kessinger Publishing, 1998), p. 27.

Dia 29

1. Robert S. Boyton, resenha de *By the Sword,* Richard Cohen, *New York Times Book Review,* 2 de março de 2003, http://www.robert-boynton.com/articleDisplay.php?article_id=82.
2. "The Devil's Bait". *Our Daily Bread,* Radio Bible Class, 8 de fevereiro de 2003.
3. Roy B. Zuck. *Speaker's Quote Book: Over 4.500 Illustrations and Quotes for All Occasions* (Grand Rapids, MI: Zondervan, 1997), p. 275.

Dia 30

1. http://www.bbc.co.uk/dna/h2g2/A798159.

Dia 31

1. http://www.ctlibrary.com/ct/1997/july14/7t814b.html, acessado em 17 de julho de 2007.
2. Elisabeth Elliot. *Through Gates of Splendor* (Lincoln, NE: Back to the Bible, 1986), p. 172.

Dia 33

1. http://www.hasbro.com/monopoly/default.cfm?page=history, acessado em 18 de junho de 2007.
2. http://www.hasbro.com/monopoly/default.cfm?page=history.
3. Citado em Mihaly Csikszentmihalyi, "If We Are So Rich, Why Aren't We Happy?", em *American Psychologist,* outubro de 1999, http://sparta.rice.edu/~erinm/Mihaly.html, acessado em 17 de julho de 2007.
4. http://www.hutchcraft.com/awwy/awwy2001/oct2001/awwy3842.htm.
5. Mareva Brown. "Prospectors Still Prowl the Hills in Gold Fever's Grip", *The Sacramento Bee,* 18 de janeiro de 1998, http://www.calgoldrush.com/part4/04modern.html, acessado em 24 de outubro de 2006.
6. Malcom J. Rohrbough. *Days of Gold: The California Gold Rush and the American Nation* (Berkley, CA: University of California, 1995), p. 20.
7. Mary Wilder Tileston. *Prayers Ancient and Modern* (New York: Doubleday & McClure, 1897), 31 de janeiro, em http://books.google.com.
8. Tileston. *Prayers Ancient and Modern,* 9 de setembro.
9. Johnson Oatman, Jr. "Higher Ground", 1898, http://www.cyberhymnal.org/htm/h/i/highergr.htm.
10. Roy B. Zuck. *Speaker's Quote Book: Over 4.00 Illustrations and Quotes for All Occasions* (Grand Rapids, MI: Zondervan, 1997), p. 380.
11. Geoffrey Bull. *When Iron Gates Yield* (Chicago: Moody, 1958), p. 200.

Dia 35

1. Barbara Bush. *Barbara Bush: A Memoir* (New York: Scribner, 1994), p. 332.
2. Ezeamalu Kingsley. "As we grow older", http://poemhunter.com/ezeamalu-kingsley/.
3. V. Raymond Edman. *The Disciplines of Life* (Minneapolis, MN: World Wide Publishers, 1982), p. 141.
4. Dennis J. de Haan. "Life's Seasons", em *Our Daily Bread,* 17 de março de 2004, www.rbc.org.
5. Lewis Drummond e Betty Drummond. *Women of Awakening: The Historic Contribution of Women to Revival Movements* (Grand Rapids, MN: Kregel, 1997), p. 293.
6. http://www.floridabaptistwitness.com/4194.article, acessado em 18 de junho de 2007.
7. Richard Watson. *The Life of Rev. John Wesley: Founder of the Methodist Societies* (Cincinnati, OH: Swormstedt & Poe, 1857), p. 270, 339, em http://books.google.com/books.
8. Franklin Graham. *Bob Pierce: This One Thing I Do* (Dallas: Word, 1983), p. 77.
9. Howard Culbertson. "History of Nazarene world evangelism outreach", Southern Nazarene University, http://home.snu.edu/~HCULBERT/nazhist.htm.
10. Warren W. Wiersbe. *Be Myself: Memoirs of a Bridge Builder* (Wheaton: Victor, 1994), p. 323.
11. Wiersbe. *Be Myself,* p. 324.
12. *A lista de Schindler,* dirigido por Steven Spielberg, Amblin Entertainment, 1993.

Dia 36

1. William Blake. "Jerusalem", em *Blake: Complete Writings,* ed. Geoffrey Keynes (New York: Oxford University Press, 1972), tradução livre.
2. Tom Lutz. *Crying: The Natural and Cultural History of Tears* (New York: W.W. Norton, 2002), p. 67.
3. Mason Locke Weems. *The Life of William Penn: The Settler of Pennsylvania* (N. p.: Applegate & Sons, 1859), p. 32.

Dia 37

1. *Saint of 9/11: The True Story of Father Mychal Judge,* dirigido por Glenn Holsten, DVD Documentary, Equality Forum, 2006.
2. http://www.1911encyclopedia.org/Giovanni_Jacopo_Casanova_de_Seingalt.

Dia 38

1. [N.T.] Identidade de marca de cereais junto ao mercado, a Kellogg.
2. Robert J. Morgan. "Legacy of Flowers, Legacy of Faith", http://www.donelson.org/pocket/pp-061231.html, 12/31/06.
3. James S. Hirsch. *Two Souls Indivisible: The Friendship That Saved Two POWs in Vietnam* (Boston: Houghton Mifflin, 2004), *passim.*

Dia 39

1. http://en.wikipedia.org/wiki/Forest_Lawn_Memorial_Park_(Glendale), acessado em 18 de junho de 2007.
2. "Woman Tries to Jump Off Bridge". *The Sunday Gazette*, 10 de outubro de 2004, B7, em http://library.cnpapers.com.
3. Ira David Sankey. *My Life and the Story of the Gospel Hymns* (Philadelphia: Sunday School Times, 1907), 345.
4. A. W. Tozer. *The Knowledge of the Holy: The Attributes of God: Their Meaning in the Christian Life* (New York: Harper & Row, 1961), p. 104.

Dia 40

1. Christiana Tsai, conforme relatado em Ellen L. Drummond, *Queen of the Dark Chamber* (Paradise, PA: Ambassadors for Christ, 1986), p. 69-74.
2. Fanny Crosby. "Hear and Answer Prayer", em *Songs of Redemption*, Joshua Gill e outros (Boston, MA: Christian Witness, 1899), p. 41.
3. Kathleen Lavey. "Learning to Forgive: Benefits Are Spiritual, Mental, and Physical Well-Being", *The Lansing State Journal*, 6 de novembro de 2005, em http://www.lsj.com/apps/pbcs.dll/article?AID=/20051106/LIFE04/511060315/1079/life, acessado em 19 de novembro de 2005.
4. Robert J. Morgan. *Nelson's Complete Book of Stories, Illustrations and Quotes* (Nashville: Thomas Nelson, 2000), p. 255-256.
5. http://www.tentmaker.org/Quotes/forgivenessquotes.htm, acessado em 11 de junho de 2007.

Posfácio

Ao concluir esta jornada de quarenta dias, gostaria de lhe contar como nós, em nossa igreja aqui em El Cajon, Califórnia, tentamos aplicar estas lições do livro. Nossos esforços foram o assunto do artigo "Igreja fornece escola para 'renovação extrema'", escrito por Meredith Day para o jornal The Baptist Press. *Eis aqui, com permissão da autora, a história que escreveu para esse jornal.*

Cindy Wilcken alertou a congregação da Shadow Mountain Community Church que todos poderiam chorar se ela se dirigisse a eles no domingo à noite, no dia 15 de abril. A audiência riu quando ela lhes contou que seus alunos da terceira série do ensino fundamental sabiam que sempre poderiam esperar que ela derramasse algumas lágrimas quando lhes contava as histórias de sua família e de outras pessoas que ela ama. E, quando falou para essa congregação, Wilcken chorou de gratidão em nome de seus alunos, pois a vida deles foi impactada por causa de um único dia de prestação de serviços.

Três semanas antes desse dia, na manhã de sábado, 24 de março, mais de quinhentos voluntários da congregação Shadow Mountain

Community Church chegaram à escola de ensino fundamental. Eles estavam prontos para pintar e limpar a escola, cuidar do jardim, pendurar *banners*, fazer uma horta, construir as traves do gol e lidar com qualquer outro projeto que precisasse ser feito. O dia foi a oportunidade de pôr em prática a campanha *Sinais de vida*, um programa de ensino dessa igreja, com duração de seis semanas e cujo foco é a vida de Jesus, com sapatos empoeirados, joelhos gastos, mangas arregaçadas, mãos abertas e braços estendidos.

Muitos meses antes disso, a igreja, liderada pelo pastor David Jeremiah, fez um contato com a secretária de educação da região com a idéia de "renovação extrema" para uma escola local. A congregação Shadow Mountain Community Church fica em El Cajon, na região leste do município de San Diego, mas a igreja tinha interesse em alcançar uma região distinta da cidade...

A escola de ensino fundamental, Logan Elementary, localizada em uma área pobre no centro da cidade, impressionou os líderes da igreja por seu comprometimento com a excelência e com os alunos. Nas semanas que levaram à renovação, a congregação ouviu os líderes da escola, e nessa reunião também estava presente Danielle Stiwell, conselheira da escola e membro da igreja, que se referiu à igreja como a "capa de segurança" para seus alunos. Ela disse que a congregação, ao alcançar a escola por meio da renovação, tinha uma grande oportunidade de fortalecer essa "capa de segurança".

A congregação Shadow Mountain Community Church, por trabalhar com distintos profissionais, reuniu material suficiente para essa renovação. Novas placas e flâmulas, cimento, mobília para os escritórios, tinta e grama — tudo foi doado ou comprado com grandes descontos. E quando fizeram o chamado para voluntários, conseguiram tantos voluntários que a escola não seria capaz de comportá-los. Mas as centenas de voluntários que se ofereceram para ajudar, depois que o grupo de voluntários foi formado, também tiveram a oportunidade de servir. Depois que a maior parte do trabalho de renovação foi realizado durante a manhã, duas mil pessoas, incluindo-se os voluntários e a comunidade de Logan, reuniram-se em um parque da vizinhança para uma celebração.

Ofereceram-se refeições e música ao vivo, e o prefeito de San Diego, Jerry Sanders, elogiou os esforços da igreja e da comunidade para esse trabalho conjunto e agradeceu a eles por tudo que fizeram. Também se distribuíram, por intermédio do ministério parceiro Alimente as Crianças, caixas de alimentos e de cuidados pessoais.

A renovação e a celebração diziam respeito ao mostrar os "sinais de vida", ou seja, viver de tal forma que o foco da igreja estivesse fora do prédio em que a igreja se reunisse. O ministério de mídia da congregação Shadow Mountain reuniu trechos de tomadas para fazer um documentário que a igreja espera que ajude outras igrejas que querem alcançar a comunidade em que estão inseridas. No documentário, [o pastor David] Jeremiah explica como o alcançar a escola de ensino fundamental Logan representa uma guinada na tendência que separa as igrejas das pessoas da comunidade em que estão inseridas.

Jeremiah disse o seguinte:

— A igreja existe para isso. Por muito tempo achamos que a igreja era o que acontecia quando todos nós nos reuníamos em um prédio aos domingos, mas é dessa forma que igreja deve funcionar.

No final do documentário, após várias tomadas em que as pessoas pintavam e limpavam essa escola, e também a serviam, novas faces aparecem no vídeo. Eram faces sorridentes, alegres e empolgadas. Os alunos da escola de ensino fundamental Logan Elementary, provavelmente, não faziam a menor idéia de como a escola ficaria depois da renovação, mas as câmaras da igreja pegaram a reação deles quando voltaram para a escola depois do final de semana. O diretor, Antonio Villar, afirmou que o impacto causado nos alunos foi imensurável:

— Eles se lembrarão daquela segunda-feira de manhã para o resto da vida.

Meredith Day, "Igreja fornece escola para 'renovação extrema'", *Baptist Press* [A imprensa batista], 20 de abril de 2007.

Como aproveitar da melhor forma possível *Quarenta dias para mudar o mundo*

Este livro consiste em quarenta leituras diárias divididas em seis capítulos: sinais de vida, sapatos empoeirados, joelhos gastos, mangas arregaçadas, mãos abertas e braços estendidos. Recomendo que você leia apenas uma seleção por dia, para que tenha tempo de processar a informação e refletir sobre o que Deus o chama a fazer em resposta a essa informação. Talvez você fique tentado a ler mais por dia, porém *Quarenta dias para mudar o mundo* será uma experiência muito mais rica se permitir que a experiência da verdade diária impacte sua vida por um período de vinte e quatro horas antes de passar para a leitura seguinte.

Muitas vezes, não compreendemos o sentido total de um livro, porque nos apressamos a ler todo o conteúdo sem reservar o tempo para viver com a verdade que foi revelada. A aplicação das verdades de Deus capazes de transformar nossa vida requer reflexão e ação. Apenas depois disso é que podemos incorporá-las de maneira bem-sucedida em nossa vida. Portanto, mais uma vez, peço a você que seja paciente e foque uma seleção por dia durante um período de quarenta dias. Se assim fizer, quando acabar este estudo, você terá a mais completa compreensão dos cinco *sinais de vida.*

Também encorajo você a interagir com o material deste livro. Leia com uma caneta e um marcador de texto à mão. À medida que progride nesta leitura, saliente a parte do texto que mais toca você. Nas margens, anote o que está aprendendo e sentindo. Marque as passagens das Escrituras que se dirigem de maneira mais poderosa a você. Este método de estudo não só o ajudará a aprender a ler, como também o capacitará a retornar posteriormente a ele sempre que desejar rever um tópico ou citação das Escrituras que foram especialmente relevantes para você.

Sinais ao longo do caminho

Enquanto você faz essa jornada de quarenta dias, como pode saber que está realmente aprendendo os *sinais de vida* contidos neste livro? Ao separar algum tempo e se esforçar para fazer algumas das atividades "Sinais de vida" ao longo do percurso.

A seção chamada "Sinais de vida" encontra-se no final de cada leitura diária, e o intuito dessa seção é ajudá-lo a aplicar a mensagem da leitura. Estes passos são simples e o ajudam a tornar mais simples o viver a verdade de Deus.

- **Sinal de vida** — À medida que você incorpora cada *sinal de vida* em suas atividades diárias, ele irá identificá-lo como seguidor de Cristo. Reflita sobre o chamado específico à ação ao longo de seu dia. Sugiro que você escreva o *sinal de vida* em seu calendário, diário ou em um bloco de recados auto-adesivo. A anotação lhe servirá de lembrete para o foco do dia.
- **Versículo de vida** — Versículos bíblicos especialmente selecionados estão relacionados com as verdades da leitura do dia. Para melhor reter o "Versículo de vida", comprometa-

se a memorizá-lo. Escreva o versículo em seu diário ou em bloco de recados. Recite o versículo em voz alta e escreva-o em um cartão pequeno, que possa carregar com você aonde quer que vá a fim de que sirva como uma referência bastante fácil de usar.

- Muitas pessoas decidiram encontrar um parceiro *Sinais de vida* para quem podem recitar o "Versículo de vida" diariamente. E esse parceiro também irá encorajá-lo a viver o "Sinal de vida" do dia. Esse tipo de prestação de contas diária — por *e-mail*, telefone ou pessoalmente — servirá para encorajar vocês dois a aprender o versículo de vida do dia e também a viver o sinal de vida.
- **Vida em ação** — Os *sinais de vida* precisam ser evidentes em nossa vida. Não basta conhecermos verdades bíblicas; precisamos vivê-las de forma ativa. Conforme Tiago explica, devemos ser "praticantes da palavra, e não apenas ouvintes" (1:22).

Portanto, nas seções de *Quarenta dias para mudar o mundo*, haverá algumas questões simples que o ajudarão a focar uma área em particular de seu caminhar cristão. Separe um momento para escrever suas respostas em seu diário ou em seu caderno.

Dê ainda um passo a mais em sua ação ao discutir sua resposta com seu parceiro de *Sinais de vida*. Essa prestação de contas aumenta as probabilidades de você realmente dar os passos de ação que quer dar.

Parceria de *Sinais de vida*

Outra grande maneira de tirar o maior proveito possível deste estudo e continuar motivado ao longo desse período de quarenta dias de jornada *Sinais de vida* é ter parceria com outros. A parceria *Sinais de vida* é uma aliança que você faz com uma ou mais pessoas. Essa parceria representa um compromisso triplo:

1. **Prestação de contas** — Eu serei fiel e perguntarei regularmente a meu parceiro como sua jornada *Sinais de vida* está progredindo.
2. **Confiança** — Serei confiável e comparecerei a todos os compromissos de estudos bíblicos com meu parceiro de *Sinais de vida*.
3. **Responsabilidade** — Orarei de forma constante por meu parceiro e o encorajarei a cumprir os compromissos que fizer para Deus, resultantes deste estudo.

Agora considere o que funcionará melhor para você — a parceria um a um ou a parceria com um pequeno grupo de estudo bíblico.

Parceria um a um

Os seguintes passos irão ajudá-lo a estruturar de forma bem-sucedida uma firme parceria com seu parceiro *Sinais de vida*.

- Peça a Deus para direcionar você ao parceiro certo.
- Procure alguém que você sabe que é confiável e com quem você se sinta espiritualmente compatível quando escolher um parceiro.
- Descubra um parceiro cujo horário seja compatível com o seu.
- Assim que você escolher um parceiro, ore junto com ele e faça um compromisso com Deus e um com o outro para cumprir fielmente o compromisso triplo de um parceiro *Sinal de vida*.
- Decidam juntos como estruturarão sua parceria (telefonemas, *e-mails* ou encontros pessoais).
- A seguir, decida com que freqüência vocês entrarão em contato durante os quarenta dias. Talvez vocês decidam se comunicar diariamente com um breve *e-mail* ou telefonema e, quem sabe, arranjem encontros pessoais ocasionais durante o almoço ou para um cafezinho.

- Marquem pelo menos dois ou três encontros pessoais durante o período de quarenta dias. Sugiro um logo no início; o segundo, durante a terceira semana; e o encontro final no fim dos quarenta dias, para que cada um de vocês faça um resumo do que Deus fez em você por intermédio deste livro.

Parceria com um pequeno grupo de estudo bíblico

Outra grande forma de assimilar a informação encontrada neste livro é organizar e participar de um pequeno grupo de estudo bíblico. Esses pequenos grupos de estudo bíblico são grupos de apoio e de cuidado dedicados ao crescimento espiritual de cada um de seus membros. *Quarenta dias para mudar o mundo* é perfeito para um programa de seis semanas no pequeno grupo de estudo bíblico.

Certamente, você pode fazer a jornada por intermédio de *Quarenta dias para mudar o mundo* sozinho, mas por que não abrir a abrangência de seu aprendizado e enriquecer o estudo de quarenta dias ao envolver outros com este programa? Deus dá a cada um de nós percepções especiais de sua Palavra e experiências únicas no caminhar cristão. Um parceiro *Sinais de vida* ou um pequeno grupo pode fazer com que a jornada seja mais agradável e profundamente transformadora.

Pronto para começar

Se todos os cristãos mostrassem os cinco sinais de vida de uma vida transformada por Jesus Cristo, poderíamos mudar o mundo. Afinal, as pessoas nos observam para ter um vislumbre do Salvador em nós. Eles se esforçam para ver as mãos do Senhor em nossas ações, ouvir a voz dele em nossa fala, sentir o amor de Deus por intermédio de nossos atos de gentileza e conhecer a graça dele pelo nosso abraço.

Portanto, encorajo-o a decidir agora mesmo a comprometer-se a ler *Quarenta dias para mudar o mundo* nos próximos quarenta dias. Afinal, ficar com os sapatos empoeirados é o primeiro passo para alcançar o mundo para Cristo!

Este livro foi composto em fonte Bembo 11/15 e impresso pela Gráfica Ediouro sobre papel Pólen soft 70g para a Thomas Nelson Brasil em abril de 2008.